图书馆学家
彭斐章
九十
自述

彭斐章 口述

柯平 刘莉 整理

国家图书馆出版社

图书在版编目（CIP）数据

图书馆学家彭斐章九十自述/彭斐章口述；柯平，刘莉整理.—北京：国家图书馆出版社,2020.10
ISBN 978 – 7 –5013 – 6843 – 3

Ⅰ.①图… Ⅱ.①彭… ②柯… ③刘… Ⅲ.①彭斐章—自传 Ⅳ.①K825.41

中国版本图书馆 CIP 数据核字（2020）第 044429 号

国家图书馆出版社
官方微信

书　　名	图书馆学家彭斐章九十自述
著　　者	彭斐章 口述　柯平 刘莉 整理
责任编辑	高　爽
封面设计	陆智昌

出版发行	国家图书馆出版社（北京市西城区文津街 7 号　　100034）
	（原书目文献出版社　北京图书馆出版社）
	010 – 66114536　63802249　nlcpress@ nlc. cn（邮购）
网　　址	http://www. nlcpress. com
排　　版	京荷（北京）科技有限公司
印　　装	北京华艺斋古籍印务有限责任公司
版次印次	2020 年 10 月第 1 版　2020 年 10 月第 1 次印刷

开　　本	710×1000（毫米）　1/16
印　　张	20.5
字　　数	300千字
书　　号	ISBN 978 – 7 – 5013 – 6843 – 3
定　　价	99.00元

彭斐章先生

目　　录

青少年时代（1930—1951）

文华时光（1951—1953）

执教大学（1953—1956）

难忘的留苏岁月（1956—1961）

学成归来（1961—1966）

那些日子（1966—1976）

科教春天（1976—1984）

砥砺前行的八年（1984—1992）

六秩之后(1992—)

青少年时代

（1930—1951）

一、童年记忆

1. 伯祖父给我取名"斐章"

我出生于 1930 年[①] 9 月 30 日(农历庚午年乙酉月癸未日),家住在湘阴县弼时公社(现湖南省汨罗市弼时镇[②])樟树桥。我们家门前有一条小溪,溪上面有一座桥,溪两边有不少樟树,所以大家就叫我们那一带为樟树桥。我们彭氏算是当地的一个大姓,可以说是典型的名门望族。

我们家族当时大概情况是这样的,从我祖父他们这一辈或者上一辈,我们家就分家独立出来了,而我的伯祖父和另外一个叔祖父他们两家在一起,我们家是

---

① 1930 年也是中国和苏联图书馆史上非常重要的一年。中国方面,一是私立武昌文华图书馆学专科学校的正式成立。1929 年 8 月,南京国民政府教育部颁发一〇四三号令,批准文华图书科单独立案的申请,准予成立"私立武昌文华图书馆学专科学校",简称"文华图专"。1930 年夏,文华图书科做出"走自己的路"的决定,成为一所独立的图书馆学专科学校。1930 年 9 月,图书馆学讲习班开设,进一步为培养图书馆学人才进行大胆的尝试。1930 年 12 月,文华图专正式启用南京国民政府教育部颁发的钤记(印章),成为中国第一所独立的高等图书馆学教育机构。二是文华公书林举行的"三重纪念"大会。"三重纪念"大会,即文华图专的创始人韦棣华女士(Mary Elizabeth Wood,1986—1931)来华 30 周年、文华公书林成立 20 周年、文华图书科创办 10 周年的纪念大会。韦棣华女士来华服务 30 年,致力于中国图书馆事业发展,热心倡导,广育人才,所以,"三重纪念"大会无疑是当时中国图书馆界的一场盛事。会议由文华公书林和文华图书科负责承办,联合海内外名宿,在全国图书馆界发起,原定于 1930 年 5 月 16 日举行,后因时局不稳,道路阻塞,来往不便而延迟举行。苏联方面,苏联历史上第一所独立的高等图书馆学院莫斯科国立图书馆学院建立。在若干年后,本书的主人公彭斐章先生与这两所院校发生了千丝万缕的联系。

② 弼时镇位于湖南省岳阳市汨罗市东南部,地处长沙、岳阳、汨罗的中间地带,距长沙市区 35 公里,距汨罗市区 40 公里。弼时镇境内,四周高山环绕,东边隐居山高耸入云,西边明月山百里横亘,南面汉家山可鸟瞰长沙闹市,北面飘峰山与平江县相邻,是伟大的无产阶级革命家、开国元勋任弼时同志的故乡(任弼时同志于 1904 年 4 月 30 日诞生于该镇的唐家桥村)。清时在该镇设塾塘局,民国时改为塾塘乡。为缅怀革命先烈,1958 年湘阴县设置弼时公社,1984 年 3 月撤社建乡,1987 年撤乡建镇,"弼时镇"一名延续至今。

一半,他们两家是一半,伯祖父他们家相当于是一半的一半。我的祖父,我没见过,据说在我父亲 16 岁左右的时候他就去世了。祖母姓任,我不记得她叫什么名字,那时候不怎么说女的名字,也可能那时女的都没名字。她与开国元勋任弼时算是本家,两人具体是什么关系我记不清楚了。

2001 年 11 月 27 日,彭斐章先生(中间)参观任弼时同志故居

在祖父他们这一辈人当中,对我影响最大的是我的伯祖父彭伯樵,他饱读诗书,学问很高。他当时受重男轻女的旧思想影响比较深,而我是我们这一辈男孩中最大的,因此,他特别看重我,连我的名和字都是他取的。他是从《论语》中找到的灵感,给我取名"斐章"。他说"你应该读书,好好地读书,一心一意地读",所以给我取名"斐章","斐然成章,入圣之门"嘛,这也等于是他的希

望了。我的字是"庆成"，是按彭氏家谱的派字"正本清源，锡福延庆，景运隆开，瑞毓兆盛，维孝作忠……"沿袭下来的。我是庆字辈，所以伯祖父给我取字"庆成"。

小时候，伯祖父经常到我们家里来，除了对我的看重之外，还有一个原因是他和我父亲的关系非常好。我父亲对他很敬重，家里有什么事情，他们总是喜欢在一起商量讨论。伯祖父对他家自己的孙女、孙子基本上不怎么管，但是我记得，他无论走到哪里，总喜欢带我一起。令我印象深刻的一件事情，是他的一条腿，大概是经过治疗之后，走路不是很方便，但我一直记得有一次他带我走路的情形。农村人都知道，有时候那个田犁了之后，那干的，土疙瘩连着土疙瘩，起伏不平，人在地里走起来比较困难。那个时候我还小，有一次出门的时候没穿鞋，走到半路上，就不走了，必须让他回家把鞋子拿来，穿上鞋后我再走。我记得，他当时真的就回去取了，把鞋拿来给我穿上我才走的。所以，从这一件事情上也可以看出他对我的宠爱程度。在其他方面，像学习，他对我的帮助不大，他也不管这些。我记得，他总是喜欢写对联。从我很小的时候起，在他写对联的时候，我就去给他牵对联、磨墨。他是在我中学还没有毕业的时候去世的，当时他年龄比较大了，但我不记得他到底是多大年龄去世的。

2. 乐善好施的父亲

我的父亲名叫彭育奇，是延字辈，但是我不知道他字什么，记得以前在祠堂办酒席什么的，座位好像都是按辈字进行，当时延字辈和庆字辈的人比较多。我父亲比我高一些，但也不是很高。他读书不多，高小毕业，但是学习很刻苦，主要靠自学，也跟我的伯祖父彭伯樵学习书法，所以他写得一手漂亮的字。

在生活方面，我父亲喜欢抽烟，但是我从小对抽烟不感兴趣。在抗日战争期间，有段时间，我们自己家里种烟草，滚纸烟，即使这样，我也没有沾染烟草，也不知道怎么回事，反正我对抽烟不感兴趣；也可能是我受到的教育不一样，但受教育是一方面，重要的是要做到自律，我就做得到，别人给我抽我也不抽。

在做事方面,父亲有自己的想法,很多问题他都愿意去研究,很有一套。

在对自己子女的教育方面,父亲的要求是很严格的,特别是对于我,不仅因为我是我们家以及我们这一辈男丁中年龄最大的,而且在那个环境里,大家都有重男轻女的思想,所以他也和大家一样,对我很器重,要求也格外严格,尤其是写字,他总是对我说"字是门面,你必须要努力练好"。

父亲为人正直,乐善好施,平易近人,确确实实是乐意帮助人,所以他在我们村子里,很受大家的尊重。邻里乡亲对他都很有好感,我们一家人和乡亲们相处得也非常融洽。小时候,我们家虽然有土地出租,但是没有雇佣长工、佣人,所有的家务活也都是我们自己做。我记得,那时候他种不少的菜,而且种得特别好,种出来的萝卜有尺许长,对此我印象深刻。

我父亲为人处世有什么特点呢?在我们家里,那时候他对待佃户非常好,确实是非常好。怎么个好法呢?比如说,遇到有些年份,气候不大好,导致收成不好,我们家会主动提出来减租,或者干脆就不收租了。还有一个,就是我父母一直都很同情贫苦人,对他们很照顾。比如,那个年代有米贩子,他们卖米的时候必然是要掺水的,我父亲看到一些贫民他们因为没办法一下子买那么多米而犯难,这时,我们家会把这些米统一买下来,放在太阳地里晒,把里面的水汽晒出去,然后再分零头卖给那些贫民。另外,我现在还清楚地记得一些事情,就是一有时间我会去帮忙收租,在收租的时候,父亲总是会给我讲:"你那个斛桶收的时候一定要平,而且不要把人家装租子的斛桶打开看,倒在仓里以后也不要打开,不要去摊平……"我也一直是那样做的。但是,假如是给他们量米的话,那量米的升子①一定要满,要堆起来,也就是要平着进来,堆着出去。类似这样的事情有很多,虽然这都是一些小事,但是,从当时来讲,我父亲的做法确实是很友好的,大家对此也很有感触。对于这些事情,大家的看法都是一致的,觉得他人确实很好。

---

① 升子,旧时称量粮食的一种器具。

1949 年后,尤其是在农村进行土地改革的时候,因为我们家里有田地出租,按当时的政策,存在一定程度的剥削,所以应该算是地主。但是,因为我父亲他从来没做过那些伤天害理的事情,反而为乡里做了很多好事、善事,大家对他的印象很好,评价很高,所以在"土改"划成分的时候,大家就聚在一起辩论,说我父亲不能被划作是地主,最后经过湘阴县土地改革委员会研究决定,正式批准将他划分为"开明地主",是全县唯一一个"开明地主"。"开明地主"是怎么一回事呢? 和其他的地主又有什么不同? 主要有这几条:第一,不作"分子"看待,所以开什么批斗地主分子的会,他都可以不去,也就是说,他和普通人的待遇是一样的;第二,"土改"时不封仓,不参加批斗,不上台,不游乡,不搞那些事情。所以他这个地主和别的地主就不一样了。确实,"土改"那么长时间,我的父亲、母亲,都没有被当地主分子看待,也从来没有被批斗。所以,虽然我父亲是地主,但是后来我从入党,到留苏预备部学习,最后留苏政治审查都很顺利的。政治审查最主要是审查父母亲身上是否有血债、欺压民众、强占他人财物这些,而这些情况,我父亲都没有,他也不做那些伤天害理的事情。即使在后来"文化大革命"的时候,也没有人提出我父亲是地主这件事情。

我父亲的这些事情和经历,是实实在在存在的。我家还收藏有一份别人写的资料《彭育奇先生生平简介》。这份资料是 2002 年我父亲一百周年诞辰的时候,汨罗市弼时镇高家坊村老年协会组织编写的。对于这件事情,我也觉得意外,因为我从来没有讲过让他们做这件事情,大概是他们觉得应该做,所以就做了。那个材料写得很细,也很长,是由彭兆恒先生执笔的,是他主动写的。我不认识他,一直也没见过,有次回湖南老家的时候我找他,但遗憾的是没有找到。但是,他就写了,字写得也挺好的,而且他还在装裱好了之后交给我一个叔伯家的弟弟彭允恭,让他转交给我们。我们很感谢他,感谢他做了这件事情。

附:彭育奇先生生平简介

彭育奇先生生平简介

先生生于公元一九〇二年，逝于一九六〇年，享年五十八岁。一位曾为劳苦大众做了很多善事、深受群众爱戴的老者，逝世处于当时的历史背景下，对其生平未作任何评说，实属一大憾事。今年是先生百岁诞辰，借此机会，村老协会为先生作生平简介，圆群众埋在心底数十年的梦。土地改革是农村阶级斗争最为激烈的阶段，在划定先生家庭成分的大会上，群众敞开良心，对先生的为人展开了一场热烈的辩论。结果群众签名报请县土改委批准，定为"开明地主"，不作"分子"看待，所以，土改时没封仓，没上台，没游乡，没训话。

为了给先生作生平简介，走访了曾参加土改而仍健在的部分老人，请他们回忆先生的为人，现在把他们的话记录在下面，以展现群众心目中的育奇先生。

"到他家里籴谷比时伝要低一两成，库桶不打荡，籴米盛堆升，借谷借钱不要息。"（注：友连大爷语）"他不穿长褂子，不坐长板凳，不吃白页酒，不探闲事，不放高利贷。"（注：凤山爷语）"作人家的田，四六开的租，作育奇大爷的田，坑田对半开，塝上田倒四六开，不要分钱①。进庄遇到灾年，东家找佃户减租，几成灾减几成租。有了半灾，就不要一粒租，生怕佃户吃了亏。"（注：佃户丁大爷语）"他自己也作一部分田，自己种菜，菜地整得一封书样，自己提梢桶喂猪。'五风'②的时候，我他两人在樟树桥食堂种菜，育奇大爷真有技术，又吃苦负责，人家食堂没菜吃，我里食堂吃不完，大队组织几十个食堂事务来参观，请育奇大爷介绍经验。"（注：庆元老人语）"育奇大爷不信迷信。房族里死了人，由于他正直又能干，总是请他去当都管，他只请人喊礼，不做道场，不搞佛事，不烧冥

---

① 种别人家的田，租子是按收成的四六分，即佃户拿四成，东家拿六成；种育奇大爷家的田，坑田按收成的五五分，即佃户和东家一人拿一半，塝上田则按六四分，即佃户拿六成，东家只拿四成。

② "五风"指的是"大跃进"和"人民公社化"运动中"共产风、浮夸风、命令风、干部特殊风和对生产瞎指挥风"的合称。

屋。"（注：光炳老人语）"他婆婆、老倌①最看得起我们做工打伙②的人，不但不隔席，还推你坐上头，婆婆、老倌还轮流敬菜。太阳丈八高就催你散工，说好留点时间回去泼担菜。"（注：邹正华老人语）"细时候③到他家里去讨米，人家看见叫花子来了就关门，他婆婆、老倌出来帮我赶狗，打发米总是一堆升。有一次落雪天，穿条单裤到他家里去讨米，他婆婆一见，忙牵着我的手，口里连连说'作孽啊，作孽啊'，把我牵到火炉旁，老倌子烧炉大火给我烤，婆婆子把一条新夹裤往我身上穿。临行时还打发了我一袋米要我落雪天莫出来讨。当时我一句话也说不出，眼泪一涮就出来了。"（注：吴作生老人语）

　　老人们的回忆再现了先生慈祥善良的美德，从表面看，先生的言行叛逆了封建传统，难以理喻，但深层次透视这是必然的结果。先生出身于书香世家，从小就受到了家庭的良好教育和熏陶，孔孟的博爱仁义潜移默化了先生的心灵，加上先生的睿智，透析了"无野人莫养君子"的哲理，所以，坚定地站在劳苦大众一边，身体力行地从事劳动，尽最大可能周济贫苦大众。这些美德在今天仍不失其光彩。为先生作生平简介，既是为彰扬先生的高尚品德，也是向社会扬善布爱，让爱的种子生根发芽，茁壮成长，使社会更文明，更温暖！

汨罗市弼时镇高家坊村老年协会

壬午岁仲夏

彭兆恒执笔

　　以前我没有讲过这些具体的事情，为什么呢？就是我这个人一直有这么个想法，觉得虽然这个事是个好事，但也没有必要讲出来。但是，现在看来，我不讲

---

　　① "婆婆、老倌"湖南方言，相当于现代汉语中的老奶奶、老爷爷，在文中是对彭育奇夫妇的亲切称呼。

　　② "做工打伙"指做长工和当帮工。

　　③ 即小时候。

清楚也不行了。像我的一个学生汪晶晶①，她在《松园旧事》一书中说到我的家庭出身并不好，是地主②。所以，这次借这个机会，我就把这个材料拿出来，这样关于我家是地主的那些疑惑就可以解释了。

我父亲是 1960 年去世的，终年 58 岁。我父亲和母亲都在农村，当时农村可能没有东西吃。据乡亲们回忆，我父亲当时全身浮肿，应该是饿死的。那时我正在苏联留学，也赶不回来。所以，我现在讲，目前我们的生活水平不知道比我父亲那一辈人高了多少倍。我现在 89 岁，接近 90 岁了，我们的寿命已经比父母他们那辈人长很多了。

3. 知书达理的母亲

我的母亲名叫任淑身，"淑"是"淑女"的"淑"，不是有的资料上写的"叔叔"的"叔"。她是一位典型的家庭妇女，读过几年书，也识得一些字，但主要是在家里料理家务，我们小时候穿的衣服、鞋子都是她亲手做的。我的母亲没有什么特别的，但是有一条，她对自己的小孩是严格要求的。我是这样看的，从严父慈母这个角度来讲，我父母亲对我们的要求都很严格，也就是说我们家知书达理的教育是比较严格的，我对此印象深刻。所以，我们几个兄弟姐妹走出来之后，应该说都是很循规蹈矩的人，大家一眼就看得出来，我们是不会乱来的。从社会上来讲，大家对我们家的评价也是这样的，知书达理的教育比较严格。我母亲去世时，年龄 63 岁。当时情况特殊，我爱人邓铭康她去恩施参加单位组织的"四清运动"，不好请假，只是我一个人匆匆从武汉回去简单地处理了母亲的后事。在那个特殊年代，两位老人直到去世也没有见过我的爱人和小孩，不得不说是一桩憾事。妹妹后来讲，母亲临

---

① 汪晶晶，女，1953 年 12 月 7 日出生，祖籍湖北黄冈。在武汉出生并长大，父母均为家乡名医。1966 年小学毕业后躬逢"文革"，其后经历复杂。当过纺纱厂学徒工、知青、护士、医生等。1982 年 1 月毕业于武汉大学，1985 年 6 月和 1989 年 11 月毕业于联邦德国科隆大学，分别获学士、硕士和博士学位。1983 年至今，客居德国。

② 原文是："P 老师的家庭出身并不好……竟是地主！……五十年代，一个家庭出身是地主的学生，居然能跨入浩浩荡荡的留苏队伍，从而走上前途无限光明的又红又专的道路！要获得这一切，要付出多么辛酸的努力……又要取得怎样惊天地、泣鬼神的好分数啊……"资料来源：汪晶晶. 松园旧事　第四部　逝者如斯［M］. 多伦多：绿野出版社，2013：207.

终的时候,意识已经不太清楚了,一听到家里来人,就以为是我爱人回来了,不停地呼喊着她的名字,问:"邓铭康回来了?是邓铭康回来了吗?"①虽然我爱人一直没见过我的父亲母亲,但是她在我们湖南老家的口碑还是非常好的,因为不论是我出去留学还是"文革"的时候,在我没法照顾家里的时候,一直都是她替我尽责,和我们家人的关系也处得非常好,她这个湖南媳妇当得还是可以的。

关于我父母的照片,真的是一张都没有。那时候农村照相也少,我小时候的照片基本没有,我和兄弟姐妹的照片也没有。那个时候就是这样,虽然我家条件算是比一般家庭好一些,但是也没有照片。

4. 我的兄弟姐妹

我们家姊妹比较多,我上面有两个姐姐,大姐叫彭月宜,是 1923 年 11 月出生,比我大 7 岁,现在已经 90 多岁了②。因为重男轻女,所以她只上了小学,读书并不多,长大了就帮我母亲在家里操持家务。她现在身体还挺好,不过耳朵有些听不见了,要是我们打电话给她,她讲她的,我讲我的,她也不管听没听清楚,讲完之后就结束了。二姐彭笑舞,1928 年出生,比我大 2 岁,已经去世了。家里虽然重男轻女,按理祖母她们也是不愿意送我二姐去读书的,但是她自己很好强,自强不息,坚持要读书。小时候,我们俩一起上学,一起读书,寒暑假的时候一起到彭卤簧叔父那里"开小灶"补课,学习国文。她初一在清江中学上学,初二的时候转入新办的高仓中学,当时她在初二一班,我在初一一班,初中毕业时因为本地没有高中,她就没有继续上学了。初中毕业后,她回到我们一起上初小的学校彭氏好古小学去教书了,后来调到了常新桥教书,因为我二姐夫他们家在那里。

我还有两个妹妹,大妹妹彭庭舞,现住在汨罗市,她以前是中学教师。小妹妹彭善舞,退休前是小学教师,现住在汉口长青花园。我们家的基本情况大致就

---

① 彭斐章先生的夫人邓铭康女士说起婆婆在弥留之际还呼唤着自己的名字时,不禁潸然泪下,其情其景甚是感人。

② 在 2020 年 5 月修订书稿的过程中,经与彭斐章先生本人确认,彭月宜女士已经于 2018 年 10 月去世。

是这样,我和姐妹几人大多是搞教育,也可以算是教育世家了。

我下边还有个弟弟,他是家里的老四,名叫彭品章。从我们的名字来讲,我叫"斐章","斐然成章,入圣之门"嘛,我们家里的情况也是这样的,我必须读书,上学,后来也一直在学界。他和我走的是两条路,他经商,所以他初中还没有毕业就在商界,在当时的长沙"三益盐号"做学徒。"三益盐号"当时的规模很大,相当于是现在的食盐公司,在长沙江边那里。因为那边的运输非常方便,所以那个盐号当时就在那里。我的大姐夫是"三益盐号"的老板之一,属于资方,当时不单只有他一个老板。我大姐夫文化程度不是很高,主要是做生意,那个时候他就已经做到了香港的生意。我弟弟到盐号去做事,也是他介绍的。

我弟弟在去长沙当学徒之前,我已经高中毕业工作了,他还在我工作的地方住了一段时间,我那里离车站很近,比较方便。

他当时当学徒,没有别的住房,晚上睡觉也就在盐包上面睡,估计是太凉了,把身体给弄坏了。我弟弟病得很厉害的时候,是我二姐夫的妈妈在医院照顾他。有一天,她告诉我必须要去,说我弟弟可能是不行了。1950年除夕那天我赶到盐号,我大姐夫招呼大家吃年夜饭,年夜饭吃到一半,医院打电话来,说我弟弟不行了。我赶到医院见到了弟弟,当时人已经不行了。二姐夫的妈妈告诉我说,我弟弟一再念我,让我过去。除夕那晚他去世了,我哪里能睡得着呢?我去处理完了之后,第二天就回去,就没在长沙了。回到家,我也不敢告诉母亲弟弟去世的事情,不好跟她讲。我母亲问起我,我就说他还好,搪塞过去了。所以,很长时间,我母亲都不知道他去世。据我了解,他当时是得了胸膜炎去世的,大概是胸膜有感染吧,实际上是没办法救了。他是当学徒中间病逝的,那个时候,我弟弟他们属于劳方,劳方和资方是对立的,所以他去世了,盐号那边也没有什么特别的表示,很简陋地处理了一下后事就完了。

我弟弟在长沙"三益盐号"当学徒的时候,就参加了一些迎接解放的活动,具体是什么活动我不知道,当年也没有人细说。他当时跟我讲过,说他现在很忙,有很多事需要做,那应该都是上面派的。那个时候刚解放,还没过多久,他就病逝了,真是可惜了。他去世的时候大概多大呢?我那个时候二十岁左右,他比我小一些,十五六岁的样子。

5. 五岁半开始求学

我五岁半就进入了彭氏好古小学的幼稚班读书①。上了一段时间后,大概是符合小学的条件了,就上了小学。那时小学分初小和高小,初小我是在彭氏好古小学上的,上了大概四年半。这个学校在当时还是很有名气的,很多人都愿意把自己的孩子送到那个学校去读书,不知道现在还存不存在。高小是从五年级开始的,是在那时的湘阴县清溪乡丰家庵女子缝纫学校的高小部上的。这个学校比较大,分两个部分:比较大的一部分是女子缝纫学校,记得那时候有些年龄比较大的女孩在那里学习缝纫技术;另一部分是高小部,我们就是读的这里的高小。1949 年后,那个学校的缝纫班就撤了,高小部扩建成了湘阴县清溪乡中心国民小学,那是一个完全小学,六年制的,我高中毕业后还在那里教过一段时间的书。那个时候,我家住的地方在彭氏好古小学和湘阴县清溪乡丰家庵女子缝纫学校的中间,往北就是彭氏好古小学,离家很近,大概就一里路多一点儿。往南走一里路地就是丰家庵女子缝纫学校,我读高小的地方。初小和高小的六年多时间基本上就是这样过的,1942 年小学毕业之后我就考上了长沙东乡的高仓中学②。

因为望麓乡一带是我们彭氏的聚居地,所以在我整个中小学求学过程中,除了高小那两年在湘阴县清溪乡丰家庵女子缝纫学校高小部之外,其他学校都可以说是彭氏家族的。彭氏好古小学是彭氏的,高仓中学也是由彭氏家族支持办学的③。高仓中学当时的很多领导和老师也姓彭,如创办时的校董事长彭海鲲、

---

① 彭氏好古小学的校名可能与明代“彭氏三杰”中彭好古有关。明代“彭氏三杰”:彭好古(号熙阳)、彭信古(号龙阳)、彭遵古(号旦阳),人称“三阳”。彭好古自幼学习刻苦,诸史经典倒背如流,并有乃父之风,与其二弟彭信古、三弟彭遵古相互砥砺,经常充当弟弟们的老师。万历十四年(1586),与其三弟彭遵古同时参加会试,兄弟同时榜中进士,在麻城传为美谈。兄弟三人中有文有武,好古、遵古以文取胜,信古则有武功,中武进士,合称麻城“三阳”,人称明代麻城“彭氏三杰”。

② 现长沙县第二中学。

③ 高仓中学最开始是彭氏家族兴办的一所私立中学,校址也在“彭氏宗祠”里面(长沙东乡高仓的彭氏第九世祖祠堂)。校董事长彭海鲲先生(1871—1944),济苍生,念桑梓,他借助家族之力,与彭炳寰校长共同整理此族学,且取古代“仓颉造字”传说,命名高仓中学,执意把文字归还造字的人民群众。

校长彭炳寰,我高中毕业时的校长彭庆鋈,训导主任彭鹤琴以及我的两个叔父彭卣簧和彭俊明等。我的两个叔父一直都在高仓中学里面教书。虽然学校开始是由彭氏支持创办的,但是学校并不是只收彭氏家族的子弟,其他各地各姓的学生都有,后来也有不少其他姓氏的老师加入。"近水楼台先得月"嘛,我在这些彭氏学校上学,自然也会有很多便利。

6. 零星的童年记忆

对于以前的事情,我也没有特别的记忆方式,没有日记,笔记也比较少,主要是靠脑子记,以前记忆力很好,现在也还可以。小时候的一些事情,因为时间过得太久了,现在有的只是一些零星的记忆。

我小时候的性格,和我平辈的孩子相比,比较成熟,也有威信。因为我是男的里面年龄最大的,家里的长辈,尤其是我的伯祖父很宠爱我。小时候我基本没做过农活,主要是读书学习。当然了,家里有一些事情需要做的时候,我也会去帮忙。比如去收租、记账等,对于农村那一套东西也还是比较熟悉的。小时候我也喜欢和大家一起玩,喜欢打弹弓,还有踢毽子,那个时候踢毽子有脚踢的,还有手打的,类似于现在的丢沙包。上了中学以后,我开始喜欢一些体育运动,打球类的我都挺喜欢,如篮球、排球,另外跳高、跳远这些体育运动我也喜欢。

我上小学和中学的时候,一直都是用毛笔写字,而且写得比较用心,主要是家里要求。我父亲就讲,字是人的门面,要我好好练字。当时写的是繁体字,后来改成简体字,所以我现在写的简体字也不一定很规矩,有时不由得就会把繁体字带出来。晚上看书的话,照明还是用灯草嵌到灯里点着,后来用煤油灯,记得用的是美孚煤油,不像现在用电这么方便。

饮食习惯方面,我基本不怎么挑食,当然那时候吃的东西种类也比较少,也没得挑。逢年过节的时候,也会比平常吃的东西多一些,我们那个时候喜欢吃烤红薯片,还有晒干的红薯干,再一个是糍粑,糯米做的,这也是我很喜欢的。过年的时候,也会做翻糍、炸丸子。那时过年,每个小孩都要给自己装一部分这些自己爱吃的东西,藏起来,慢慢吃。当时我们农村很时兴冬至酒,冬至大概是一年的收获时节,所以,同姓族的一些人,会请一些长辈、亲戚聚在一起喝冬至酒。为什么我会去喝冬至酒呢?因为是我的伯祖父带我去的。另外值得一提的是,我大概从五六岁开始就不吃肥肉,一点儿也不沾。这是为什么呢?可能是在六岁以前,因为伯祖父他们这些长辈比较宠爱我,带我去吃酒的机会比较多,吃得次数多了,那时候小孩子也不懂得节制,一不小心估计是吃伤了。所以从那以后,一直到现在为止,我一点儿肥肉也不吃。关于这个,后来还有一些挺有意思的事情。1961年,我从苏联回来,我们国家物质依旧匮乏,那时候买肉的话,是需要用肉票排着队去买的。买肉的时候,当时大家都喜欢要肥肉,因为回家可以炼油吃。而我只要瘦的不要肥的,那后面排队的人就高兴了,都说那你不要肥的给他们,这在当时那个困难时候,也是非常难得的。

　　小时候的一些风俗习惯也零星记得一些。当时在农村的时候,像三月三、九月九,也会过。我记得有一条"三月三,九月九,无事不到江边走"。这是大人嘱咐的,说是在三月三和九月九的前后,不要轻易到江边去,如果下雨,那就很麻烦了。其他的我不太记得,但是这一条,我记得很清楚。我们家在汨罗,小时候过端午的时候也划龙舟,但是很少。

　　在农村,过年和元宵的时候,也有玩龙头的,十几个人一起玩。玩的那个龙头,像现在的舞龙一样。他们到哪一家去,那家人要放鞭炮迎接,走的时候,还要送他们,他们有个带头的人,要给他红包。我们家算是一大家,有好几家人住在一起,那时玩龙头的那些人也会到我

1999年5月,彭斐章和夫人邓铭康参观汨罗屈原碑林

们家来,每一家都要给红包,这是一个。过完年之后,正月初一那天,很早就有人跑来送财神。说是财神,其实就是他们印的或者是剪的一些吉利话什么的送来。这些人为什么来我们家呢？因为,我们家不管他们是第一个到还是第二个到,我父母都会给他们一大升的米,而有些人家要是第一个来就给,第二个来的可能就少给一些或者干脆不给了,但是我们家一直都是不管第几个来,都给,而且是平着进来堆着出去,给满满的一升米。那时过年的时候我也会给其他人拜年,给族里的一些老人拜年。当时拜年是要下跪的,大人下跪,我们小孩就跟着下跪,那时鞠个躬还是不行的,至少要跪一条腿吧。我小的时候过年也喜欢放鞭炮,但是不像现在这样。那时候农村放一种叫土铳的东西,和雷管差不多,铁的。制作的时候,买一些炸药、硝之类的东西铳在那个洞里面,再放一根引线,用手拉着放,那个作用力很大,而且当时在农村也不管那个标准是多少,有的时候就爆炸了,很危险。那时候大人不太让小孩玩这种土铳炮,女孩子更不敢了,即使有男孩在也很少有人敢放,有一些胆大的大男孩会弄。那个很危险,容易伤人。

7. 抗战印记

我是 1930 年出生的,战争几乎贯穿了我整个青少年时代,尤其是抗日战争,其中有一些事情印象深刻。"七七事变"之后,抗日战争全面爆发,那时我七八岁,年龄尚小,也没得机会去参军抗日,很多事情也不太记得。但是在随后的岁月中,我不止一次看到过日本人。特别是长沙会战[①]期间,日本军对老百姓的侵扰和搜刮变本加厉,其野心之大,阴谋之毒,杀人之多,真是罕见罕闻,惨绝人寰,使人震骇。我是亲眼看到过我们村子附近有一家四口人都被日本兵杀了,所以我对日本侵略军是非常痛恨的。

当时日本军在新墙河那里,那边已经沦陷了,距离我们家也不是太远,不过我们家那边总体还好。那时日本兵经常去打捞[②],他们开车出去,抢东西抢得很

---

① 1939 年 9 月至 1942 年 1 月中国军队与侵华日军在长沙地区进行的作战。分别于 1939年 9 至 10 月、1941 年 12 月至 1942 年 1 月进行。

② 打捞,即抢掠。

厉害,特别是抢粮食、食物这些生活用品。我们当时把粮食藏到砌的假墙里面,后来他们可能也是发现了这个情况,一见到假墙就打开,把藏在里面的粮食抢走。类似这样的事情很多,他们真是坏,所以日本侵略军在我的记忆中,没留下什么好印象。

那个时候,我们和日本兵像捉迷藏似的,白天我们村子里年轻一点儿的人就都带着饭啊什么东西躲到我们家对面的明月山或附近的其他山里去了。年轻人要是不跑的话,就会被他们抓去,我有一个老表就被他们抓去,他跟他父亲两个人都被抓去了,后来再也没见两人回来。一些老年人跑不动,就留在家里,日本兵也不理这些老年人。我们白天一直躲到那里面,在树林子里面吃住,反正就是避开他们,也不敢出去,到晚上才出去,因为日本兵晚上一般不出来。经常在他们出去打捞的时候,我们就从山上下来,就想回去拿点米什么的东西回到山上,以备第二天用。后来那些日本兵发现了这个情况,也可能有汉奸帮他们吧。他们有的时候也跑去山里,见了老百姓就抢,抢食物,还抢老百姓的衣服,拿回去穿。我就碰过一次,开始以为是老百姓,后来发现是日本兵,不过我跑得快,很快就溜掉了。

对于抗战,有一件事一直留在我的记忆深处。有一天我们下山准备回家取东西,开始不知道,走到山的对面一看,哎呀,那些日本鬼子还在我们家的池塘里面捞鱼。当时我十一二岁吧,可能在学校还学到一点儿逃生的知识,知道开枪了要往地下趴,避开枪口。所以日本兵枪一响,我就往地下一倒,避开了,但是我后头的那些人,他们听到枪声跑得更快了,这样枪一打,他们也倒在地上了。我拿了东西回去之后,听到我家里人在哭啊哭,他们以为我被打死了,但我其实没事。后来我一想应该是这样的情况,日本兵的枪一响,我往地下一倒,避开了,我动作比较快,我后面的那些人可能没看清楚,反正枪一响,人就倒了,以为我死了。

日本军的不时侵犯,对我们上学也是有影响的。高仓中学在 1944 年 5 月份左右停办了一段时间,主要是因为抗战,学校没了稳定的经费来源。不过学校停办的时间不是太长,抗战胜利后第二年春季,学校就复学了。学校停办以后,乡里的一些人认为高仓中学停办了,不能让学生们的学业荒废了。有人就站出来组织,乡里的一些富裕农民出资资助学生们继续上课。后来包括我的叔父彭卣簧在内的几位老师就回到乡里,坚持在山底下给我们上课,高仓中学的很多人都在那里读,我也在那里读。总体来讲,情况还不算太糟,但是日本兵确实蛮讨嫌的,他们那些人哪个地方都去。哎呀！那真是讨厌得很,而且后来那些家伙越变越坏,我们大家都很痛恨。

二、中学生活

1. 高仓中学的六年

我从丰家庵女子缝纫学校的高小部毕业以后就考上了高仓中学①，继续读书。比较巧的是，高仓中学正好是 1942 年我小学毕业的那年创办，最开始创办了两个班，初一班和初二班。为什么还有个初二班呢？因为当时我们那里还有个清江中学，这个中学比高仓中学办得早，但是从我们家到清江中学交通不太方便，步行的话，要翻过大山走好远的路才能去；坐车的话，要先坐火车到长沙再转车或步行去清江中学。鉴于这个情况，也为了照顾部分已经在清江中学上学的学生，所以高仓中学创办的时候就同时开办了初一和初二两个年级，两个班。我是新考进去的，到初一班；我二姐彭笑舞是从清江中学转学过去的，到初二班。高仓中学距我们家还有一段距离，按我们农村的话讲，将近二十里路，所以当时我和我二姐都是住读的。那个时候，学校包伙食，若是要交粮食什么的，也都是我父亲推着独轮车，走近二十里路送到学校里去的。

当时情况是这样的，在我读初中的时候，高仓中学还没有高中部，而恰好到我初中的最后一个学期，就开始办高中了，先办了一个高一班进行招生。这样的话，我不仅是高仓中学初中部的第一届学生，也是高仓中学高中部的第一届学生。初中、高中和现在一样，也都是三年，但因为抗日战争，停办过一段时间，所以，我差不多是在 1949 年夏天才高中毕业。因为当时中华人民共和国快成立了，学生闹学潮闹得比较厉害，学校为了稳定，就把我们这届的高三毕业班提前解

---

① 高仓中学当时叫"湖南省私立高仓中学"，位于北山镇高仓村，东临白沙河、汉家山，西靠长沙县第一高峰明月山，北接影珠山，故有"汉家明月影珠山，半作屏风半作鬟"的诗句。1958 年更名为"湖南省高仓中学"，是当时长沙县（含望城）四所完全中学之一，1978 年更名为"长沙县第二中学"。

散了。

那个时候，我们高仓中学有不少老师，但是老师们的情况比较复杂。从派系上看，有两个对立的面，就像两大阵营，一个是保守派的，一个是进步派。保守派方面主要是以校长、训导主任、教导主任等部分校领导为首，他们要维护学校的稳定和持续发展。当时的校长彭庆鋆，他是哪里人，我不太知道，但是他这个人很有能力，人也很不错。记得比较清楚的是在我们快高中毕业闹学潮的时候，他当校长，负责学校的一大摊子事情，也是他决定把我们班提前解散的。训导主任是彭鹤琴，教导主任是彭俊明。彭俊明是我的叔叔，是伯祖父彭伯樵的儿子，和我们住在一起。他当时是教导主任，对教学这些事情管得比较严格，要求我们不能旷课，考试什么的都严格要求，他强调教学，但也不干涉我们参加学校的一些进步活动。他们当时的分工还是很明确的，因为他是教导主任，得把学校的老师团结在一起，把课教好。

进步派方面，主要是搞一些青年活动。受此影响，我们在中学里面还是不太安分的。进步派方面主要是有两个老师，一个是教我们历史、地理的廖晨光老师，他比较积极，是地下党员，当时是我们的班导师，像班主任一样。另外一个是教生物的杨竹剑老师，比较内向，后来好像是长沙市委的副书记。他们两个人，思想都比较进步，喜欢在学校组织一些类似读书会的青年活动，在地下支持我们学生闹腾。当时他们组织了一个名叫知识青年读书会的活动，名义上是读书会，实际上就是这两个老师在会上跟我们谈一些他们得到的消息、信息什么的，总之就是想尽一切办法引导我们读书，读一些进步的东西，让我们接受新知识。在我们高年级的时候，他们给我们看《舆论导报》这类消息类的进步刊物，以及艾思奇的《大众哲学》等进步书籍，可以说他们两人当时代表一部分进步的力量。

印象比较深的、对我们影响也比较大的是廖晨光老师，他是广东人，好像是中山大学毕业的。虽然他不是教主课，但是他是我们高一时的班导师，不仅活动能力强，而且能量也很大，是当时地下党活动的组织人，对我们学校的一些老师和学生影响都不小。当时教数学和物理的任惜余老师和教化学的熊傅周老师，大概都是受他影响，被发展成地下党员后在高仓中学工作。任惜余当时一边在湖南大学读书，一边在我们高仓中学教课，等于在赚学费了，毕业后再没见过他，不知道他后来去哪里了。熊傅周①是我们高三班的班导师,当时他很年轻,后来到华中理工大学②,我还见过他几次。他们这些老师当时都有一些职务,但和学生接触的时候,又很平易近人。

学校大概也知道廖晨光他们几个老师是地下党。但是廖晨光老师,他一直都比较积极,而且胆子也挺大。他当时也不怕,还把他的家人、小孩都带来在一起。他那时候有收音机,经常听广播,也常和我们学生聚集,谈些相关的问题,也不隐瞒自己,常常进行宣传。像《舆论导报》这些进步刊物在他那里是经常有的,大家要看的话,就去他那里借。他知道我和彭俊明、彭卤簧两位叔父的关系,也很注意这些事情。我记得他跟我说:"你要想参加这些活动的话,可以,但是你叔父管得还是很严格的。"他其实就是提醒我,但也不硬性要求我参加还是不参加。我那时候也不是蛮清楚,但是知道,他们这些人的观点和我叔父他们的观点不太一样。另外,廖晨光教学思想也比较活跃,比较开放,考试方式比较灵活。我记得他那时候就主张说,"你们不要死记硬背嘛,要活学活用"。考试的时候,他要我们讨论,讨论得差不多了,就给个成绩,不像其他的老师那样,一是一,二是二。

受这些进步思想的影响,可能是在我们高二、高三的时候,说来也奇怪,有一些进步的学生在我们学校搞活动,突然就不见了。后来我们就知道,他们可能是去延安或者其他地方去了。我们班倒是没有,一些低年级的学生走了,比如任弼时的女儿任远志。任远志比我小一些,我读高中,她读初中,她和我一个堂妹是一个班的。当时她们也没毕业,也没发生什么意外,但是突然就走了。后来我们才知道,她肯定是被人接走了,应该是去了延安,因为任弼时的家就在我们高仓中学的附近,这些情况我们当时还是隐隐听说的。

在高仓中学的时候,我们出过一个名叫《学府春秋》的刊物,相当于墙报,当

---

① 熊傅周(1921—1985),毕业于国立长沙师范学院历史系。历任武汉机械学院通用化工系系主任,图书馆馆长,华中理工大学语言研究所副所长,中国音韵学会秘书长等职,编写有《诗词格律例说》。

② 华中理工大学的前身是华中工学院,1988年1月,国家教委批准华中工学院改名为"华中理工大学",2000年5月26日,原同济医科大学、武汉城市建设学院与华中理工大学合并,组建华中科技大学。

时我还担任过里面的编辑。搞这个刊物，主要任务是就学校的一些问题提出一些建议和意见，同时也会发起一些互动。比如，那时学校的伙食是承包的，当时我们就食堂的饭菜不好等问题，借《学府春秋》和学校进行沟通和协商，但是协商的效果也很有限，学校也没有什么大的改变。

学校里面这种不安分的状态，在1949年我们快要高中毕业的时候就更加突出了，因为学生和学校闹腾的事件更多了。后来学生们在学校组织了一次较大的活动，也就是闹学潮，当时闹得比较大，学校实在没办法，但也不好开除这些人，为了不让我们再在学校聚集，就把我们这个毕业班级提前解散了。因为还在学校的话，若出了事，学校难免就要负责任。高中班就这样散了，但是还算正常毕业，毕业会考通过后，也发了毕业证。记得我们当时做了毕业纪念册，而且做得相当漂亮，虽然那时候农村照相也少，但是我们还搞了喷印的照片。纪念册上的文字也非常活跃，每个人都有每个人的形象，比如你平常在学校的表现是比较活跃还是比较呆板，毕业以后准备干什么，类似这样的情况描写得都比较详细。我原来还留有这个纪念册，后来这个册子丢了，再也没有找到。我记得当时对我的描写，就是说我喜欢数理和外语，并不喜欢文学等。性格方面，写我这个人还是比较活跃，不是死读书吧，对于毕业以后做什么好像没有写得特别明确。

前面这些就是我当时在中学的一些活动，我在学校的时候还是比较活跃的，一直参加读书会，也是希望自己接受一些新知识。

2. 亦师亦友的两位叔父

在我求学过程中，彭俊明和彭卤簧两位叔父对我的影响比较大，他们两个人既是我的叔父，又是老师。彭俊明，我们习惯叫他明叔，他家和我们家住在一个大院子里，平时来往相对比较多。他毕业于当时的南京金陵大学，学的是数学这一类理科专业。在高仓中学的时候，他教我们数学，包括几何，以及物理这些理科科目。印象中，他身体比较单瘦，常穿一件蓝灰色旧长衫，生活俭朴，他家里子女也多，家庭负担比较重。当时除了在高仓中学任教外，后来还在福湘、明宪等地方的中学执教。他讲课常常会轻轻咳一声，同学中有传说他患肺病，健康不佳,实际上不是,而且他思维、动作都很敏捷,精神逸爽,性格开朗,没有一点儿病态。

记得当时长沙的中学生中流传着一首感叹几何难学的打油诗:"人生在世有几何? 何必天天学几何? 不学几何几何好? 学得几何又几何?"他在给我们讲几何课前,将这首打油诗作为引子,当笑话般讲给学生们。本意是用来说明学几何跟学数学等理科科目一样,只要思路清明,也是很容易学的。他讲课逻辑性强,语言幽默,言简意赅,对教材很是熟悉,名词术语通常用英文,习题也留得不多,讲课很有耐心,喜欢学生提问题。我受他影响颇深。

对我影响较大的另一位叔父是彭卣簧①,他是我另外一个叔祖父的儿子,算是我们的族叔,后来我和他接触得更多一些。彭卣簧叔父这个人,古文功底非常好,他在高仓中学的时候教语文和历史。他学识非常渊博,诗词楹联这些都是他非常拿手的,写过不少诗词,对我影响也非常大。在读小学、中学的时候,如果说是有假期,暑假也好,寒假也罢,我跟二姐总是到他家里学习国文,去"开小灶",跟现在的补课一样。当时就我们两个,没有其他的孩子,主要是因为他跟我父亲交情很深,他主动跟我父亲说,让我们去他那里读书。当时,主要是跟着他学习古文,读得多的是《左传》、"四书"、"五经"这一类的古典书籍。我们两个人去的时候,他按正规的办法教,一般会要求我们先把前一天学习的内容背诵给他听,再学习新的知识。他也会给我们出题,让我们写作文,写好之后交给他,他给我们改。每个学期一放假就到他那里去,开学以后再跟他在学校里面学习语文知识。当时我不知道读古书有多大的用处,也读得不太明白,但他是老

---

① 彭卣簧(1908—2003),湖南汨罗人。自幼趋庭学诗,工于书法,执教中文达60年。对格律诗词、楹联、文字学、音韵学等均有湛深研究。曾任长沙县第二、三、四、五届人大代表,后又任第一、二届长沙县政协委员。曾任社会兼职还有碧湖诗社理事,岳阳楹联学会顾问,长沙教育诗书社名誉社长等职。撰写诗词1000多首,见诸报端者400余首,有《达斋诗词联选集》等留存于世。《达斋诗词联选集》序"一代师表—诗人"中写道:"先生一生从事教育事业,对教学精益求精,对学生教诲友爱。其诗《教师节述怀》有句云:'红烛春蚕系我思,浇花无间日孜孜。晨风梳柳婆娑影,夜雨敲蕉绰约姿。深味忠言皆益友,喜看雏凤亦良师。平生最觉眉开处,桃李芬芳绽满枝'。红烛思想,春蚕精神,确实是恩师最为崇高的师德。他的学生有美籍博士杨超植,有高级干部陈叔炎等,有著名学者彭斐章、熊家炯等,诸如教授、作家、诗人,以及企业之名家,特级、高级教师等不胜枚举,然皆饮水思源,莫不感怀师恩师德"。

师,他让我们背,我们就跟着背了,虽然对其内容也不是很懂,但还是一直坚持着。后来我在文华图专学习古典目录学的时候,不禁感到"书到用时方恨少",想要是当初多读一些古文就好了,那时读的还是太少了。虽然这样,但是当我后来研究目录学,尤其是阅读像刘歆的《别录》这些古典目录学书籍时,阅读起来相对也比较容易,这无疑得益于那时打下的古文基础,可以说是受益匪浅。工作后,我在讲话、做报告、做研究的时候会时不时想起以前读过的那些古书,虽然当时不太理解,但还是很认真地读了,其中很多都是熟读过的,有些还可以全文背诵。

彭卤簧叔叔,不仅学问高,而且也很高寿,是我的父辈中少有的几位高寿之人。他是 2003 年去世的,享年 95 岁。在他生前,我们之间多有联系。我还保留了很多他的书信和诗作,但比较可惜的是没有合影。为什么没有合影呢?主要是因为我到他那里去,每次都没有多长时间,总是匆匆忙忙地去了,后来又匆匆忙忙地走了。在他那里,要谈的话很多,谈完就走了,总也想不起来一起合个影。1984 年,高仓中学要搞校庆活动,他告诉我消息,我还专门到他那儿拜访,他当时的影响还是很大的。那次校庆,学校还有个捐款的活动,我也是捐了款的,捐了50 块钱,那时候 50 块钱还是很值钱的,后来给我们每个捐款的人发了捐款的小册子(长沙县高仓中学校友奖学基金会会员志)。

1986 年,叔父 78 岁时给我的回信说:

斐章贤侄惠鉴:你好!

六月初接到极为详尽的复信,快慰之余,辄用以启迪后人,缯诸宾客,引为骄傲和自豪,自不待说,在你鼓舞之下自认为治学精神还是能坚持不懈,至老不衰的。目前岳阳市文化局来人登记我近年来已在报纸杂志发表了的文章、诗词,散文计十八篇(内中发表于湖南师范大学报两篇,湖南日报的三篇,洞庭湖二篇,其他大致是语文教学等刊物),诗词计一百二十八首(刊在广州诗词报,广州诗词特刊,湖北黄州东坡赤壁诗词,岳麓诗词,洞庭诗选,湖湘诗萃,长沙晚报等)。

关于写字,我是相当爱好的,几十年来,每天都要临他学书,篆隶行草楷都一一涉及,其中篆书还在学步,只是备一格而已。我家伯樵公独树一帜,曾祖碧沅公,字有骨力,我只从他的手抄本见到。另外,我非常佩服我大哥毓琪兄,他从伯樵公处学书,深有造诣。我学书时,得他的教益很多,他是极力反对走软体一路的(何绍基是反对走软体道路的)。在接到你的长信时,看了你封面的字,就忆及我毓兄的书法,早六年前曾在毛家祠壁上看到了他的柳体大字,心美不已,可毛祠早一年已拆掉重建了。为此我信手写了一首词,是送给你的,词附后,请查看。我省今年国庆前后举办老年人书法展览,规模较大,中央首长如方毅、耿飚、张爱萍、王首道、胡耀邦、萧劲光、萧克等同志都应邀参加了,我也在被邀请之列,写的行书,内容是送美籍华人博士杨超植二首,经大会裱糊展出。最近岳阳市、汨罗、长沙北山区先后邀我,已经寄出,还没发表。我认为写字也属文体活动项目,它与练太极一样有效。最近我选入先进典型报告团,在长沙范围内讲出,先进典型共六人,我的主要内容是连续任教五十六年,已满七十八岁,一直坚持不懈,这是一;第二是不受重金,不朝钱看;第三是七十七岁入党,执着追求,终于实现了理想。最近,政协、教委会以及我校,交给我一个光荣任务是写校史,这里特此请求你抽出一点时间回忆当时廖晨光、杨竹剑、任惜余、杨舫生等地下党员情况,你与李益鑫、彭振欢、振徽、任培吾等参加组织,在校内外做了很多先进革命的事情,有关这些方面,请你提早告诉我。为了求真存实,我想,必须找你,才能真相大白,这样真实的校史才有深远的意义。另外,我想看看你校最近几期的学报(以文史哲为主),希你惠寄几份,或有其他对我用得着的资料,也请惠寄,我是热衷于学习新知识的,你一向洞察我的心情,深盼予以帮助。宗怡①早不久到了我这里,听说庭舞②身体,开刀后还较好。宗怡说,过一晌他和笑舞③接我去走走。拉杂

---

① 彭斐章先生的二姐夫张宗怡。
② 彭斐章先生的大妹妹彭庭舞。
③ 彭斐章先生的二姐彭笑舞。

地写了一些,盼复。

　　专此敬候

近祺!

　　　　　　　　　　　卤簧　写于二中大成间之斗室

叔父彭卤簧给彭斐章的信札

　　在1987年3月,我参加由文化部组织的"中国图书馆代表团"赴苏联和保加利亚考察访问前回乡看望他,临别时他为我口头赠诗三首,诗我一直都保存着。

口占三绝赠斐章侄

春节初,斐章从武大归省,临别依依,口占为赠。

（一）

留苏访德复西欧,积厚流光为国谋。

后学频沾春雨润,累累硕果庆新秋。

（二）

珞珈山畔启云程，一路春风绿洞庭。

湘水汨罗争迓客，涟漪勾起故乡情。

（三）

咋见无从认姓名，一经道破梦初醒。

"岁时伏腊承庭训，稔记当年课读声。"

注：斐章说：过去不论寒暑假，我们兄弟姊妹总是到叔家就读，至今忘不了叔父训诲情。今年又将有西欧行。

1992 年 10 月，他赠了我们一本他的诗词集《达斋诗词联选集》，里面收录了几首他为我写的诗。那些诗写得都蛮好的，我现在有时间还会翻出来看一看。

答武大图书情报学院院长彭斐章教授（二首）[①]

（一）

遥知你处是书山，更欲倾心细细谈。

向往珞珈风景地，春深花鸟有余欢。

（二）

西行东渡见闻多，尺素飞来喜若何？

坐井哪知天大小，阿咸益我待观摩。

注：竹林七贤中有阮籍、阮咸，咸系籍侄。

鹧鸪天·答斐章侄[②]

斐侄现任武大图书情报学院院长，详函告我，从字迹中忆起我兄当年论书情况。

触目天真烂漫辞，茫茫思绪竟何之？

① 彭卣簧. 达斋诗词联选集［M］. 长沙：碧湖诗社，1992：17.

② 彭卣簧. 达斋诗词联选集［M］. 长沙：碧湖诗社，1992：20.

案头挥动如椽笔,忆起阿兄论学时。

鲤庭对,雁书驰,五中铭记叔兼师。

晤言只作来春计,聊表深情赋此词。

八十自况并以回赠武大教授斐章铭康两侄①

玉照涛笺兴致长,珞珈风物正秋妆。

绨袍惠赠春阳暖,长寿遗传百代昌。

千里迢遥犹咫尺,万分欢乐庆平章。

从政不计崎岖路,愿挽强弓一振缰。

注:他俩从武大寄来高级衣料,并贺我在父辈中创造了长寿遗传史。

彭卣簧先生赠彭斐章《达斋诗词联选集》的赠言

3.加入新力知识青年联谊会

在高仓中学读书期间,我参加了一个叫新力知识青年联谊会的进步群众组织,在这个组织里面也做了一些事情。当时,参加的人不少,我们这一届和上一届的很多同学都参加了这个组织。我去留苏预备部之前,学校人事处的领导还问新力知识青年联谊会是个什么性质的组织,里面有些什么人。后来经过查阅相关资料,证实新力知识青年联谊会是我们党领导的正式组织,这样就把人事处问的那些问题都搞清楚了。

新力知识青年联谊会的一些活动不单是在学校里面进行,有些还扩展到社会范围。大概是1949年初,为了迎接湘阴县的解放,新力知识青年联谊会组织我们做了很多工作,如组织我们向民众发放"告乡保甲长书"等宣传资料,主动写一些新式标语去贴,告诉乡民不要烧毁文件资料,不要搞破坏,等等。

新力知识青年联谊会的领导者中有个人是湘阴县高明乡的,名叫吴树言。中华人民共和国成立后,他当了湘阴县玉池区的区委书记。当时我在湘阴县第

---

①　彭卣簧.达斋诗词联选集[M].长沙:碧湖诗社,1992:39－40.

十完全小学当校长,属于同一个区。有时候他忙不过来,还找我帮他搞社会调查等工作。我的舅父任培吾也参加了新力知识青年联谊会,后来他当了湘阴县人大常委会的主任。还有我的一位同学,也是新力知识青年联谊会的成员,后来他在湘阴县离休干部处工作,他曾经联系我,说当时参加过新力知识青年联谊会的人要做一下登记,可能会有一些政策或活动等。因为是在湘阴县,我没去办那些手续,后来也没再联系他,不知道他现在怎么样了。

4. 华国锋给我们西红柿吃

解放前后,华国锋到湘阴县工作,任县委书记①。因为中华人民共和国刚成立,社会还不安定,那时他带了很多人在县里做清匪反霸、镇压反革命势力等一些工作。我们高中班解散了以后,有一些同学就去他领导的县委政策研究室工作,主要是搞政策规划、学习文件什么的。当时他们也要我去,但我对那些不太感兴趣,就没有去。那时县委政策研究室就在县委大院里面,有次我去那里找我的同学玩,正好华国锋也在。有一件有趣的事情,我印象深刻。记得那天华国锋拿出几个西红柿,一边拿着其中的一个吃了一口,一边笑着让我们吃,还说:"这个很好,很有营养,你们也吃吃看……"当时我就觉得挺有意思,心想西红柿也不是个什么嘛,在我们老家那里还是很常见的。

我的中学同学的情况差不多是这样的。当时在县委政策研究室工作的那些同学后来就散了,有一些人分到了乡里,有些到了镇里,有的到了区里或者留在了县里,多数是到政府部门,搞政治工作。有些后来当了区委书记等领导干部。我高中毕业后先是去小学教书,又当了一年的小学校长,1951年考上了大学。这样的话,慢慢地和中学同学之间的联系就少了,有些同学现在已过世了。

---

① 华国锋,1949年6月至1951年7月任湖南省湘阴县委书记、地委委员。

三、完小任教

1. 小学教师

一开始我当老师，是代我二姐上课的。怎么回事情呢？因为当时我们这一届的毕业班闹学潮，学校就把我们班提前解散了，所以我就回到了家里。正好在彭氏好古小学当老师的二姐彭笑舞怀孕了，没办法继续上课，找代课老师一时又找不到合适的，所以我就代她去彭氏好古小学上课，这是我教师生涯的开始。说是代我二姐上课，其实我教书水平和她差不多。她比我大两岁，但我读的书比她还多一些，因为她读完初中我们那里还没有高中，所以她就没有再读，直接回去教小学了，而我是读了高中的。当时，彭氏好古小学和其他的农村学校一样，上课的老师没几个，几乎全部的课程都需要我上，比如语文、数学、体育、音乐等课程。我代二姐在彭氏好古小学教书，上完那个学期的课之后就没继续在那个学校教书了，而是去其他几个学校，继续教书。

代替二姐上完那个学期的课之后，为什么我还继续去小学当老师了呢？情况是这样的：一是我二姐夫张宗怡和湘阴县清溪乡中心国民小学的一些老师跟我讲："你高中毕业了，在家也没事做，那干脆到学校去带课，一边上课一边还可以继续复习功课，考大学。"当时大学是自主招考的，每个学校什么时候考试我就什么时候去考，在小学里教书也不耽误。二是当时农村学校教师很少，他们非常需要像我这种上过高中的年轻人去当老师，所以学校特别希望我去他们那里教书。第三个原因是我文娱活动方面比较好，而且当时也年轻，干事比较干练，去学校当老师对他们帮助很大。所以，高中毕业后，我就一边在小学教书，一边准备大学的考试。

那时，顺着湘阴县清溪乡中心国民小学往南走一些，还有一个民办的学校——作新小学。这两个学校在办学层次方面应该是平行的，都是中心小学。当时，作新小学的校长叫吴剑真，他是我一个同学的父亲，民主人士，中华人民共和国刚成立的时候,他还当过我们县的县长。当时,我二姐夫在作新小学教书,他在清溪乡中心国民小学也教过课。而我在彭氏好古小学代我二姐上课,以前也在清溪乡中心国民小学读过书,所以我经常到其他两个学校去,和那两个小学的教师也都很熟悉。有时候我二姐夫的同事就跟他说:"把你小舅子叫过来嘛,叫来咱们一起玩一玩……"有时他们会让我二姐夫请客,在他们学校吃饭。当时请客吃饭吃什么呢?一般都在学校的食堂吃。当时学校食堂是包伙食的,我二姐夫跟校长说一下,再跟包伙食的人打个招呼,做饭的时候,添一两个菜,有时候也吃鱼、肉等。鱼倒是好办,我们那里水多,农村很多人家里都有池塘,自己养鱼,可以现捞。

那时没有实行双休日,星期六也要上班上学,不过星期六相当于现在的星期五,比较宽松一些。加上三个学校离得近,所以,有时在星期天或者假期作新小学或清溪乡中心国民小学的没有回家的老师,他们会写个纸条,让学生带给我,邀请我过去和他们搞一些活动。搞些什么活动呢?一是搞体育活动,组织打篮球。彭氏好古小学没有球场,但中心国民小学有,还有专门的体育老师,叫樊瑞泉,他体育比较好。当时比较有意思的是,假如中心国民小学的老师要和作新小学的老师打对抗赛,中心国民小学这一边就邀请我加入他们。为什么要我参加呢?因为我习惯左手投篮,他们很难找到一个用左手投篮的人。要不是经常和我一起打球,了解我的情况的话,那我用左手投篮,他们就防不胜防了,而且我投篮也是比较准的。我左手比较灵活、厉害,也有力,像剪指甲,那我可以两个手相互剪,但我也不是所有的事情都用左手,吃饭还是用右手的。

当时,还会搞一些文娱活动,如弹琴等,大家聚在一起。我记得有一首曲子,叫《梅花三弄》,那个曲子像后来的《二泉映月》一样的,在当时比较普及。中华人民共和国刚成立的时候,新歌也有,但是很少,我记得比较流行的新歌有《解放区的天》。当时很多人奏国乐,一般也是奏《梅花三弄》。所以,当时我们搞一些文娱活动,无论是吹口琴,还是吹笛子、拉二胡,首选也都是《梅花三弄》。那时的其他乐曲我记不得了,但《梅花三弄》记得很清楚。

我的兴趣爱好还是很广泛的。有些什么爱好呢?第一个爱好是吹口琴,我自学的。第二个是吹笛子。中心国民小学有个数学老师,叫周宏楷,他很会吹笛子,我当时就跟着他学。第三个是拉二胡,这个我是剽学的。因为我二姐夫和他的朋友们爱好这些,他们有时会在一起拉二胡,我就在旁边看着学习一些。这三个兴趣爱好是属于音乐方面的。其实对于音乐,只是我的业余爱好,我没有正式地学过乐谱,但我一直非常喜欢,所以当时经常跟他们一起,参加他们的活动。比较特殊的是,当时我们用的二胡、笛子这些乐器不是买的,而是我们自己做的。我自己也会做二胡,一般是自己打了蛇,把蛇皮扒下来,蒙在竹筒子上面,再买一点线将蛇皮缝起来。我做二胡是和谁学得呢？主要是和周围与我年龄差不多的人,也有当时几个学校的老师,大家相互学习。笛子也是自己做,我们那里产竹子,把竹子的薄膜弄掉后,晾干了后自己做。当时这些东西很少有卖的,即便有,也是很贵的。我们又住在农村,离市里很远,也不方便去买。所以,那时候大家都是自己做,也挺有意思。

在我高中毕业教书的这段时间中,有几个关系很要好的老师,对我影响也比较大。一个是清溪乡中心国民小学的校长刘汉南,还有教导主任曾绍华。这个曾绍华老师,年龄比较大,但比较全面,除了带课之外,文娱方面也是比较突出的,尤其是音乐方面。他不仅识乐谱,而且还会吹口琴、弹风琴。那时农村没有钢琴,有一种用脚踩的小风琴,跟钢琴差不多。我当时年轻,对这些都比较感兴趣,很喜欢风琴,也和这个曾老师学习弹风琴,所以风琴我也会一些。

2. 弱冠之年当小学校长

1950年初,湘阴县教育科举办了湘阴县中小学教师联合会,说是联合会,其实就是集中培训、学习。我参加的是第一期小学教师讲习班,主要是学习政策、文件以及传授、交流教书的经验。像我们这些刚参加工作的年轻教师都是要参加这个培训。这次培训持续20天左右,在这期间我还担任了学习部的部长。培训结束后,经考核合格颁发正式的结业证明书。在培训过程中,县教育科对那些学习态度认真、工作积极上进,各方面表现都不错的学员进行了进一步的了解和挑选。集训结束后县里对选拔出来的这些人的工作重新做了安排,像我被任命到湘阴县玉池区高明乡中心学校当校长,委任状是1950年3月15日签发的。此后每个寒暑假都有集中培训,1950年暑假的集训我也参加了,培训结束后,我还是被任命为校长,不过这次是第十完全小学,其实还是原来那个学校,只是按照县里统一命名,改成了第十完全小学。当时的任命书是县政府发的,并且是当时湘阴县的县长史杰亲自签署的,任命书我一直都保留着。

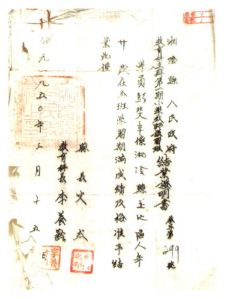

彭斐章参加湘阴县小学教师讲习班的结业证

彭斐章任高明乡中心学校校长的委任状

彭斐章参加1950年暑期小教讲习班的
结业证

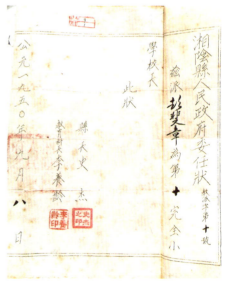

彭斐章任第十完全小学校长的委任状

这些资料现在还在我手里，是怎么存在的呢？这是武汉大学档案馆的一个老师给我的。因为管档案的那个老师以前是我们武汉大学图书馆学系党总支的副书记，他后来调到学校档案馆了。他在整理武汉大学名人档案的时候，看到我的这些资料，就跟我说："这些东西就不留在档案里面了，给你个人，你自己保留就行了。"所以，这些资料没有收进武汉大学名人档案中。

3. 当小学校长的三大作为

我在湘阴县玉池区当小学校长的时间大约是1950年2月至1951年2月，两个学期，差不多一整年的时间。开始那个学校叫湘阴县玉池区高明乡中心学校，后来按照县里的统一命名，所以湘阴县玉池区高明乡中心学校就改成了湘阴县第十完全小学。开始担任校长的时候，我还不到20周岁，很是年轻，很多东西都不熟悉，加上那是另外一个区，各方面情况都很生疏。他们那里原来的老师，也有一些是参加了县里举办的讲习班的，但是培训后再和我一起回到学校工作的就没有了。

我记得很清楚，刚刚到高明乡中心学校接任校长的第二天，学校包伙食的老板就来找我，他说："校长，你来了，好，我们这里没有米了，你看怎么解决？"我刚上任就遇到这个情况，也是蛮伤脑筋的。在培训和任命的时候，县教育科的人对各种可能遇到的困难也进行了一些预防和提醒，他们说："你们去接管这些学校的时候，肯定会遇到一些困难，遇到一般的困难，尽量自己先想办法解决，实在有困难的时候，就找县教育科帮忙解决。"当时我就想，刚刚一来就找县里要米、要钱也不太好，还是我们自己先想办法解决比较好。当时有个老师原先也在这个学校工作，他提出一个建议，还蛮好的。他说："校长，你来了，很好，这个学校的附近原有'四大支柱'来支撑这个学校的，你可以找他们开会，把吃饭的这个问题交给他们去，看看他们怎么解决。"

那时我刚参加工作不久，哪里知道这些事，以前也没做过。不过，我很快就下定决心，打算按那个老师的建议试试。当天我就对这"四大支柱"的情况进行了了解，搞清楚以后，立即召开一个会，他们那些人很快就来了。我说："今天开会没有别的事情，主要是我们学校的老师没有粮食了。他们辛辛苦苦教书，现在吃的都没有了，你们每一个负责人，必须按以前的规定，马上将粮食送来。将来你们的账目什么的我们还要清算的，现在我们不管你们其他的问题，但首先要把学校教师吃饭的问题解决了。"当时，他们也没多说，可能是他们知道我是县里面派来的，有些顾忌吧。反正他们送来了粮食，解决了大家的吃饭问题。这件事情的解决，给了我很大的支持。当时很多人就讲："你们不要看这个校长年轻，他厉害得很呢，头一天开了会，第二天粮食就送到了。"那个包伙食的老板也逢人就讲："我们这里原来简直是没法儿，总是吃了上一顿，没了下一顿，这个新校长一来，一下子征集来了这么多粮食，大家起码可以吃上一阵子。"后来县里派人来了解情况，当他们听说了我们学校包伙食的问题后，都高兴地说："嗨，你这小伙子还不错，这么快就把学校的燃眉之急给解决了。"其实啊，我也不知道他们的账目今后要不要清，也管不了那么多，当时就吓唬他们说，"你们的账目肯定是要清的"。刚当校长先做了这么一件事，做得还比较成功，这也算是给我这个新任的校长树了威。

接着，清理了原来放在学校礼堂里面的一些祖宗牌位。当时学校的礼堂里有很多老的祖宗牌位，周边一些家族的祖宗牌位都集中放在那里，占了很大一块地方。有的老师就跟我建议："校长，你是外乡来的，你出面让他们把那些牌位请回去，摆在自己家里供奉，这样学校的礼堂就扩大了，而我们本地人不好也不敢轻易做这个事，如果做的话，人家会说你们连祖宗都不要了。"我听了他们的建议和顾虑，并结合现实考虑后就把大家召集起来，推心置腹地和他们说："你们都看看嘛，大家把家里的牌位都集中放到学校的礼堂里，占了好大一片地方，而你们家孩子还在这里读书，都没有集中活动的地方了。若是各家把各家的牌位请回家里供奉，那每家就只占一点儿地方，也不会造成很大影响。学校礼堂空出来，也好让孩子们活动。"他们大多数人都挺通情达理的，听了我的话，也表示支持，很快就把牌位挪走了。大多数人一支持，剩下的也就无所谓了。这样就把学校的礼堂腾出来，以后学校的师生在礼堂里面活动也就方便多了。

这两件是我刚当校长后做得比较大的事情，当时产生的影响也较大。听到很多人反映："这个年轻人，你不要看他年轻，他魄力还挺大的，敢作敢为。"这两件事情后,我在当地的威信提高了不少,以后再开展工作也就顺利了许多。

我在这个学校当校长的时候,除了上面这两件事情之外,还搞了一些教学方面的活动,主要是整顿了一下教学秩序。这个小学是县级公立小学,老师有十来人,学生大概有一二百人,校区比较大,当时好像是仅次于县政府的城关小学。因为这个学校是公立的,所以当时还需要监管和辅导周围 72 个小型或私立小学。那时新中国刚成立,很多学校还存在一些体罚学生的不良现象,在教学秩序方面,我第一件事就是抓这个。我当时就想,要树立正气,新中国成立以后,人人都是平等的,老师怎么能体罚学生呢? 老师不仅要认真地教学,而且要耐心地对学生进行说服教育,不能体罚学生。要是发现还有老师不讲政策,依旧体罚学生,那我们就到那里去惩罚他们。当时,确实还因此处理了几个人。其他方面的工作就是组织了几次教学方面的活动,比如组织大家去听课,给一些老师把把关。当时我年轻,真是初生牛犊不怕虎,当校长主要就干了这么些工作。

4. 参加高考

从高中毕业到去文华图专上大学之间的这段时间,我也考过一两次大学,但是都没考上。为什么没考上呢? 一方面,那时我是一边工作一边准备考试,而且基本都是没有怎么准备就去考,结果可想而知,是比较难考上的。所以考了之后,我问都不去问,没有通知的话,那肯定是没有考上。另一方面,那时各大学都是自主招考的,每个大学自己组织考试招生,即使准备了也不一定考得上。因为当时是各学校自主招考,活动的人还比较多,所以我们若是完全凭考试去考,不去活动,那基本是没法考上的。当然,当时考大学也比较自由,考生自己想考哪个学校就可以报哪个学校,可以报两三个或三四个。我当时有报考过湖南的湘雅医学院。湘雅医学院那时在湖南是很有名气的,现在也还可以。此外,我还考过其他的几个学校,但很可惜,都没考上。

比较好的是,从 1950 年起我们国家逐步开始实行全国统一招生录取工作。

1951年教育部发了文件,当年全国分六大区进行招录①。

得知这一消息后,我就跟县教育科表示,说:"我想去报考大学,想继续深造。"他们当时有些惊讶,问:"那你当的小学校长怎么办?"我说:"校长我就不当了,当个普通教师就行。"因为当时新中国刚成立不久,包括教师在内的各方面人才都比较缺乏,政府还动员、鼓励年轻人去报考深造。为什么这么做呢?我想可能也是希望年轻人能够有所提高,将来为祖国建设做出更大的贡献。这样我就辞去了第十完全小学的校长职务,调到第十四完全小学去当老师。当时主要是想好好准备一下高考,所以就当一名普通的教师,不再搞其他的行政工作。

我在第十四完全小学当教师的时间不长,差不多就一个学期。虽然不搞学校的行政工作,但是当时每个学校的老师也不多,都要求完成一定

彭斐章到第十四完全小学任教的介绍信

的工作量,也不可能只教一两门课,一个人常常需要带好几门课。那时候新中国刚成立不久,还有很多其他的社会活动和政治学习,也不能光想着复习功课不去参加活动。另外,从准备参加高考到进行考试,间隔的时间也很短②,所以我复习的时间基本上是没有,准备工作做得不是很充分。

这里有个问题,就是那时我已经工作了,而且还当了第十完全小学的校长,但为什么后来又去了第十四完全小学当了老师,还报考了大学呢?因为,一方面

---

① 1951年4月24日,教育部发布了《关于高等学校1951年暑期招考新生的规定》,强调"为进一步改进各校自行招生所产生的混乱状态,各大行政区分别在适当地点争取实行全部或局部高等学校统一或联合招生"。1951年,全国分东北、华北、华东、中南、西南、西北六大行政区,进行命题、招生、录取工作。

② 1951年中南区的报名时间是7月15至17日,考试时间是7月22至24日。

从我们家里讲，我们家可以说是教师之家，我有好几个叔父都是教师，像彭卤簧、彭俊明他们，对我影响很大。另一方面，那时农村比较重男轻女，而我是我们这一辈男丁中年龄最大的，我父母总觉得我应该继续上学，要多读书。此外，还有一个原因就是高中毕业后，我先当了一段时间的小学老师，后又被任命为小学校长。在这个过程中，我深有"书到用时方恨少"的这种感觉，感觉自己读的书还是不够，应该多读书，继续深造。

1951 年，新中国成立后的第一次全国高考，比较正式。当时考试的主要科目有国文、数学、物理、化学，还有外国语。外语可以考英文和俄文，我考的是英文，因为我是从高中开始学习英文的。对于高考题目，基本都不记得了，国文作文题目好像是二选一，其中一个题目好像是"一年来我在课外最努力的工作"，但是我不记得当时写了些什么内容。我觉得当时的考试科目还是比较科学的，也没有明确的区分文理科，后来我也一直主张不该过早地分文理科。当时，我们什么科目都学，各科的基础打得比较扎实，各科都学一些还是比较好的，不能学文的人理科方面什么都不懂，学理的人连基本的文化常识都不懂。

1951 年的全国高考，有个特殊的情况，作为新中国成立后的第一次高考，好像也没有落榜的，考了的同学都分配到各大学去上学，也比较自由，可能是国家需要人才。

文 华 时 光

（1951—1953）

一、文华求学

1. 我是怎么与图书馆学结缘的？

我怎么就学了图书馆学这个专业？是我从小就热爱这个专业？其实不然，这一切纯属偶然。

1951年夏，新中国第一次全国统一高考结束以后，也像现在一样填报志愿，有多个志愿可以填报①。当时我还年轻，一心只想到外面去，希望到外地去上大学，所以填报志愿的时候，我根本就没有填中南区的学校，也没填东北或西北地区的。我填报的都是华北地区的一些高校，而且只看比较高的一些学校，像北大、清华这些名校。当然，最后一栏，是否服从分配，我当时也填写了，而且填写的"是"。

填报志愿之后是等待录取信息。那时我们在农村，没有什么信息渠道，也不知道具体是怎么录取、分几批录取。后来才知道是按大区录取，先是华北，再华东、中南、西南、东北、西北这些地区。当时，华北地区先发榜，发榜之后没有看到我的录取信息。最后打听了之后才知道，原来是填报华北地区高校的考生太多，所以是华北的录取完之后，生源地是哪里的就拿回哪里再分配，我是中南区的，所以就被拿到中南区后统一分配。所以，我就这么非常偶然地被分配到武昌文华图书馆学专科学校（以下简称"文华图专"）的图书馆学科了。

当时，国家对高考录取工作还是很重视的，录取信息都刊登在报纸上。《中南区高等学校1951年度统一招生委员会录取新生名单》登在了《长江日报》上。文华图专的录取名单分两批刊登，第一批刊在1951年8月23日的《长江日报》上，里面写到文华图书馆学专科学校（武昌）图书馆学科录取了40名，第一个被

---

① 第一至五志愿填报大学名和系科名，第六志愿只填报系科名，第七志愿填报大学名，第八志愿为是否服从分配栏，即如果上述志愿都没被录取，是否服从招生委员会的安排，到其他院校就读。

录取的人就是邓铭康。她当时是填了这个志愿的,她为什么报考这个专业呢?她也不懂,但她的姐姐邓铭萱说女孩子报这个专业挺好的,因为她本人是文华图专毕业的①。由于我是华北区未被录取后拿到中南区再分配的,所以是第二批录取的。第二批的录取名单刊登在1951年8月30日的《长江日报》上。第二批录取了20名,前后两批一共录取了60名,但后来真正到学校报到的只有28人。都有谁呢?有我,我爱人邓铭康,还有胡家柱、蒋万民、宁资阊、宋承林、曹彦芳、吴勋泽、梁遣全、王秋萍、向德育、齐惠科、齐鸿、梁淑芬、王可、黄洲生、刘金泉、何厥祥、黄兴汉、李曼华、张民惠、王昭瑁、龚昭民、彭兆兰、梁美芸、谭景芝、陈湘雄、袁文辉等这些人。

为什么我被录取到武昌文华图书馆学专科学校图书馆学科,原因主要有两个方面,一个是我当时复习的时间本来就不够,考试准备不足,所以没有被报考的那些华北地区的名校录取。但是,更重要的一个原因是我自己志愿填报的错误,我选择了服从分配,所以最后就被分配到了武昌文华图书馆学专科学校图书馆学科。我为什么这么说呢?因为虽然我的准备不足,但我的基础较好,有一个事情可以说明这个情况。在中南区录取的时候,我有个姓文的高中同学,他在中南区的第一批录取名单中,录取到了湖南大学的理科专业,但这个同学中学时学习成绩并不好,我觉得他高考也不会考得很好,应该不会比我好。为什么呢?因为在高中毕业考试的时候,他怕自己考不及格,毕不了业,就想办法从印油印的师傅那里弄到了毕业考试的数学试卷,请我帮他做。我记得那天晚上他把我从床上叫起来,悄悄地对我说:"你跟我到外面走一下,我有事情找你帮忙。"我说:"大晚上的到外面去很麻烦的,进也进不来了。"他说:"那没事,我会想办法的。"他当时只找了我一个,没找别的人,怕人多了传出闲话来不好办。后来我就跟着他出去了。出去以后,他把我领到高仓中学旁边的一个农民家里。他当时在那个农民家里买了一只鸡,让他们煮了鸡汤给我喝。吃饭的时候,他就跟我说:"你把这个卷子看一下,你看哪些题我能做,我不要多的,你给我做到60分就够了。"他为了让我帮他做题,还特意买了只鸡给我吃,这个事情挺意外,但当时我已经

---

① 邓铭萱,文华图专第十二届(1949年9月至1951年7月)学生。

出去了，也没办法了，就很快给他做了。高中毕业的时候，我是完全可以顺利通过考试的，而他拿着我做的试卷，也通过了毕业考试。所以，通过这件事情我就想到，虽然高考的时候我准备不足，但是我的基础较好，高考成绩应该也不会太差。但为什么那个同学会在中南区第一批就被录取了，而且录取的还是他的第一志愿，但我是第二批才被录取，而且录取的学校和专业也都不是我填报的？很大一个原因就是我在填报志愿的时候选择了服从分配，所以最后就被分配到了武昌文华图书馆学专科学校图书馆学科。

1951 年武昌文华图专图书馆学科新生录取名单

高考后不长时间，我就接到了录取通知书，一看是武昌文华图书馆学专科学校的图书馆学专业。当时我对图书馆学是个什么情况一点儿都不了解，我就问我的叔叔彭俊明，问他是否了解这个专业。他说："我不是很了解这个专业，但是我听说过与图书馆有关的一些事情。"他当时给我讲了两件事情，第一，他说："我听说马克思、列宁他们经常在图书馆里搞研究。"那个时候关于马克思的足迹传得很多,说马克思是在英国国家博物院图书馆撰写的《资本论》。第二,他说:"我在金陵大学上学的时候,那里的图书馆很大,里面的藏书也非常多,可以查阅到各式各样的书籍资料。"至于这个专业具体是怎么回事情,学什么东西他也说不清楚,因为他是教数学的,对此也不了解。虽然我了解到了这么一些情况,但是当时还是有很多的疑惑,也不明白为什么把我分配到这个专业。我根本就没选这个专业,和这个专业没有任何关系,若是给我分到一个理科类的专业那还好,但这是个文科专业,和我报考的那些专业一点儿边儿都不沾。虽然当时有这么多的困惑,但是后来我还是拿着录取通知书去学校报到了。真正打消我的这种疑虑,转变这种抵触心理是在1951年9月入学后参加土地改革之后。可以说,参加土地改革,在很大程度上改变了我的想法,同时也深深地影响了我。在参加土地改革的过程中,我的思想慢慢地发生了转变,开始接受这个专业,并且在此后的岁月中一直是干一行,爱一行,爱我所选,无怨无悔。

2. 文华图专的第一印象

虽然我当时对于图书馆学是什么,存有很多的疑虑,但是为了多读书,我还是拿着录取通知书,从湖南省城长沙坐火车到武昌上大学去了。火车到达武昌的时间很早,天差不多刚刚亮,一下火车我就打听武昌文华图书馆学专科学校怎么走。结果,谁也不知道。问警察,警察也不知道,不过后来有个警察跟我说:"具体这个学校在哪里我不知道,但是我听说武昌的粮道街那里好像有个学校,原来叫文华大学,后来改成华中大学,你问的这个学校可能在那个地方附近,你到了那里再打听一下。"我叫了辆黄包车,按那个警察的说法,让黄包车的师傅把我拉到粮道街那里。到了粮道街又一打听,有人说这里好像有这么一个学校,我就按那人指的路线走,很快就到了。从一个名叫四衙巷的小巷子走进去,有个大门,正是我要找的这个学校。那个大门也很窄,大门的一侧有个牌子,上面写着"武昌文华图书馆学专科学校"。后来我才知道,这个学校的准确地址是武昌崇福山街2号。这个学校很小,确实是非常小。当时我来了以后,第一个印象是不太好的,感觉学校太小,小得让人不容易找到。

这个学校不仅小，而且人也少。我到了学校以后，有个女同学来迎接。这个女同学名叫傅椿徽①，她后来也和我一样留校当老师，在武大的时候也是同事，一起工作了好多年。她当时要帮我搬行李，我看她是个女同学，心想让她搬还不如我自己来搬。我跟着迎接我的同学进了学校，一进大门就是一个操场，穿操场而过，走到操场的尽头，看到几栋楼。左手边的前面两栋是女生宿舍，后面一栋楼，一楼是办公楼，有会议室等，二楼是上课用的教室，三楼就是我们的男生宿舍。男生宿舍一共有两间屋子，都是大教室改成的大通铺，里面摆放着铁床。当时我们学校的男生也不算太多，只有我们这一届才有男生，28 个人中男同学稍微多一些，有一半以上。宿舍后面是居民区，而且我们男生宿舍楼下的居民区是盲人居住区，他们经常拉二胡，又时常吵架，环境比较嘈杂。男生宿舍的右边同样是一栋三层小楼，布局也和这栋楼差不多，一楼是总务、会计这些行政办公的地方，二楼是会议室、校长宿舍、打字室、教室这些功能区，三楼是女生宿舍。

到了宿舍，我们在宿舍里待了一会儿，我把东西放好之后就跟着傅椿徽同学下楼了。傅椿徽同学很客气，也很热情，当时就问我是从哪里来的，我说我是从湖南来的，她说她也是湖南来的。就这样，在开学的第一天我还找到一个同乡。她又给我介绍了很多其他的情况，然后就帮我办理了入学手续。

通过和她聊天，我才知道，我们上一届只有 12 个同学，而且全是女同学。说来也有意思，为了迎接我们，她们这 12 个同学，做了很多的准备，因为录取了 60人，她们以为来报到的人会比较多，结果我们班只来了 28 个人，不到录取人数的一半。也就是说，当时整个学校的学生只有我们这届和上一届，一共 40 人。当时教职工也不多，教师大概有 16 个人，再加上职工、秘书、总务主任、管采购等的行政人员，整个学校一共还不到 100 个人。真的是有些不敢想象，一个大学竟然只有这么多人。不过还好，这种状况持续的时间不长，我们下一届录取了 60 人，结果都来了。

---

① 傅椿徽（1924 年 2 月 8 日—2007 年 4 月 27 日），女。1950 年 9 月至 1953 年 2 月就读于武昌文华图书馆学专科学校，1953 年 2 月毕业后留校任教，主讲"俄文图书编目"课。在武汉大学图书馆学系历任助教、讲师、副教授、教授，1988 年 10 月退休。

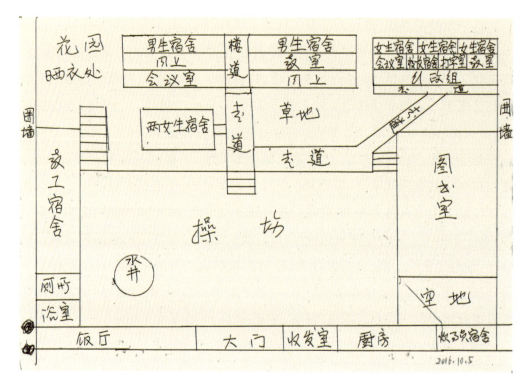

彭斐章夫人邓铭康女士专门为本书手绘的文华图专地图

从这个情况看,我就非常同意文华图专老校长沈祖荣[1]的儿子沈宝环先生的话。沈宝环先生讲:"文华图专就是一所袖珍型学校。"学校在 1920 年创办之初,学生就不多,前三届每届都只有七八个学生,所以文华图专真的是从袖珍型学校开始的。这也是我对文华图专的第一印象,是个典型的"袖珍"学校。

---

① 沈祖荣(1883—1977),中国现代图书馆学教育家,字绍期,1883 年生于湖北宜昌,1977 年2 月 3 日卒于江西庐山。1905 年毕业于武昌文华书院,在书院图书室工作时,结识了由美国来华任教的韦棣华女士。1910 年协助韦棣华创建文华公书林;1914 年被派去美国纽约大学图书馆学专科学校学习;1917 年学成归国,仍在文华公书林工作;1920 年文华大学图书科成立,担任编目等课程教学工作;1925 年参加中华图书馆协会,任编目委员会副主任;1925 年文华大学图书科改为华中大学图书科,他任主任;1929 年代表中华图书馆协会出席第一届国际图书馆协会和机构联合会在罗马和威尼斯举行的国际图书馆及目录学会议;1929 年文华图书馆学专科学校成立;1931 年起他任校长;1938 年抗日战争期间,随文华图专迁往四川璧山;1947 年回武昌复校;1949 年武汉解放,文华图专由政府接管,仍留任校长;1953 年文华图专并入武汉大学,改为图书馆学专修科,任教授,讲授"俄文图书编目法"课程。

3. 文华图专的"过早"

武汉当地的人把吃早饭叫"过早"。我第一次在武昌"过早"的时候，还发生了一件说起来有意思的事情，当时闹了一个不大不小的笑话。

那天早上到了学校，我跟着傅椿徽把行李放进宿舍，办好手续之后不久，她就带着我去学校食堂吃早饭。因为整个学校的面积很小，所以食堂离宿舍也不远。当时学校的厨房和吃饭的饭厅不在一起，是两个分开的地方。学校大门的右边是收发室，收发室的旁边紧挨着的就是学校厨房，而饭厅在学校大门的另一边。那时每个人是自己带了碗去吃饭的，需要每个人自己从厨房里面打了饭之后再拿到饭厅去吃。那天到了饭厅，我看到里面摆了一些桌子和凳子，每个桌子上摆一小碟油炸的黄豆，还有几样菜，不是炒菜，基本都是一些小咸菜。除了这些，就是稀饭和馒头，稀饭和馒头是我们自己从厨房打了，端到饭厅来吃。傅椿徽是提前吃过了的，把我送到饭厅之后，她就去忙别的去了。当时就我一个人在那里吃，我大概喝了一碗稀饭，吃了一两个馒头，吃完那些之后，就把碗洗了。把碗洗了之后，也没有别的事情，我就拿着碗去操场上走，在那里走来走去，走了好长时间。我为什么在操场上来回走呢？我是在等吃饭。因为我心里想，刚才吃的那些不算早饭，那些东西在我看来也就是早饭前的一些点心、汤水。所以，我就在操场上走来走去，走了好长时间。后来傅椿徽又过来，她看见我还拿着碗在操场上走，就问我："你上午还有别的事吗？没有的话，你就把碗放回去吧。"我说："不是马上要吃早饭了吗？"她说："你刚才吃的那些就是早饭，吃中饭还有好长一段时间呢。"听她这么一讲，我才意识到早饭就没有了。刚才吃的那些就是学校这里的早饭，也是我上了大学以后吃的第一顿早饭。说实话，当时感觉还挺不习惯的，因为那样一点点东西吃了之后，对于我们湖南人来讲，等于没有吃早饭一样。为什么呢？因为在我们老家湖南，平时吃饭有个特点，就是我们每天早上吃饭是必须吃米饭的，是干饭，不像武昌那里吃的是稀饭、馒头、小菜这些。那天，我一直等到中午 12 点多才吃了中饭，当时饿得也是够呛。因为火车到武昌的时间很早，而早饭又吃了那么一点点东西，等于是一整个上午我都没怎么吃东西。那是我上大学的第一天,第一次来到武昌,不懂得那里的习俗。他们当地人把吃早饭叫"过早",我就那么"过"了"早"了。去武昌上大学以前,我对当地的饮食习惯那些都没有什么印象,闹出了这么个笑话,现在想来也是有意思。

4. 文华图专的校训校歌

文华图专虽然小,但也是个大学,像其他大学一样,有校训、校歌。她的校训是"智慧与服务"(Wisdom and Service),我觉得这个校训还是很不错的。我的理解是"智慧"与"服务"两者相辅相成,密不可分,但又各有侧重。"智慧"强调的是图书馆所收藏的图书与资源,这是人类思想和文明的结晶;我们要掌握好各种求知的门径,用更好、更科学的方法去获取知识。"智慧"既是我们要开采的宝藏又是开采这些宝藏的工具。确实作为图书馆学来讲,就是要有智慧。这个"智慧"要干什么呢?那就是要"服务",要服务社会,服务大众,同时用这种"服务"去贡献我们的国家和民族。文华图专,在这一点还是很明确、很突出的。

彭斐章手书的文华图专校训①

文华图专的校歌,也是蛮有意思的,很有特色。当时我们在文华图专上学的时候,也会时常唱这个歌曲。

---

① 此为 2014 年彭斐章先生为《图林文华——中国图书馆学人的墨迹与故事》一书手书。

文华图专校歌

浩浩天宇，莽莽神州，人类进化悠悠。

经籍辉煌，典章博大，圣贤教化永留。

文华图专，循循善诱，知识诸宝是求。

博我以文，约我以礼，智慧服务群俦。

愿同学，勤研究，立功立言不朽。

亲爱精诚团结，为国为民奋斗。

彭斐章专门为本书手书的文华图专校歌

文华图专的校训和校歌表达了文华人的理想和信念，体现了文华爱国、求学、服务的精神。

5. 文华图专的特色生活

文华图专的校内空间很小，大概有多大面积，具体我没有计算过①。当时，学校也没有多少学生，所以校园里面显得比较清净，在学校里一叫人都能叫得应。但是不管怎么说，文华图专她也是一个高等学校，一些基本的大学生活还是有的。

文华图专从一开始起就有一个特色——注重实践。注重实践是从沈祖荣先生他们创办文华图专开始就一直坚持的。

注重实习和实践，这是文华图专的一大特色。当时我在文华图专读书也是这样的。学校的图书馆在操场的右边，当时图书馆不仅可以供我们学习、读书，而且可以让学生轮流到馆里值班。因为当时学校的学生比较少，就我们40个人，大家彼此都熟悉。我们值班的时候，就方便多了，尤其是晚上，我们可以在图书馆里写作业、看书，进行自主学习。平时要是没事的话，图书馆那里有工作，我们也会帮着去做。比如，图书馆那里若没人值班的话，我们学生就可以直接去值班，帮忙办理各种借阅手续。有时候假期不回去的话，也会去图书馆，学习和实践，一举两得。这样一来，学生的动手能力很自然地就提高了。学生从进入大学开始就在图书馆里做这些事情，就像孩子从小在家里做家务一样，做得多了，自然就非常熟悉了。文华图专的学生对图书馆的业务都是很熟悉的，这也是文华图专学生实践能力强的一个表现。

文华图专注重实践，学生的实践能力都比较强，这一特色和优秀传统一直保存到文华图专并入武汉大学之后。直到现在，这一点也比较突出。一开始，我国只有北京大学和武汉大学有图书馆学专业，两个学校形成了两种特色，北京大学图书馆学系在理论研究方面比较突出，但是学生的动手能力、实践能力方面要比我们学校的学生弱一些。后来在图书馆界，若是大家都比较熟悉，谈得比较深的话，大家时常会讲武汉大学图书馆学系的学生动手能力、实践能力要强一些，这也是为什么我们武汉大学图书馆学系的毕业生很受欢迎的一个原因。

---

① 占地大约3000平方米。

文华图专学生实习情形

　　因为文华图专校园中间是一个操场,所以大学期间主要的活动基本上都在操场上。比如开展体育活动、集会,有时洗衣服、吃饭这些也都是在操场上进行。当时,文华图专操场旁边靠近食堂的地方有一口井,学校把井的周围用水泥隔开。这个水井的水都是生活用水,当时主要是用来洗漱、洗衣服,人不喝,人喝的水都是自来水。学校本来就小,晾衣服的竹棚也都在离水井不远的地方。所以,当时学校的同学们要是洗衣服的话,都在水井的那个地方,洗了之后倒的水又流了下去。井水可以不断地打上来,洗衣服这些也不需要用自来水,都是用这个井水,那倒是挺好的。水井的左边进去就是澡堂、厕所这些,厕所的旁边是教职工宿舍,所以这口井里的水不仅学生洗衣服用,当时学校的领导和教职工也用它来洗衣服。我印象比较深的是,当时文华图专的副校长甘莲茎同志,他一直住在学校里。他很节俭,也是经常跟我们学生在一块洗衣服,我们在水井旁边洗,他也洗。记得他那时还提出一个蛮有意思的问题,他说:"你们洗衣服把肥皂打在衣服上,本来就应该起化学作用,那你们还搓来搓去搓什么呢?"除了这个,他也会和我们聊一些其他的话题。那时老师和学生都在操场上一起洗衣服,现在回想起那个情景,感觉也是蛮有意思的。

彭斐章(后排右二)在文华图专时与篮球队主力队员合影

说到甘莲茎副校长,关于这个老先生,我的印象是最深刻的。甘莲茎(1904年5月—1993年3月25日)同志来文华图专之前的情况是这样的,他1904年5月出生于安徽省太湖县,早在1931年就已在上海做地下工作,从事革命活动,同年加入中国共产党,由于斗争形势复杂,与党失去了联系。但甘莲芷同志追求真理,追随革命,继续奋斗,于 1945 年 10 月重新入党。历任淮南行署编审、编辑,东南办事处民政科副科长,淮南行署教育出版科科长,淮阴博古图书馆馆长,黄河大队中队长,华东野战军随营干部学校分队政治指导员,中原支队队部秘书等职,其间还参加了筹建江淮大学的工作。1948 年,中原大学①成立,他任中原大学图书馆馆长。1951 年,党为改造和发展图书馆学教育事业,调甘莲芷同志任武昌文华图书馆学专科学校副校长。1953 年,文华图专并入武汉大学,甘莲芷同志任武汉大学图书馆学专修科主任。1955 年,甘莲芷同志任华中师范学院图书馆馆长。历任华中师范学院第一、三、四届党委委员,享受厅局级待遇的离休干部。

中华人民共和国成立以后,甘莲芷同志一直在我国图书馆事业战线担任领导职务,他用马克思列宁主义立场、观点和方法改造和发展图书馆事业和图书馆学教育,为我国图书馆事业培养了一大批优秀人才。后来,这些人才大部分担任湖北省和中南各省(区)图书馆领导职务。在"文革"中,虽身处逆境,但他仍坚持原则,坚持党的领导,实事求是,对党的事业立于必胜信念,表现出一个共产党员的高贵品质和坚韧不拔的革命精神。

党的十一届三中全会以后,甘莲芷同志拥护党的路线方针政策,虽长期重病缠身,双目失明,但他仍然坚持每日听广播,听读报。他的一生是革命的一生,是宣传和实践马克思主义、毛泽东思想的一生。他不愧为中国共产党的优秀党员。

要讲我跟他的关系,那真是没话讲,他对我一直很信任,很多事情,他都交给我做,也支持我们年轻人多做事。当时,我还是文华图专的学生会主席,所以他交给我的很多事情,我都很积极主动、及时地干了。我对甘莲笙老师的印象那是

---

① 中原大学,由河南大学分裂而来,是"中南财经政法大学"前身和"华中师范大学"前身的一部分。学校于 1948 年创办,由邓小平为第一书记,由第二书记陈毅担任筹备委员会主任的中共中央中原局创建。1948 年国立河南大学左右翼分裂,左派师生(占河大总人数三分之一)在范文澜教授带领下投奔解放区宝丰县大白庄村(现河南省平顶山市宝丰县肖旗乡大白庄村),成立新的河南大学,陈毅将其命名为中原大学。11 月,将中原大学迁往开封河南大学校址办学。1949 年,中原大学迁往武汉办学,主要系科成为今天中南财经政法大学的前身和华中师范大学前身的一部分,而部分办学资源则汇入中央民族学院中南分院(今中南民族大学)、湖北艺术学院(今湖北美术学院),为现今武汉地区高校源头之一。

特别深,特别好。要说我在文华图专期间,跟哪些人关系好,这个老同志肯定是排在前面的。

甘莲茔同志还是我的入党介绍人,当时他是武汉大学中文、历史、外文、图书馆学的党支部书记。他立场坚定,旗帜鲜明,密切联系群众,关心同志,作风正派、廉洁奉公。他追求真理、坚韧不拔的革命精神,不求名利、献身革命事业的高尚品质,严谨治学、平易近人、关心同志的优良作风,是我永远学习的榜样。

甘莲茔同志于1993年3月25日零时在武汉市第三医院去世,享年90岁。他是个老干部,人很好。确实,如沈祖荣的外孙女陈维尊在"纪念文华图专90周年"专题文章中写的,"甘莲生同志是一位真正的共产党员,和风细雨、平易近人,对党的统战工作极有心得,和我外祖父一家相处得极好"①。确实,甘莲茔副校长虽然不是图书馆学专业出身,他当时主要负责党务和行政管理工作,但是,他肯帮助人,对老同事好,对年轻的同事和学生也都很好,各方面关系处得都非常好,执行政策也是很好的,总之各方面工作开展得都非常不错。对我个人来讲,影响也很深。

---

① 陈维尊.“纪念文华图专90周年”专场研讨会 无尽的哀思深深的怀念——回忆外祖父沈祖荣先生[EB/OL].[2017-04-08]. http://bbs.cnhan.com/thread-20544145-1-1.html.

二、"土改"经历

1. 参加"土改"

对于文华图专和图书馆学专业,说实话,我一开始的印象都不太好,为什么呢? 一是因为我是服从分配而被录取到文华图专的;二是因为那时的文华图专太过于袖珍,和我原先想象中的大学差距过大;三是我根本就没报图书馆学这个专业。若是给我在理科专业之间选一个,那还好一些,结果我根本就没有选文科专业,最后给我分配到这个文科专业。但是后来我又怎么慢慢地好了呢? 这主要是源于我参加了新中国成立后不久开展的土地改革(以下简称"土改")。

1951 年入学后一个月左右,湖北省政府需要一部分人去参加土地改革,就组织了我们文华图专和华中大学①的师生去参加。为什么和华中大学一起呢? 因为我们文华图专是从华中大学独立出来的,但是独立出来之后我们学校的学生人数很少,教师也不多,所以有些活动还和他们一起。因为是政府组织,所以我们这一届和上一届的同学都要去参加"土改",但两个班不在一个地方,是分开进行的。前后进行两批,第一批结束的时候,第一学期差不多也结束了,过了年之后又开始第二批,前后两批进行了差不多六七个月。两批都结束后我们就回学校了,大概是 1952 年 4 月份回到学校。因为参加"土改",我们上一届的 12 个同学也延期半年毕业,她们是 1953 年春季毕业的,毕业时集体写了一个报告。我们是 1953 年 7 月毕业的,所以实际上我们在文华图专读书的时间很少,读的书也不多。

我先后参加了两批土地改革的试点工作。第一批是在湖北省孝感地区②,第

---

① 华中大学是在原来文华学院的基础上建立,1909 年更名为文华大学,1924 年文华大学与武昌博文书院、汉口博学书院大学部合并成立华中大学,1985 年后更名为华中师范大学。

② 当时属于孝感专区管辖,后来划归武汉市管辖。

二批是在现在的新洲汪集区辛冲镇毛铺村。到了一个地方之后,地方干部一半,我们这些人一半。当时政府进行"土改",也是下了很大的决心,因为这些人一放下去,都去参加土地改革,那还是有不少问题的。我回顾了一下那时搞"土改",真是不容易,像我爱人邓铭康她们可能根本就不知道是怎么回事儿,因为她们高中毕业后就直接上的大学,上大学没几天就下去搞"土改",很多情况都不知道。而我高中毕业后已经工作了几年,还当过一年多的小学校长,工作时也做了些事情,有一定的经验,但具体到土地改革,那时也不太了解。比较特殊的是,当时他们地方干部对我还是很重视,他们知道我的情况后,认为既然我参加过工作,经历也比较丰富,所以就让我跟他们一起。这样的话,我们班我是单独和地方干部他们在一个队,其他同学在另外一队。因此,在"土改"中我也做了一些实际的工作,这些工作对我的影响也比较大。当时做的主要工作是负责我们文华图专参加"土改"的这些人的生活保障,负责管钱、管粮,当时要到各个地方去,把钱、粮分送给大家。

下去参加土地改革,有一点我是比较突出的,就是我的记忆力非常好。举个例子,那时候要是考试的话,在做笔记的时候,若是中间掉了一段,我都记得很清楚。不仅记得是在哪个地方掉的,那话是怎么写的,而且还记得后来是补进去的还是直接写下去的,类似这些我都记得很清楚。因为我记忆力非常好,所以下去进行"土改",也给了我一个很大的帮助。到了一个小队,我一去就先找他们的队长,把他们队人员的花名册借来了看。花名册上通常有多少户人家,每户人家姓什么,家里有多少人,成分是什么等这些信息。我头一天晚上看了,第二天到地里劳动时,就会有意识地跟这些人在一起,问他们,你是哪一家的,姓什么这些情况。他们一说自己是哪家的,那我很快就可以讲出来,他们家里有几个人,哪个人年龄多大这些情况,基本上没什么错误。假如有错的话,那我就再问问其他的情况,比如他家的户主是谁,我马上就知道这家人的各种情况。这样的话,当地的那些老百姓也蛮有意思的,他们说:"这个年轻人呢,很厉害,他来我们这里才两三天,但是哪一家是哪一个,每家的大人、小孩是个什么情况他都搞得清清楚楚的。"当时我是先看名单了解各家情况,然后再有意识地去对人,记忆效果就很好。所以那时队里的地主在哪一家,是什么情况,他家的其他情况怎么样,哪些是贫农,哪些是中农……这些情况,我都记得很清楚。这样一方面是考验了一下自己的记忆;另外一方面,因为情况我都记得比较清楚,所以在那里工作还是比较顺利的,可以说是得心应手吧。这是一个比较好的特点,记忆力突出。

因为小时候我的家庭情况比较好,加上一直在学校,所以平时跟工农大众基本上没有什么接触,很多情况都不太了解。特别像华中大学的有一些学生下去,那可笑得很,韭菜和麦苗都分不清楚,不是开玩笑的,是真的。他们确实是不太熟悉,我下去了,还有一定的经验,比较好。这里讲一个好笑的,我们在去参加土地改革之前,一起看了一场话剧,名字叫《白毛女》,讲杨白劳与黄世仁他们的故事。当时有一个华中大学的学生,他参加"土改"的地方离我们不远,我们班有同学和他一起进行"土改"。我们班同学回来说那个同学一天天什么也不干,就坐到那里的一条河边上。他们就去问他"你坐在这里干什么?"他一脸愁苦,哭着说:"我来了这么长时间,既看不到杨白劳,也看不到黄世仁……"这是确确实实发生的真事。他是真的在那里哭了,哭诉着找不到杨白劳一样的贫农,也找不到黄世仁那样的黑心地主,他也不敢去劳动,怕没有认清楚的话,万一跟黄世仁一样的地主搞在一起那就不好了。说起来也是有意思,他想找到完全像黄世仁一样的地主,那在当时是不可能的,找像杨白劳一样的贫农呀,也很难找到,所以他就非常苦恼。从我个人来讲,下去进行"土改",没有闹过类似的笑话,而且我在参加土地改革的时候,还是学了不少东西。

2.“土改”中的意外事件

在"土改"的过程中,发生了一件意外的事情,让我感到自己和地方干部的差距很大,这在一定程度上促进了我思想的逐步转变,尤其是对于自己被分配到文华图专学习图书馆学这个事情,有了新的认识。

具体是什么事情呢? 在"土改"的时候,有次"斗地主,分浮财","斗"到了一些金银首饰,他们拿到了就跟我说,他们相信我们这个小组工作队,让我负责把"斗"来的"浮财"收一下,将来好上交。当时我很积极,很认真地收了,但是在收的过程中,可能是没注意就把其中一个很小的、一点点的首饰给弄丢了。收回来清点的时候一看,哎呀,差了那个很小的首饰,大的当然不会掉了。我想,那个小的东西可能是在劳动的地方掉了,因为当时大家都要看一看,就不注意给丢了一小点儿,那确实是很小的一个。发现这个意外情况后,我马上就跟我们的领队,当时的一个地方干部讲。当时那个干部处理问题的水平很高,他让我查看一下是哪些人捡到了。我很快就查到是一个农民捡到了掉的那个小首饰。那个农民捡到后,马上就拿到外面去换了钱。我们找到他的时候,他身上还带着换来的钱。我当时很紧张,也很惭愧,就想着检讨呀什么的。但是那个地方干部说:"不要紧,以后做事要小心,多注意一下就行了。"但是,对于那个捡到首饰就换钱的农民,这个地方干部的处理方式和我想的很不一样。他让我去问一下那个农民,看他换的钱是不是都用完了?用了多少就算多少,把剩下的钱交回来就行。我开始感觉,那怎么行,但是当时那个干部说:"反正是农民的问题,也不是别的什么问题。他一个贫苦农民,老老实实的,即使捡到了换了钱,也就算了,那没有什么大的问题……而且收上来的那些东西,迟早都是要交给贫苦农民的嘛,他捡去用了也就用了,其他的事情就不要追究了。"当时,地方干部那种处理问题的方式,给了我很深刻的教育,为什么呢? 要是我自己去处理这个事情的话,我会想那个农民他不应该把捡的首饰拿去换钱,而且还把换来的钱花了,我觉得应该把他花的钱也追回来,总要还原吧。但是,当时那个地方干部他觉得这个事情是可以原谅的,而且他确实是那样处理的。虽然当时这个事情很快就解决了,但这件事情对我触动很大。一方面,以后工作当然要更小心了;另一方面,给我思想上的触动很大,感觉我们和他们处理实际问题的差距还是很大的。我们在处理一些实际问题的时候,还有很多东西需要多向他们学习。

3. 参加"土改"的好处

总的来说,我觉得参加土地改革,有以下几个好处:

第一个好处是,经过一系列的事情,自己的思想感情发生了较大的变化。当时下去的时候,强调"三同",就是跟贫下中农"同吃同住同劳动",对培养和农民的感情,还是起了很大的作用。参加"土改"的时候,我们要跟农民们一起劳动,一起吃饭，一起睡觉，基本上要做到跟当地农民一样。当时就住农民家里，叫"扎根串连"，而且必须跟最贫苦的农民住在一起，吃在一起。我们把粮票、钱拿到农民家里，让他们给我们做饭吃。但当时规定不准吃鸡蛋，因为他们的鸡蛋还要拿出去卖了钱再去买油等。要求这样做，出发点是要我们大家跟农民充分接触，建立感情，农民有时也会提出很多情况和问题，我们帮忙去解决。同时对农村的情况也了解了一些，熟悉了许多，这些都是很重要的。

第二个好处是，我觉得当时参加了两批"土改"，看似对专业没有直接的影响，但我自己对国家的需要、人民的需要，这些问题有了更深的认识和体会。认识到我们作为知识分子要服从需要，这个思想在参加"土改"后就比较突出，特别是在处理前面提到的那个小的意外事件的过程中，受到了很大的教育。所以，原来我对被分配到文华图专学习图书馆学这个专业还是有些想法，也有一些抵触心理。但是，参加"土改"回来后，从服从国家需要的这个角度来讲，我的思想和心理就发生了一些转变，很受教育，也深受影响。

第三个好处是，身体素质得到了锻炼，重新认识到了劳动的价值。参加"土改"活动期间的劳动，和我们原来在家里的劳动是很不一样的。虽然劳动技能不一定能够赶上当地的农民，但是整个体质还是得到了很大的锻炼。

现在真是不敢想象那时候自己竟然能承受那些劳动。记得那时候农民需要粪来肥田，要是运肥料的来了，我们就从山底下，挑个百八十斤的肥料，走好高好高的堤岸运上来。我现在回想起来，若是让我现在去走，那可能空着手走路都不一定能走得上去，但那个时候挑个百八十斤的重担都能上去。还有一个情况是，当时夜里会下去挑荸荠①，当时没有手电筒照明，也看不见路，我们就是跟着他们农民走，他们在前面走，我们跟在后面，深一脚浅一脚地走。另外，那时候吃得也多，因为白天有体力劳动，需要消耗很多能量，晚上又没什么事情，很快就睡了。那样的生活，不仅体质得到了很好的锻炼，而且对于我来讲，其他方面的收获也很多。

---

① 荸荠，多年生草本植物，通常栽培在水田里，地下茎扁圆形，皮红褐色或黑褐色，肉白色，可以吃，也可制淀粉。有的地区叫地栗或马蹄。

参加土地改革回来,我对当时政府让我们这些在校大学生下去进行"土改"这些事的看法和原来好像也不一样了。原来可能会觉得让我们这些在校大学生下去劳动,读的书就少了,是不是得不偿失啊,去之前会有这样一些想法。但是,参加"土改"回来之后,真正地感到自己的收获不小。虽然看似好像是耽误了学习,但实际还是锻炼了人。我确实感觉在"土改"中,自己得到了很大的锻炼。更重要的是对我巩固专业思想也是有好处的,它不是直接的,是间接地提高了我的思想觉悟。

三、文华精神

1.担任文华图专最后一届学生会主席

参加土地改革后不久,就开始进行思想改造运动。当时思想改造运动的主要对象是老师,由学校的一些老师组织学生参加,主要批判老师的资产阶级思想。那时候真不应该那样搞,说实在话,有些老师原本没有问题,但学生不了解,也不清楚。但是他们老师之间了解得比较多,当时的情况都是一些老师讲的,学生能了解什么呢? 基本都不了解。

思想改造运动之后,接着是大整顿,学校成立学生会等各种组织,我当时还被推选为学生会主席。为什么选我呢? 可能是因为我工作过几年,有些实践经验,在"土改"中的表现也比较好吧,其他的原因我也不太清楚,反正推选的时候,大家就推选我当学生会主席。我们班的另外一个个头很高的同学,他叫胡家柱,是安徽人,被选为学生会副主席。1953 年之后,文华图专并入武汉大学,我就成了文华图专最后一届的学生会主席。那时学生会主席的权力还是比较大的,为什么呢? 因为当时文华图专有三个校长,正校长是华中大学的副校长王自申兼任,他基本上不到学校里来。文华图专当时由副校长沈祖荣先生和甘莲垩同志共同负责管理和运行。当时,学校也很注意利用学生会干部协助他们开展学校的各种管理工作。

在当学生会主席期间,我需要代表文华图专参加武汉市学联召开的各种会议和运动会。虽然我们学校人少,但是在市学联开会的时候,我和其他学校的学生会主席一样,都有投一票的权利。中华人民共和国成立初期,每年国庆的时候,我们还会去街上游行。游行的时候,我们文华图专 40 个人也打着旗子出去。当时,武汉市学联召开的运动会,只给我们学校 2 个名额。每次都是我和副主席胡家柱两人去的,因为我们不去,也没有其他人去了。我一直都比较喜欢和擅长体育运动,在运动会中,参加了跳高和三级跳远项目。

2. 文华图专毕业

在文华图专的学习时间并不长,先是参加土地改革,"土改"结束后回到学校又进行了各种运动、整顿,到了1953年7月我们就毕业了。所以,实际上我们在文华图专的学习时间很少,读的书也不多,而我真正的学习时间,是在苏联的四年多,那真是一天都没耽误。

1953年7月彭斐章文华图专毕业证书

虽然我在文华图专实际学习的时间不长,但是从踏入文华图专的那一刻起,文华图专已经和我紧密地联系在一起了。可以这么讲,我是亲眼见证了文华图专从小到大、从弱到强的发展历程。我进入文华图专的时候,那确实是很小,典型的袖珍型学校,但就是这么一个袖珍学校发展到现在的全国首屈一指的武汉大学信息管理学院,这个过程,那真的是我亲眼所见的。

在文华图专毕业的时候,我们好像没有全班的集体毕业照,但此前有一个我们这两届所有新民主主义青年团员,也就是后来的共青团员的合照。我记得有一个同学,叫黄兴汉,他当时还不是团员,但我们照相的时候,他硬是挤进来和大家一起照了。

文华图专最后两届共青团员合影（第二排右三为彭斐章）

我们这一届，入学的时候 28 人，毕业也是 28 人，中途没有退学的。同学们的毕业去向有：我留校当了老师；其他同学大部分是去了图书馆，遍布全国各地，有到科学院图书馆的，有到北京图书馆（现国家图书馆）的，还有到各个省市图书馆的，像我爱人邓铭康就分配到了湖北省图书馆工作。

3. 我体会的文华精神

我们知道要建设好一所学校，办好一个系，建设好一个学科，做好一项事业，都需要有支撑自身发展的精神动力。文华图专自 1920 年 3 月创建，一直发展到今天的武汉大学信息管理学院，成为全国有名、全世界都有名的信息管理学院，经历了 90 多个春秋，马上 100 周年了，走过了许多艰辛、困苦和挫折的道路。但是，文华图专的办学从未中断过，靠的是什么呢？我觉得，靠的就是文华精神。文华精神是什么呢？它是以韦棣华、沈祖荣、胡庆生、毛坤先生为代表的老一辈文华学者所倡导的，经历代学人不断积累、凝练而成的一种精神力量，是我们文华学子开拓进取的永恒动力。对于文华精神,可能有很多不同的说法,有不少学者进行了不同程度的研究。我在文华图专创办 90 周年的时候,专门写了一篇文章《文华精神 薪火相传》进行了详细的阐述①,具体这里就不多讲了。简单来说,我体会的文华精神,可以概括为以下三个方面:

第一个是自强不息,团结奋斗;第二个是兼容并蓄,开拓创新;第三个是爱岗敬业,服务社会。我为什么这样讲呢?因为我觉得文华图专从小到大、从弱到强,整个发展过程,确实离不开这几个方面。

(1)自强不息,团结奋斗

大家要是真正好好地看一下文华图书馆学专科学校的发展历史,就会发现她每一个阶段都是靠文华图专团结奋斗的精神、靠团结拼搏发展起来的。到现在也是这样,学院各部门的领导班子和同志们一直团结奋斗。从 1984 年成立图书情报学院到现在的信息管理学院,各届领导班子衔接、传承一直很好。第一、二任院长是我担任,从 1984 年 10 月到 1992 年 12 月;我当第二任院长的时候,马费成是副院长,1992 年 12 月我卸任之后,马费成接任院长。马费成当院长②的时候,陈传夫是副院长,马费成卸任后,陈传夫接任院长。陈传夫当院长③的时候,方卿是副院长,陈传夫卸任以后,方卿接任院长④。所以,像这样的领导班子的对接与传承,在武汉大学和国内其他高校,都是不多见的。有些学校,党政领导班子不能坐在一条板凳上,配合得也不是很好,而我们学院始终是一个接一个地传承下来,从成立图书情报学院直到现在,每届都是这样,这个风气是很好的,难能可贵。这样来看,为什么学院一直在不断向前、向更好的方向发展呢?那就是靠自强不息,团结奋斗。大家有时也会有争论,但是,非常团结。现在文华图专成立马上快要 100 周年了,可以看出来,她真正靠的就是从内而外的团结和拼搏精神,自强不息,团结奋斗。而且,文华图专的前辈们和继承者,始终不认为自己到现在为止就到头了,大家总是自强不息,往前头赶。从 1951 年进入文华图专学习

---

① 彭斐章,彭敏惠.文华精神 薪火相传[J].图书情报知识,2010(3):116-120.
② 马费成担任院长任期为 1992 年 12 月至 2005 年 4 月。
③ 陈传夫担任院长任期为 2005 年 4 月至 2012 年 10 月。
④ 方卿 2012 年 10 月当选院长至今。

到现在,我这一路过来,觉得这个情况很突出,这也是我对文华精神的直接体会。团结奋斗,自强不息的传统应当坚持下去。

（2）兼容并蓄,开拓创新

对于这方面,我也深有体会。文华图专本身就是由美籍华人韦棣华(Mary Elizabeth Wood)①创办的。1899 年,韦棣华女士从美国来到武昌,1910 年募款筹建了文华公书林。

文华公书林全景

1914 年和 1917 年,韦棣华先后送沈祖荣和胡庆生两人出去学习,当时是送到美国去学习图书馆学。按常理讲,韦棣华和从美国留学回来的沈祖荣、胡庆生三人创办的文华图专完全可以学习美国,所有的东西搬过来就是了。但是,他们没有全盘照搬,而且他们创办的文华图专这个学校一直都不是照抄照搬的。学校始终本着一个什么原则呢? 就是学习国外,但不崇洋媚外;继承传统,但不厚

---

① 韦棣华(Mary Elizabeth Wood,1962—1931),美国圣公会女传教士、图书馆学教育家。1862 年 8 月 22 日生于美国纽约州。1931 年 5 月 1 日病逝于中国武昌。中学毕业后任职纽约州巴塔维亚市图书馆。1899 年,来中国探望其弟,留居武昌,任文华大学英语教授。1900 年冬到上海,曾协助圣约翰中学藏书室整理书籍,建立编目制度。1907 年为文华学校募集筹建图书馆资金而返回美国,并入西蒙斯学院进修图书馆学,不久再次来华促成该馆的建立。1910 年春文华大学图书馆建成开馆,命名为文华公书林,由韦棣华任图书馆主任。1920 年又于文华大学内创办图书科,任主任兼教授。1929 年该科独立为武昌文华图书馆学专科学校。

古薄今,始终是遵循这个原则。韦棣华、沈祖荣他们开始办学的时候就强调,是在中国办学,不能够都照搬美国的。所以学校开设的课程,从创办初期开始,都不是完完全全学习国外。以我在文华图专上学时开设的课程为例,那真的是既有外国的,又有中国的,总是兼容并蓄。有西文编目,就有中文编目;有西洋目录学,也有中国目录学;有西文参考书,也有中文参考书……都是这样,国外国内对应起来。学校的教师,既有韦棣华这种真正的外国人老师,也有中国本土的,还有出国留学又回来的老师。比如,我在文华图专的老师桂质柏①,他是文华图专

文华图书科师生在校内合影②

---

① 桂质柏(1900—1979),图书馆学家。湖北江夏(今武昌)人。1922 年毕业于武昌文华大学图书科,1928 年获美国哥伦比亚大学图书馆学硕士学位,1931 年获美国芝加哥大学图书馆学博士学位,开国人在美获图书馆学博士学位之先声。1932 年任中央大学图书馆馆长。曾任武昌文华图书馆学专科学校教师、武汉大学图书馆馆长。1925 年任中华图书馆协会首届干事。

② 该照片原件为彭斐章作为武汉大学图书情报学院代表访美时美国西蒙斯学校所赠。图为韦棣华女士(中)、沈祖荣先生(右四)、胡庆生先生(左四)与享有“快乐六君子”(Happy Six)之称的第一届毕业生裴开明、陈宗澄、黄伟椁和第二届学生桂质柏、查修、许达聪的合影,六君子身着长袍分列左右两边。

的第一届毕业生,当时教西洋目录学。1926 年,他赴美留学。1928 年,他获得哥伦比亚大学的硕士学位之后又到加拿大麦基尔大学进行游学,后进入美国芝加哥大学图书馆研究生院学习,并于 1931 年获得博士学位,成为中国本土第一个获得图书馆学博士学位的人,同年回国到图书馆第一线工作。

学科专业方面,当时文华图专只有一个专业,就是单一的图书馆学。在抗日战争西迁重庆期间,1940 年春根据实际需要开设了档案管理训练班,当年秋季经国民政府教育部同意,设档案管理科。从全国算起来,档案学专业是从文华图专开始的,这也是文华人开拓创新的一个体现。

即使在中华人民共和国成立初期,在"一边倒"的大环境下,当时我们办学也没有"一边倒"地完全学习苏联。像我当时是去苏联留学的,一般情况来讲,我从苏联回来之后应该很多东西也是可以照搬苏联的,但是没有。改革开放后,我们学院有到美国、德国、英国留学的学生和老师。但是,不管怎么学,文华图专从创办到现在,在将近 100 年的岁月中,一直都秉承着"学习国外而不崇洋媚外,继承传统而不厚古薄今"的办学原则。总之,我觉得文华图专,一直都是坚持兼容并蓄,开拓创新,总是不断地去创新,从来不是去照抄照搬原来的或国外的现成的东西。从这一点来讲,我觉得第二个文华精神就是兼容并蓄,开拓创新。

彭斐章手书文华图专办学原则①

(3)爱岗敬业,服务社会

有一些人,像我一样,开始对图书馆学没有一点儿了解,怎么都没有想到会学习这个专业。但是,真正学习下去之后,我们都是爱岗敬业的。当初为了创办文华图专,韦棣华女士直接送沈祖荣和胡庆生两个人到美国去学习图书馆学。他们学成回来后就为文华图专的创办和发展殚精竭虑。尤其是沈祖荣先生,在此后的几十年的风雨生涯中,一直勤勤恳恳,呕心沥血,为文华图专和我国图书馆事业的发展做出了不可磨灭的贡献。在中华人民共和国成立前,文华图专培

---

① 此为 2012 年 12 月彭斐章先生手书。图片来源:彭斐章. 寻根寄语[J]. 寻根,2013(2).

养的学生很少，只培养了300多个。但是，这为数不多的文华图专毕业生，遍布全国各地，国内很多很有名的图书馆学家，都是文华图专培养出来的。从全国以及海内外来讲，大家对文华图专都是非常熟悉的。所以，虽然文华图专在海内外图书情报事业发展史上，培养的人数很少，但影响非常大。文华图专的老校长沈祖荣先生，非常爱岗敬业，也是很爱国，1949年国民党退往台湾时，沈祖荣先生坚决拒绝参加任何"应变会"，拒绝去台湾，而是将文华图专完整地保留在了武昌。

总之，文华图专从开始的袖珍型学校，发展到今天全国、全球都有名的武汉大学信息管理学院，靠的就是文华精神。我看到2017年公布的一个世界排名①，武汉大学信息管理学院图书情报学科已经排到了全球第四了。在那个排名中，武汉大学进入前十的一共有两个学科，一个是遥感技术，他们学科排第一，我们图书情报是排第四，在全世界都能排上名，那确实是很不错的。我觉得，一直以来，发展靠的就是文华精神。团结奋斗确实很重要，从我担任第一任院长开始，一直到现在，学院党政团结搞得一直很好。兼容并蓄，这个也是非常重要的。再有，立足于本土，开拓进取，不能墨守成规。爱岗敬业，服务社会，这是图书情报的核心，要为读者服务，为社会服务。这就是我个人对文华精神的一些理解和看法。

文华精神：自强不息 团结奋斗
兼容并蓄 开拓进取
爱岗敬业 服务社会

彭斐章 2017.10.7

彭斐章专门为本书手书的文华精神

---

① 2017软科世界一流学科排名——图书情报科学。

4.特殊的同窗情谊

在文华图专虽然只有短短数月时光，但在这期间，还有一件特别值得纪念，并对我影响深刻的事情，是什么事情呢？就是我和我爱人邓铭康女士的相识、相遇、相恋。我们都是 1951 年参加高考后到文华图专上学的，我比她大三岁①，现在我们认识也快 70 年了。我们是同班同学，而且在 28 个人的班里分小组的时候，我们还是同一个小组。所以，我们从相识到相恋，最后走在一起，成为终身伴侣，是一种自然的接触，是在同学友爱当中建立起来的特殊感情②。

那时候大学生是不准谈恋爱的，好像谈恋爱会被罚一样，总之就是不准谈。事实上大家也不敢公开谈恋爱，不像现在的大学这样开放。那个年代毕竟还是有点儿封闭的，谈恋爱的时候都比较含蓄，牵手都很少，而且我们两个人一直也都是很传统的，这个传统的习惯一直保留到了现在。但是，感情问题，也不可能一刀切，当时学校不准就真的不会发生。我和邓铭康，在上学期间谈恋爱基本是处于地下的一种状态，平常都是在学校，只有周末或吃过晚饭后没事儿的时候，会一起出去走走，到黄鹤楼、长江边或者其他地方转一转，聊聊天。当时没有其他娱乐方式，偶尔会看一场电影，但也不是专门买票出去看，而是学校组织看的。当时一张电影票是 5 分钱，假如出去看电影的话，那也多是她来出，因为我家的情况特殊，我基本没钱去做这些事情。加上"土改"后，我自己还是学生会主席，所以要是大张旗鼓地谈恋爱，那是不可能的。所以，要说我们是谈恋爱吧，好像也没有什么特殊的，要说我们不谈恋爱吧，而我们自己心里是清楚的。总之，那时我们俩谈恋爱虽然是不公开的，但学校的老师和学生基本都知道，学校也没有把我们怎么样，因为没有什么依据嘛。到毕业的时候，我们就正大光明地在一起了，那时学校也不管了。毕业前我们还去照相馆照了相，胸前还带着文华图专的

---

① 邓铭康女士是 1933 年 11 月 14 日出生，祖籍浙江，抗战的时候随家人从浙江逃到四川万县（现属重庆），投奔舅舅，高二后到武汉，1951 年在武昌参加高考，考入武昌文华图书馆学专科学校。

② 据邓铭康老师讲，当时也没有说谁先主动，她觉得彭斐章先生工作能力比较强，因为在上大学前彭斐章先生已经工作过两年，学习成绩也挺好的，反正就是觉得彭斐章先生这个人还挺不错的。

校徽,那是我们的第一张合影。

彭斐章和邓铭康女士在文华图专期间的合影

那时除了学习以外,其他的事情很少,比较简单,而且我们上学还是全公费,学费、生活费都是国家负担,学生自己不花一分钱。家庭有困难的话,还有困难补助费以及奖学金之类的额外补助。当时,主要想的是好好学习,毕业了参加工作,为人民服务,这思想在当时是很明确的。

执 教 大 学

（1953—1956）

一、留校任教

1. 从"崇福山"搬到"珞珈山"

在文华图专的两年学习时间很快就过去了,1953 年 7 月我们正式从文华图专毕业。那时大学生毕业工作是分配的,我们班很多同学都被分到各个图书馆去工作,而我是留校当了老师。

当时,我和另外一个叫蒋万民的男同学情况差不多。负责人事工作的甘莲笙校长在征求意见的时候,很多人主张我留下来当老师,也有一些人主张让他留下来。为什么最后留的是我呢? 我觉得有这么几个原因。第一,从成绩上讲,我们两个在全班、全校来讲,成绩都是比较好的,但我的成绩比他稍微好一点儿,但是也不是很多;第二,从性格方面看,我的性格更开朗一些,他可能是由于家庭关系比较复杂,所以性格有一点儿孤僻;第三,从工作能力来讲,那时我是学生会主席,他是班长,也基本差不多,但是我的工作经历更丰富一些。综合这些情况,学校经过讨论或者其他程序,具体细节我不太清楚,最后还是决定把我留下来。蒋万民毕业后去了北京,后来我们还经常联系。

刚留校在文华图专任教时,我是教职员中年龄最小的一位。当时教职员的情况如下[①]:

副校长:沈祖荣(男,69 岁)、甘莲笙(男,50 岁);

教务主任:徐家麟(男,49 岁);

总务主任:邓毅生(男,44 岁);

教授:皮高品(男,53 岁)、吕绍虞(男,46 岁)、田洪都(男,53 岁);

---

① 资料来源:文华图专教职员工名册(含薪额),1953.武汉大学档案馆,1953 – 2。

副教授:陈培凤(女,40岁);

讲师:吴鸿志(男,46岁)、孙德安(男,34岁)、陈庆中(男,36岁)、
汤成武(男,34岁);

教员:张毓村(男,29岁)、汪柏年(男,32岁);

助教:傅椿徽(女,29岁)、孙冰炎(女,28岁)、彭斐章(男,23岁)。

我留到文华图专之后,邓铭康就不能留到这个学校了,只能在同一个地区,后来她被分到湖北省图书馆,这样我们以后的生活也会方便一些。

1953年8月底,随着全国高等学校院系大调整,不断有消息传出说文华图专要与其他学校进行合并。后来传来了可靠的信息:文华图专要并入武汉大学。听到这个消息大家都比较高兴。1953年9月1日,正式宣布武昌文华图书馆专科学校并入武汉大学,原文华图专的师生带着各种设备、文献资料一起告别了武昌崇福山街2号,搬到了美丽的珞珈山,成立了武汉大学图书馆学专修科。因此,我们就成了文华图专的最后一届毕业生,而且我也有幸成为文华图专并入武汉大学之后图书馆学专修科的第一批年轻教师。从那时起,我便正式在武汉大学任教,到现在已经有60多年了。

2. 大学教师从"助教兼秘书"开始

毕业留校以后,我的职务是助教兼秘书,教授"中文编目"这门课程。

以前"中文编目"这门课程一直是由孙德安老师教授的。我留校后是当他的助教。我们的关系一直很好。他也是文华图专的毕业生[1],讲课、搞学问很不错,但是他这个人特别地老实,也不太会讲话,尤其是生活方面,人际交往、应酬什么的经验,一点儿都没有。由于他特别老实,也不擅长交际应酬,年龄很大了还没有处过对象。后来,别人给他介绍了一个武汉师范学院[2]图书馆的老师,叫谭莲秀。两人第一次见面后,按一般情况,那以后的事情应该比较好办了。但是,他

---

[1] 1941年9月至1943年6月在文华图专就读。

[2] 现湖北大学。

在这方面特别木讷。他给我讲了他们见面的情形，讲完后他就问我："彭老师，我想给她写封信，但是这个信该怎么写，你帮我出个主意……"这种情况我以前也没遇见过，但他是这样一个人，年龄比我大，当时找个对象确实不容易，我见他也是没办法，就说："那你写完了以后，拿给我看看，我帮你改一改……"也就是说，他们开始来来去去的那些情书都给我看了，而且有的还是我帮忙改写的，后来他俩联系上了之后，情况就好了一些。比较好的是，最后他们总算在一起了。他在交际方面木讷到了这种程度，也真是少见。他一开始是和我们一起在武汉大学教课，1970年便和夫人一起"下乡"去了。"文化大革命"结束后，他离开了武汉大学，调到武汉师范学院，因为他的爱人在那里工作，后来还当了武汉师范学院图书馆的副馆长。

新中国成立初期，国内很多事情都是"一边倒"，学习外语也是，在文华图专上大学的时候，我们就从学英语改为学俄语。为了教学需要，当时好多教英语的老师改教了俄语，像沈祖荣先生，英语一直挺好，但后来他教俄文编目，就自学了俄语。因为他懂英语，所以自学俄语也很快，只是发音不太准确。他女儿沈培凤，是教英语的，后来在武汉大学的英语系当教授。

留校工作后，我除了当孙德安老师的助教上"中文编目"课程外，还兼做学生工作，即做甘莲笙同志的秘书工作。我当秘书还是很称职的，甘莲笙同志对我也很是信任，每一次的工作活动基本都是我为他提前安排好的。比如，及时提醒他各项工作的安排情况，现在要做什么。总体来说，刚留校工作时，我很主动，很积极，也很努力，白天上课、工作，晚上也会到我们科里去备课、看书，充分利用时间。另外，学校组织的一些集体活动，我也都会积极主动参加。1954年，在武汉大学工会举行的第一届教职工运动会上，我参加了三级跳，还拿了第一名，这在武汉大学教职工运动会的历史上还有记录。当时的奖品是什么呢？我记得是一个写字用的铂铜的墨盒。那个墨盒完全是铂铜制的，用丝绸盖在上面，挺漂亮的，也很有意思，我一直保留了很久，但后来搬家的时候不知道放哪里去了。

当时，我们住的是学校的集体宿舍，三个人一间，都是刚留校工作的年轻教师。其他两个老师，一个叫杨庭芳，一个叫周恩贤，我们关系都很好。当时我们仨还组织了"互助组"，计划用三个月的时间给每个人购买一块手表和一套卡其布制服,这两样东西是那时当教师必备的装备。因为,刚参加工作大家都没有多少钱,所以我们就商量,第一个月的工资发了以后,其中两个人就会把钱给另外一个人,支持他先去购买手表和制服,第二个月就支持另外一个人,第三月就支持剩下的那个人。我是最后一个购买手表和制服的。总之,三个月,我们三个人就把手表、制服都买齐了,工作起来就方便多了。

3. 光荣加入中国共产党

1950 年 8 月,我在湘阴县第十完全小学当校长的时候,经人介绍加入了当时的新民主主义青年团。在文华图专上大学的时候,我们学校没有党支部,而且只有两个党员,一个是甘莲笙副校长,一个是校长办公室主任,叫李涵,他们两个以前都是地下党员。文华图专并入武汉大学之后,图书馆学专修科和外语系、中文系、历史系合起来组成了一个支部,支部书记是甘莲笙,组织委员是外文系的梁明,是个女同志,宣传委员是历史系的李植梅。当时支部很小,党员人数也不多。但是,当时支部活动和学习还是很严格,大家都很重视,而且入党是非常难的,考核的程序和时间很长,也很严格。

我第一次递交入党申请书还是在文华图专上学时,当时是交给了甘莲笙同志。甘莲笙同志当时是副校长,也是学校党务活动的负责人,他要求一直很严格。因为当时入党考察很严格,所以我们的表现是一贯的,不可能是一次、一时的。另外,那时大家都在一块儿工作和生活,彼此都很了解,每个人的一举一动、一言一行,大家都是看在眼里的。入党考察的时候,也是根据每个人平时的一贯表现进行综合评价,是非常客观,非常严格的。虽然,我递交入党申请书很早,但是真正加入中国共产党是在武汉大学工作的时候。1955 年 1 月 12 日,我正式加入中国共产党,第一介绍人是甘莲笙同志,另外一个介绍人是组织委员梁明,从预备党员转为正式党员是在北京留苏预备部的时候。现在看来,我入党还是比较早的,从 1955 年 1 月到现在,60 多年了。

二、准备留学

1. 留苏的选拔考试

20世纪50年代,全国上下大兴学习"社会主义老大哥"——苏联之风,搞"一边倒"。选拔、派遣青年学生去苏联留学,也是学习苏联的一种表现和途径。图书馆学研究与工作同样如此,从各方面都在学习苏联的理念和经验。具体到为什么要选拔、派遣我去苏联学习?这个很难说,因为当时图书馆学方面派出去留学的,基本上先是文化部提议,先在文化部系统里面进行选拔,他们那里若是没有合适的人,再根据要求从其他地方选。当时我在武汉大学工作,属于高教部,高教部后来并入教育部成为现在的高教司,跟文化部还是两个不同的部门。那一年,图书馆学派去苏联学习的,就只有我一个。因为还要在北京留苏预备部学习一年,所以选拔考试是提前一年多进行的。

大概是1954年底的一天,我们学校人事科通知我,让我准备一下去苏联留学的选拔考试。接到通知后我就抓紧复习功课,准备考试。考试内容主要是图书馆学专业课程和俄语。俄语我是上了大学才学习的,基本上没学多少,但也要考。专业课考试,有指定的参考书,当时主要考两门,一门是中文编目,一门是参考工具,也就是后来常说的参考工作。通知是临时发的,距离考试只有几个月的时间。我当时就想,要考中文编目的话,那很可能是北京大学图书馆学的刘国钧①教授出题,

---

① 刘国钧(1899—1980),字衡如,中国图书馆学家。1899年11月15日,生于江苏江宁府(今南京市)。1920年,毕业于南京金陵大学哲学系后留该校图书馆工作,1922年,赴美国威斯康星大学留学,曾加修了图书馆学课程,1925年获哲学博士学位,同年回国,任金陵大学教授兼图书馆主任,1929至1930年任北平图书馆编纂部主任,主编《图书馆季刊》。1930年,回金陵大学先后任教授兼图书馆馆长、文学院院长等职。1937年,随金陵大学内迁成都。1943年,去兰州,任西北图书馆筹备主任,1944年任馆长,1949年任顾问。1951年8月,调至北京大学,任图书馆学系教授兼图书馆学教研室主任,主讲图书馆目录、中国书史、西方图书馆分类法介绍等课程。

因为他比较有名。参考工具,估计是王重民①教授负责,因为当时他们两个都是图书馆学方面有名的教授。考虑到这种情况,我就觉得有必要有针对性地准备一下,后来我就决定给北京大学图书馆学专修科写信,请他们把两位教授的讲义寄给我看看。他们也挺好,很支持我们年轻人深造,没多久就给我寄来了两位老师的两本油印的讲稿。选拔考试大概是 1955 年 8 月在武汉大学进行,中南地区有很多人参加。考完之后不久,就接到了通知,让我准备到留苏预备部去学习,准备去苏联留学。当年 9 月,我就到留苏预备部报到,直到 1956 年 11 月出国留学,在那里学习了一年多。

2. 留苏预备部

在正式去苏联留学之前,我们需要在留苏预备部学习一年。这一年的工资,由原单位照发。留苏预备部是干什么的呢? 当时主要是为留学苏联做准备。据说留苏预备部最初是在林伯渠的建议下由周恩来总理亲自批准成立的,开始设立留苏预备学校,在北京俄文专修学校内。1952 年 6 月正式更名为留苏预备部,1955 年春节后,留苏预备部搬迁到位于海淀区魏公村的新址,1955 年 9 月,我就是在这个新址报到和学习的。

当时根据党中央“学习好、纪律好、身体好”的要求,留苏预备部的主要任务有三项:

第一项是业务学习与考核,主要是学习俄语方面的知识。那时叫集中突击俄语,每天都有俄语课,学习内容很全面。当时教我们俄语的有两个老师,一个

---

① 王重民(1903—1975),曾化名鉴,字有三,号冷庐主人,中国古文献学家、目录学家、版本学家、图书馆学教育家。河北高阳县人。1921 年,进保定直隶第六中学学习。1924 年,考入北京高等师范学校国文系。1928 年,毕业后,曾兼任过保定河北大学国文系主任和北京辅仁大学讲师,其主要工作则是北海图书馆(今北京图书馆)整理古籍和主持编制大型书目、索引。1934 年,被派往国外,先后在法、英、德、意、美等国著名图书馆刻意搜求流散于国外的珍贵文献。1947 年,回国后,仍任职北平图书馆(现国家图书馆),兼任北京大学中文系教授,主持该系图书馆学组的教学。1947 年,在北京大学中国文学系创办图书馆学专科(后改本科,他任系主任)。1949 年,北平和平解放后,兼任北京图书馆副馆长。1952 年,辞去北京图书馆职务,专事教学,除主持系务外,并担任目录学等课程的讲授。1956 年,主持制定全国图书馆学发展规划。

老师主要是教俄语口语、阅读这些方面;另外一个老师是专门教俄语语法的,他们两个教得都很不错。中国人教语法还是很厉害的,我们在留苏预备部学习结束之后,用俄语写论文基本都没问题了。另外,我们还穿插着学一些俄语歌,是一个女老师教的,她俄语歌唱得很好听。

第二项是要接受政治纪律审查,看有没有不合适的人。据说比入党都严格,三代以上都要查,当时有些人入得了党,但不一定能通过留苏预备部的审核,因为那是要送去国外留学的。

第三项重要任务是体格检查,主要是要让学生锻炼身体,提高身体素质。因为以后出国了,在那里学习任务重,加上饮食、气候也和国内不同,大家没有好的身体素质怕是不行。当时留苏预备部的学生们称这三项为"过三关",过了这三关,出去留学基本就没问题了。

另外,还进行一些常识性的准备活动。一是学习苏联的礼仪,哪些该做,哪些不该做,当时都进行了专门的培训和学习。二是请了一些中央的领导做时事政策等方面的报告,给我们增加一点儿时事政治方面的知识。三是请了两个搞艺术的老师,给我们讲解一些艺术鉴赏与评价方面的知识。四是组织我们集体参观了北京的十大建筑。20世纪50年代,北京十大建筑,是非常宏伟,非常有名的。当时所说的北京十大建筑有哪些呢? 有人民大会堂、中国历史博物馆与中国革命博物馆①、中国人民革命军事博物馆、民族文化宫、民族饭店、钓鱼台国宾馆、华侨大厦②、北京火车站、全国农业展览馆和北京工人体育场。这样做的主要目的是让我们这些准备出国的人尽可能地熟悉各种情况,特别是国内的知名建筑,不然到国外,别人一问,若是连首都北京的这些有名的建筑都答不上来,那怎么行。另外,在留苏预备部期间,国家还为我们每个人准备了出国后需要的衣服。当时给我们每个人准备了两大箱子的衣服,出国四年穿的衣服都够了。衣服的尺寸都是提前量好了的,很合身,不仅质量好,而且种类也很全,连短裤头儿都有。除了这些,到苏联后,还会给我们每个人每月发700卢布,当时折合人民币

---

① 两馆属同一建筑内,即今中国国家博物馆。
② 后被拆除,现已重建。

有100多块,在苏联和国内来讲,那都是比较高的标准了。新中国刚成立不久,各方面条件都还不好,但能够为留学生准备得这么全面、这么周到,为这些出国留学的人提供各方面的保障,着实不容易。

3. 到苏联学什么?

在留苏预备部学习期间,我除了完成部里的各项学习任务和准备外,还在专业方面做了一些准备。那时已经确定是要出国,但具体出国以后学习什么专业,开始有些不确定。

我在文华图专上学时,桂质柏老师讲"西洋目录学",我当时经常和他聊天,感觉目录学挺有意思的。后来留校当老师,开始是教授"中文编目"课程,也与目录学相关,慢慢地就开始对目录学比较感兴趣。当时,在武汉大学图书馆学专修科里,搞目录学研究主要有徐家麟先生和吕绍虞先生[1],这两位老师我都比较熟悉。在决定去苏联留学之前,我就出国以后学什么专业这个事情专门去找他们两位老先生。他们都挺支持,而且在这个方面的意见比较统一,都推荐我出去好好学习一下现代目录学。他们说:"你应该学现代目录学,因为中国的古代目录学,成果还是比较突出的,但是现代目录学方面,还有很大的研究空间。"另外,我在留苏预备部期间,专门去了一趟北京大学,找在那里教学的朱天俊先生,我们两个比较熟悉。找他商量后,我们决定一起到王重民教授家里拜访一下,请教他的意见和看法,因为他那时候在国内也是非常有名的。约了一个时间,我们来到王重民先生家,他的看法和我们学校的吕绍虞先生、徐家麟先生是一样的,建议我到苏联去学习现代目录学。这样,我就确定了,到苏联留学要学习现代目录学。

---

① 吕绍虞(1907—1979),1907 年出生于浙江省新昌县。1929 年,毕业于上海大夏大学教育系,留校在图书馆工作。旋又就读于武昌文华图书馆专科学校,于1933 年毕业后回大夏大学任图书馆主任兼讲师。先后任浙江英士大学图书馆主任、上海鸿英图书馆主任、中央图书馆编纂兼编目部主任。新中国成立后,历任武昌文华图书馆学专科学校教授、武汉大学图书馆学系教授。"文革"期间受到残酷迫害。1978 年身染重病,1979 年 11 月病逝。

三、恋爱结婚

1. 从大学同学到终身伴侣

我和邓铭康在文华图专要好了以后，1953年7月同时毕业，我留校当了老师，她被分到了湖北省图书馆。但是，我们没有立刻结婚，主要是因为当时我们两人都刚参加工作，经济条件上不允许，既没有单独的住房，也没有一定的积蓄。刚工作的时候，我们每个月才有几十块钱的工资，她大概一个月37块钱，我也大概是那么多。那时我们都非常节约，除了伙食之外，也不怎么花钱，当然那时物价也便宜，冰棍儿一根3分钱，两根5分钱。1956年夏天，我已经确定要去苏联留学。当时关于是结婚了以后去留学，还是不结婚去留学这个问题有过比较细致的讨论，最后决定还是结了婚之后再去留学。在留苏预备部，也是有暑假的，我就趁着1956年的暑假回到武汉办理了结婚手续。

当时结婚很简单，不像现在结婚前有订婚，还要度蜜月什么的，我们结婚连聘礼也没有。结婚证大概是办婚礼的前一天或者当天上午去武昌区政府正式登记领取的，结婚登记的时候穿的衣服也很普通，没什么特别之处。但是，登记结婚有一条严格的规定，就是两个人都必须拿医院的体检证明，当时非常重

彭斐章和邓铭康女士结婚照（1956年夏天）

视这个事情。那时候人们观念什么的都比较落后，大部分人条件也不好，可能是怕有些近亲或者不适合结婚的人登记结婚，所以结婚的时候，规定要有医院的体检证明。当时去医院做体检证明也不容易，不仅要花钱，而且还很麻烦。结婚体

检至少要在区一级的医院做,一般的医院不行,结婚登记处那里不承认小医院的。像我们湘阴老家的人要结婚的话,得去长沙市的大医院去做体检证明,长沙市离我们家有 100 多公里,得花时间去弄。我们那个时候是在武昌结的婚,比农村方便得多,当时是去湖北省医院,在那里做的体检,体检时也是要排队。

2. 简单而难忘的婚礼

在 1956 年 7 月 23 日这一天,我和邓铭康两人在湖北省图书馆举办了一个简单的结婚仪式。婚礼很简单,也请了一些人,但不多,我们在文华图专上学时间的副校长甘莲笙同志也去了,还当了我们的证婚人。另外一个证婚人是湖北省图书馆当时的馆长助理孙式礼同志①。邓铭康的父母都在,我父母由于条件所限,没能过去。

那时候结婚不像现在要请客吃饭,当时结婚请人吃什么呢? 主要是讲究吃糖果。武汉那时有个苏联展览馆,要买一些比较好的、国外的东西就到那个展览馆去。当时,大家都学习苏联老大哥,我又准备去苏联留学,所以我们买的是苏联那个比较有名的糖果,糖果的具体名字我不记得了。另外,当时正值暑假,武昌的天气已经很热了,我们还买了像冰棒一样的东西,但不是冰棒,冰棒那是太普通了,是介于冰棒和雪糕中间的一种,类似于现在的冰激凌。当时一切都很简单,婚礼日期定了之后就发邀请通知,到时间大家就来了,典礼结束,吃些糖果、冷饮后就走了。

婚礼结束之后,她母亲也没留下,为什么呢? 因为我们当时结婚的房子还是借别人的。那时候我刚留校当了助教,不可能分到房子,开始住的是集体宿舍,后来有了独立宿舍,但很小,大概只有 12 平方米左右。邓铭康住湖北省图书馆那里,省馆没有集体宿舍,更没有分房子,大家都是分开住的,这儿住一些,那儿

---

① 孙式礼(1923—),男,1923 年生,曾任晋察冀第 13 军分区第 13 团宣传队副队长,晋察冀第 14 军分区胜利剧社戏剧队长,晋冀察热辽联合大学鲁迅文艺学院秘书,天津市第一文工团秘书,中南文工团秘书主任,湖北省图书馆秘书主任。1960 年 8 月至 1970 年 11 月任湖北省图书馆副馆长,1979 年 6 月至 1983 年 4 月任湖北省图书馆馆长。1983 年 4 月离休。

住一些。

当时结婚用的那个房子，是别人租的，我们就借用那个房子作为结婚的新房，也象征性地给一些租金，出一个月房租或者怎么样。那时候非常简单，现在有些人可能就很难理解那个时候，后来也有人问我，你们那时结婚是什么样，我就告诉他们，那个时候就没有什么样，一切都非常简单。

结了婚之后不久，我便返回北京准备出国的事情。11 月 3 日启程去苏联，一走就是四年多，说起来也真是不容易。

难忘的留苏岁月
（1956—1961）

一、负笈苏联

1. 初到莫斯科

我去苏联留学的学校叫莫斯科国立图书馆学院①（现莫斯科国立文化学院，文中仍采用原来的名字，简称莫斯科图书馆学院）。中国到莫斯科图书馆学院学习的留学生其实并不多。我回想了一下，前后一共去了7个人，其中去读研究生的有3个，读本科的有4个。三个研究生都是男同志，第一个出去的是中国科学院的佟曾功②，他是1955年去的，1959年获得教育学副博士学位回国。他年龄比我们大一些，现已去世十多年了。第二个是我，1956年11月去的。第三个是吕济民③，他是1957年去的，

---

① 莫斯科国立图书馆学院（Moscow State Library Institute，俄语为 Московский государственный Библиотека институт）是1930年7月10日苏联人民委员会决议通过创建的。1964年，改名为莫斯科国立文化学院（Moscow State Institute of Culture，俄语为 Московский государственный иинститут культуры）；1994年，发展成为综合性大学，改名为莫斯科国立文化大学（Moscow State University of Culture，俄语为 Московский государственный университет культуры）；1999年，改名为莫斯科国立文化艺术大学（Moscow State University of Culture and Arts，俄语为 Московский государственный университет культуры иискусств）；2014年11月，复改名为莫斯科国立文化学院，这个名字一直使用到现在。资料来源：http://en.mgik.org/about/.

② 佟曾功（1924年4月14日—2000年3月23日），男，北京人，图书馆学家。1948年毕业于北京大学哲学系，1950年毕业于北京大学图书馆学专修科。1955年留学苏联，1959年毕业于苏联莫斯科图书馆学院研究生部，获教育科学副博士学位，同年回国。历任中国科学院图书馆阅览部副主任、业务处主任、副馆长、馆长、研究员、硕士研究生导师。曾当选为中国图书馆学会第一届副理事长，第二届副理事长、理事长，中国科学技术协会第三届全国委员会委员。从事图书馆工作近40年，致力于读者服务工作的理论与实践研究，在国内较早倡导、推行对不同读者的区别服务。曾任《图书情报工作》《计算机与图书馆》等期刊主编。

③ 吕济民（1928年11月—），男，安徽省潜山县人。1961年，苏联莫斯科图书馆学院副博士研究生毕业。毕业回国后分配在中华人民共和国文化部群众文化局，后调文化部政治部。1970年至1972年在文化部湖北咸宁"五七"干校。1972年8月调回北京在故宫博物院武英殿上班。1973年至1982年调任国家文物事业管理局博物馆处副处长、处长。1982年至1984年任中华人民共和国文化部群众文化局局长。1984年至1988年任中华人民共和国文化部文物事业管理局局长、国家文物事业管理局局长。1988年被评为研究馆员。1988年至1991年任中国对外文化交流协会秘书长。1991年至1993年任故宫博物院代院长。1992年起享受国务院政府特殊津贴。资料来源：故宫博物院. 故宫治学之道上[M]. 北京：紫禁城出版社，2010：357.

1961 年回来的,曾在故宫博物院当代院长。虽然都是在一个学校,但是我们的研究方向不同。佟曾功学习的是图书馆学,我是目录学,吕济民呢,他的研究方向被苏联当地人叫作文化教育工作,也就是俱乐部,他当时主要是研究苏联俱乐部事业及其他一些情况。去读本科的有两个男同学、两个女同学。其中去得最早的是北京大学的赵世良①,他应该是在北京大学读了一年后去留学的,比佟曾功还早一些,好像是 1954 年去的。其次是鲍振西②,他是 1955 年去的,回来后先是在北京图书馆(现国家图书馆)工作,后来调到文化部任职。两个女同学是赵琦③和郑莉莉④,郑

① 赵世良(1931 年 6 月 3 日—2009 年 3 月 7 日),男,北京人,1947 年考入北京第四中学。1950 年,高中毕业后留在四中图书馆工作;1952 年,考取北京大学图书馆学专修科;1953 年,被选为首批留学苏联预备生,转入北京俄语专科学校学习;1954 年,正式进入苏联莫斯科图书馆学院学习。留学期间,他以《中国的集中编目》一文获得莫斯科图书馆学院优秀学生论文一等奖,并有多篇论文在苏联专业期刊和国立列宁图书馆的出版物上发表。1958 年,赵世良被迫回国。1961 年冬,正式调入黑龙江省图书馆,先后在科技阅览室、总库出纳台、书目咨询室、文献检索室和外文编目组等多个部门工作。1972 年,重返黑龙江省图书馆工作。1979 至 1981 年,借调到东北师范大学图书馆学系任教。1982 年,又回到黑龙江省图书馆,任《黑龙江省图书馆》(现《图书馆建设》期刊)专职编辑、副主编、主编。1991 年退休。2009 年 3 月 7 日在哈尔滨市去世。
② 鲍振西(1929 年 10 月 24 日—2008 年 2 月 4 日),男,北京人。1946 年,进入国立北平图书馆工作。1954 年,加入中国共产党。1959 年,毕业于苏联莫斯科图书馆学院图书馆学系。历任北京图书馆图书馆学研究部主任、副馆长兼《北图通讯》主编,文化部图书馆事业管理局副局长,中国图书馆学会第一届常务理事、副秘书长和第二届副理事长。
③ 赵琦(1928 年 7 月 7 日—),女,辽宁省沈阳市人。1959 年,毕业于苏联莫斯科图书馆学院。从事图书馆事业 40 余年,曾任北京大学图书馆学系副系主任、讲师。20 世纪 60 年代起任辽宁省图书馆馆长等职。筹建辽宁省图书馆学会,任第一、二届副理事长,中国图书馆学会第一、二届常务理事。创办辽宁省图书馆学会刊物《图书馆学刊》,1994 年开始享受国务院政府特殊津贴。
④ 郑莉莉(1936 年 7 月—),女,上海市人,中共党员。1950 年 9 月至 1953 年 7 月在安徽省芜湖市师范学校学习,1953 年 9 月至 1954 年 7 月在安徽师范学院中文系学习,1954 年 9 月至 1955 年 7 月在留苏预备部学习,1955 年 9 月至 1959 年 7 月在苏联莫斯科图书馆学院图书馆学系学习,1959 年毕业回国。从 1959 年 10 月开始在北京大学任教。1988 年作为访问学者赴苏联列宁格勒文化大学和莫斯科文化大学进修,进行学术交流,1989 年返回北京大学。在北京大学工作期间,先后担任图书馆学、情报学系(今信息管理系)助教、讲师、副教授、教授;兼任中国图书馆馆学会学术委员会委员、儿童图书馆专业委员会副主任,教育部基础教育课程教材发展中心中小学阅读图书评审专家组成员。1999 年底退休,教学工作延续至 2003 年。主编和参加编写的著作、译作十余部,在国内外发表论文、译文数十篇,曾多次获奖。2006 至 2017 年担任北京大学信息管理系离退休党支部副书记、书记等职。2012 年被评为"北京大学老有所为先进个人",2016 年被评为优秀共产党员。

莉莉年纪最小,她好像是高中毕业后直接到那里去上的大学。比较特殊的是他们几个好像都是从北京派遣出去的,他们或是北京人或在北京工作,只有我和北京没什么关系,我是从武汉大学被选拔派遣出去的。

1956 年 11 月 3 日上午,我踏上了从北京到莫斯科的火车。我当时坐的是从北京直达莫斯科的国际列车。这趟列车很有历史,是 20 世纪 50 年代开行的第一趟涉外列车。从北京出发,不是走二连浩特那边,而是走西伯利亚、贝加尔湖一带。火车车厢内全部都是软卧,一列车乘的人不多,只能坐 82 个,每 4 个人一个房间。同一列车的乘客大部分都是留苏预备部培训的同学,但开始的时候大家不怎么熟悉。一路上,火车没停几个站,我们也不好下去,主要因为当时自己的俄语水平还没到能够自由交流的程度。虽然我们在留苏预备部学习了,但也没学到太多,基本认识一般的字、词,阅读方面也还行,但是口语不行,交流起来还不那么流利。再一个,当时人生地不熟的,贸然下去的话,可能也会比较麻烦。火车在路上整整走了八天八夜,我们盖的被子、铺的褥子在中途还要换一次。路程这么长,我们在火车上主要是看书、聊天、睡觉,有时候也会打打扑克牌,再就是看看沿途的风景。当时已经入冬,沿线看到最多的是白桦树林和雪景。令我印象比较深刻的是贝加尔湖,确实很漂亮,列车经过贝加尔湖就花费了 7 个多小时。

1956 年 11 月 11 日下午,我到达了莫斯科。大使馆提前通知了我们要去学习的学校,若是有同学或认识的人,他们会到莫斯科车站去接站。我刚到莫斯科车站,下了火车后看到很多人在那里等着,其中就有来接我的佟曾功、赵世良、鲍振西、赵琦和郑莉莉他们几个。他们当时都在莫斯科图书馆学院留学,吕济民是在我之后去的。我原来也不认识他们,但大家都是国内来的,而且都与图书馆学有关,还要在同一个学校学习,他们自然对我也很热情,三个男同学一下子就把我的行李抢过去提着。走出火车站后,我们坐着电气火车去莫斯科图书馆学院①。

莫斯科国立图书馆学院(现莫斯科国立文化学院)

那时莫斯科的路已经结了厚厚的冰,冰面看起来像鼻涕一样,走起路来脚下滑得很。我是穿着皮鞋去的,一下火车就感觉有些不对劲。佟曾功、鲍振西、赵世良他们三个帮我拿着行李,赵琦年龄大一些,比较含蓄,郑莉莉年龄最小,比较活泼。她开玩笑说:"不要怕,老彭,来,我扛着你走,让他们几个先走。"她这样说后,我就和她一起走,那也不行,走着走着,我脚下一滑,就滑倒在地上,她也摔倒了。我心想,路上那么厚的冰,以后走路也是个麻烦事。

---

① 1930 年 10 月,苏联莫斯科国立图书馆学院创建在莫斯科莫霍夫大街的一幢老式私邸;1936 年,迁到美丽如画的莫斯科郊区新校址。

彭斐章在莫斯科河畔

　　我和鲍振西、赵琦、佟曾功、赵世良他们有个合影，照片是回来以后在武汉这里拍的，大概是在 20 世纪 90 年代。

20 世纪 90 年代，彭斐章（左二）与曾在莫斯科图书馆学院留学的中国同学合影

2. 适应苏联生活

我刚到莫斯科的时候,气候、饮食、生活各个方面还是有些不太习惯,有一段适应期,不过很快就适应了。

莫斯科的天气很冷,除了夏天,但夏天的时间很短。大概8月到10月的时候比较暖和一些,但我们一般也不穿短袖衬衣,得穿夹克。

刚到的时候,真是麻烦,有时候连吃饭都困难,而且开始的时候,吃饭也不太习惯,后来就好多了。苏联的菜单和国内的有很大区别,他们那里的第一道菜都是汤。第二道菜算是我们这里的主菜,主要有鱼、肉,还有肉饼,再加一点土豆。第三道,就不是菜了,是咖啡、牛奶或者茶这些饮品或小点心。若是不知道这个情况,刚开始也不认识菜单上的那些菜名,顺着菜单从前面挨着点,那点得就都是汤。因为他们提前给我讲过这个情况,所以我才一直没闹过那样的笑话,但是有的同学不知道就会那样,点了一桌子全是汤。比较好的一点儿是,当时那里的面包是不要钱的,切好了整整齐齐地放在那里,堆起来好高,大家到那里拿来吃就是了。

当时,鲍振西给我讲:"你不知道啊,苏联人讲价钱呀,快得很,她们那些女的一下讲下去,多少卢布多少戈比,你什么也听不清楚,但也不能老去问,最多问一遍就行了。"所以,他开始的时候,每一次都拿了大的票子(卢布)去买,让她们找,找来找去,后来找回来的戈比(1卢布=100戈比)已经有一个碗那么多了。他们建议我,在听价格的时候,先听后面的,先把多少个戈比听清楚了,然后再问一遍前面的,大概就能明白了,买东西也就好办了。开始的时候,我去买东西也会不讲价钱,因为听都听不懂,还怎么可能去讲价钱。

住宿方面,我们当时都是住在学校的学生宿舍。宿舍也不一定是几个人一起住,开始的时候,我和佟曾功住了一段时间。后来学校出了一个新的规定,要求我们这些国外留学生尽量和苏联学生住在一起。为什么呢?因为和苏联学生住一起,练习俄语、熟悉苏联的情况都会比较方便一些。所以,我先是跟别斯巴洛夫住了一段时间,他当时是在读研究生,后来留校当了老师,又当了系里的副系主任。最后一次是跟涅夫斯基一起住,他是苏共党员,当时已经结婚了,但是在学校的时候还谈了个女朋友,那真是乱。

1991 年 8 月，彭斐章重回莫斯科访问时与留苏时期的同学在原宿舍前合影

苏联的其他学校宿舍和我们学校是不一样的，比如莫斯科大学，有新建的宿舍楼，当时研究生都是一个人一间。对此，我们很是羡慕。住宿条件最差的应该是列宁师范学院，他们住的都是大宿舍，好多人一起。我们学校跟列宁师范学院党支部在一起，所以对他们那里的情况比较了解。那时，到了星期天我们还会搞一些聚餐活动，在一起做饭吃。

莫斯科图书馆学院当时在郊区，平时在学校里面看不到几个中国人，为什么呢？因为他们几个大学生平时都要上课，跟我们的联系不是很多。研究生就是佟曾功和吕济民，后来我们也不住在一个房间，便不经常见面了。

刚到苏联的第一年，还有一件比较

1991 年 8 月 21 日，彭斐章重回莫斯科访问时与留学时的舍友在原宿舍前合影

特殊的事情。1957 年 5 月 25 日至 9 月 25 日,文化部根据中苏文化交流协定,派遣了一个由左恭①、杜定友②、汪长炳③和胡耀辉④四个人组成的中国图书馆学代表团赴苏联和民主德国考察图书馆事业。代表团是 1957 年 6 月 2 日到的莫斯科,在苏联参观了两个月左右。他们到了莫斯科以后就联系了我们。为什么呢?因为当时苏联白天的活动都安排得很好,但晚上就没什么安排,而且他们对苏联、莫斯科都不熟,语言方面基本也没办法沟通,想出去也不好办,所以就找到我们学院的几个同学。他们在国内是很有名的,杜定友⑤活跃一点,他是图书馆学的专家,去了还是很专业的。当时,我们几个同学轮流去陪他们,今天你不行就他去,或者她去,总是有人去陪他们。他们要买东西,或去哪里参观一下,都是由我们几个同学轮流陪着,这样比较方便。但是,当时多数是北京的赵世良、赵琦、鲍振西、佟曾功他们几个去陪同,因为他们到苏联的时间都比我长,比较熟悉,我也参加,但去的次数不是很多。1956 年 11 月,我才到莫斯科,俄语还不是很出色,不像他们几个那么好。而且,那时候我刚到苏联不久,学习任务比较重,时间方面也不充裕。所以,我不是所有的活动都参加,记得参观了列宁图书馆、莫斯科历史图书馆。但有一条是肯定的,就是我当时没有离开莫斯科,没有陪着他们去外地考察。总体来说,我们跟代表团的几位同志都是很熟悉的,其中有些活动允许我们留学生参加,他们就邀请我们去,比如参观图书馆,但是有些活动是不适合我们参加的,除此,我们基本都去。

---

① 时任北京图书馆馆副馆长。

② 时任广东省图书馆馆长。

③ 时任南京图书馆副馆长。

④ 时任文化部社会文化事业管理局图书馆处副处长。

⑤ 杜定友(1898—1967),男,中国图书馆学家。原籍广东南海。1898 年 1 月 7 日生于上海,1967 年 3 月 13 日卒于广州。1918 年毕业于上海工业专门学校,同年赴菲律宾大学学习图书馆学。1920 年获文学士学位,1921 年毕业,又获教育学和图书馆学学士学位,同年回国,至 1949 年历任上海复旦大学图书馆、交通大学图书馆、广东中山大学图书馆、广东省图书馆馆长或主任。1949 年底,被任命为广东省人民图书馆馆长,1953 年因病辞职。1957 年 5 月,参加中国图书馆工作者代表团赴苏联和民主德国访问。

3. 着装礼仪

在苏联留学的时候，我觉得苏联人在着装礼仪这方面是很注重的。当时，有很多这方面的规定，也讲不清楚为什么。比如，女同志要穿裙子，不让穿西装长裤，若是穿了长裤，考试都不让进教室。他们当时有这么一些类似的规定，也没什么道理。我们在那里留学，当然还是要按他们的规定来。所以，在我们准备出国的时候，留苏预备部给我们准备的衣服，男同志都是西服或者中山服，而给女同学的都是裙装，上面是小西服，下面是裙子。我们在苏联的时候也很注意这些。有些苏联的老太太，她若是看到你衣服上有线头，不管认不认识你，她通常都会把你叫到一边，告诉你这个事情，让你把衣服上的线头拿掉，她们很讲究这些事情。

在苏联的时候，无论我们是去见导师，还是去见朋友，或者是见普通的同学，也不能随随便便穿一件衣服就出去，而是要穿得相对整洁一些，这点是很重要的。若是一个男同志和女同志去见面，这个男的去之前不剃胡子、不整理仪容仪表就去见那个女生，女生通常会很不高兴。她会觉得这个男的那样不修边幅地去见她，是对她的不重视和尊重，她会感到非常的不愉快。我去见我的导师，每次也都是穿得整整齐齐的，不会随随便便就去的。着装礼仪方面，我当时还是非常注意的，这个习惯一直保持到了现在。

4. 几条不成文的规定

我们在苏联留学的时候，有几条不成文的规定。其中第一条规定就是不要主动去问一个苏联小孩父亲的情况，但问母亲的情况是没有问题的。为什么呢？主要是因为苏联卫国战争的时候，男的死了很多，以至于战后国内男女比例悬殊。所以，好长一段时间内，他们那里女的多，男的少，以至于很多苏联小孩，他们很可能只有妈妈，但不一定有爸爸，贸然去问他们爸爸的情况是很不应该的，我们当时都很注意这一点。

另外一个不成文的规定是，若是到女同学的房间去，不要随意坐在她的床上。因为在苏联,女孩子的床只有她的父亲或者爱人才可以坐。其他人的话,在她没有邀请的时候,是不能坐的,可以坐在凳子上或其他地方。

还有一个需要注意的地方是走路的时候,要让女同志走在里面,男同志走在外面。假如是两个男同志、一个女同志三个人一起走,那一定要让女同志在中间走,两个男同志在两边,像现在常说的护花使者一样要把女同志护在中间才行。这些事情也不是硬性规定的,但他们当时就形成了这样一种习惯,在日常生活中比较注意。

二、我的导师

1. 留学的第一件大事

我们几个在莫斯科图书馆学院留学的时候,学校里主要有两大专业,一个是图书馆学;另外一个是俱乐部事业,苏联人叫文化教育事业。当时学校大概有3600多名学生,其中像我们一样的外国留学生不是很多。在我们那届的外国留学生中,阿尔巴尼亚、捷克、朝鲜各来了一个男的,保加利亚和波兰各来了一个女的,越南来了三个女生和一个男生。

我们到达莫斯科图书馆学院后,有一件特别重要的事情,就是要尽快了解学院研究生导师的情况,选择导师。我办理好了报到手续,紧接着就开始了选导师的工作。当时,莫斯科图书馆学院图书馆学专业方面的老师主要有丘巴梁①(Оган Степанович Чубарьян)、安巴祖勉②(Захарий Н. Амбарцумян)、列文(Левин)、艾亨戈列茨(А. Д. Эйхенголец)等。

---

① 丘巴梁(1908—1976),也译为"丘巴良"等,苏联图书馆学家,高级目录学专家。1908年10月8日,生于顿河—罗斯托夫。1976年1月7日,卒于莫斯科。1960年,以《普通图书馆学》专著获教育学博士学位。1963年,成为苏联国家图书馆的高级职员。他长期担任苏联文化学院、国立公共科技图书馆和国立列宁图书馆等单位的领导工作。曾任苏联文化部所属图书馆学和目录学研究协调委员会副主席,参加过多次国际图书馆界会议。1966年,当选为国际图书馆协会和机构联合会书目委员会主席,后又担任图书馆学委员会的领导人。曾获"俄罗斯苏维埃联邦社会主义共和国功勋文化工作者"的光荣称号和国家奖。

② 安巴祖勉(1903—1970),苏联图书馆学家,莫斯科文化学院教师,特罗波夫斯基的学生。安巴祖勉提出并论证了图书馆目录方法论的原理、读者目录的推荐性,以及各种有关决定的实施方针。主要著作有《图书馆的分类》(1947年)、《分类目录》(1951年)、《图书馆目录》(1967)。

1956 年 12 月,彭斐章(左三)与莫斯科图书馆学院党政工会领导合影

1957 年,彭斐章(左一)与莫斯科图书馆学院丘巴梁(左二)、安巴祖勉
(右一)教授合影

　　佟曾功他们很热情、很详细地给我介绍了学院的各种情况,尤其是学院里面
各个老师的情况和研究方向。介绍完之后,他们就问我想选哪个。我就讲了我
来苏联之前在国内做得那些专业方面的准备情况,说:"我准备学习现代目录
学。"他们说目录学方面可以选艾亨戈列茨,他是目录学教研室的一把手,也是苏

联当代有名的目录学专家。最后,综合各方面考虑,我决定了选择艾亨戈列茨教授作为我在苏联学习目录学的研究生导师。

当时,莫斯科图书馆学院目录学教研室有 40 人,科尔舒诺夫（О. П. Коршунов）是这个教研室的教授。

2. 导师的"严""导""爱"

我的导师,亚历山大·达维多维奇·艾亨戈列茨（А. Д. Эйхенголец,1897—1970）,他不是苏联人,而是以色列人。以色列人不仅非常聪明,而且很团结。他们中间只要有一个人有一点儿困难或问题,其他人都会集体去帮助、全力去支持。当时目录学教研室里有四个跟我导师一样的光头老教授,他们四个都是以色列人,可能是二战期间来到苏联的。

我的导师虽然不是苏联人,但是苏联著名的科学组织者、教育家和研究者,也是当时苏联目录学的最高权威。他领导莫斯科图书馆学院目录学教研室达 20 多年,其研究兴趣主要在目录学史方面[①]。我的导师不仅学术造诣很深,而且治学严谨,德高望重。

苏联著名目录学家艾亨戈列茨

我的体会是,他把"严""导""爱"三者很好地结合在一起了。

首先,是"严",他非常严格。我选择他作为我的研究生导师时,他就明确地跟我讲,他说:"你是我的第 17 位研究生,你前面的 16 个学生都及时完成了学位论文,通过了论文答辩,都已经顺利毕业了,你也必须按时完成论文,顺利通过答辩。"这是其一。其二,他说:"你们国家花这么大精力把你送来学习,你将来回去

---

① 科尔舒诺夫.目录学普通教程[M].彭斐章,李修宇,赵世良,等,译.武汉:武汉大学出版社,1987:200.

也是要发挥作用的……"总之,他对我们的要求是非常严格的,甚至有的时候严格到不讲情面的地步。

确定导师之后,我们会跟导师一起拟订读研究生期间的学习计划,经过好几次讨论才确定下来。计划定下来之后,他再三地跟我讲:"这个学习计划一旦确定,就具有法律效应,会形成约束力,所以你必须按计划完成,不能够有半点含糊。要是你对计划有什么想法,在计划还没确定之前就提出来,要是你当时没提出来,那就必须按计划执行。"我们当时确定好了一个月要见一次面,我要向他汇报当月的学习情况和研究进展。

有一次,大概是1958年底1959年初的时候,当时中苏关系非常紧张,大使馆经常找我们留学生去开会,有时候还会通宵。除了开会,大使馆还会给我们布置一些工作要完成,那段时间确实是很忙。很快就到了我和导师约定见面的日子,按计划,那天我必须要去见导师了。但是,实在是因为大使馆的那些活动和任务占去了我很多的时间,以至于我没有完成计划内的任务。但是,我还是给导师打了个电话,约好去他家里汇报工作。为什么到他家里去呢?这里有个情况,我们学校当时是在郊区,而他住在莫斯科城内,他一般是每个星期一、星期五到学校来。一般来说,星期一主要是他去学校里面开会,星期五就是教研室的一些活动,平常有课的时候他也会来,没有课的时候他就在家里。所以,他告诉我,我有什么事情可以给他打电话,到他家里去,那也是对我的一种特殊待遇了。

那天,我按电话约定好的时间到他家里去汇报学习情况。我当时老老实实地跟他讲了,那个月内,我做了哪些工作,哪些东西还没有完成,没完成是怎么回事。他没等我讲完,就毫无客气地打断我,说:"你不要讲了,计划没有完成,那你就先回去,完成了以后再来汇报。"他不跟我讲其他的,也不要我讲理由,他也不会听我的理由。尽管那次我确实是有理由,但我的那些理由在他那里一点儿用都没有,他根本就不听我讲的。因为,按照约定,没有完成计划的话,我讲什么也没用。而且,他当时还明确跟我表示,以后我要是没有完成计划的话,就不要跟他见面,也不必跟他汇报当月的情况。我当时只好拿着东西离开了他家,回学校去了。

回去以后，我就专门向大使馆汇报了这件事，他们说："你导师的要求是对的，以后你只能按导师的要求办。"后来大使馆也讲了，如果导师要见面的话，那大使馆这边的活动可以请假；学校任务紧的话，大使馆的政治活动也可以请假。从那以后，在我留学期间，再也没有出现过这种没有完成任务的情况。导师平常对我还是非常关心的，我们的关系也非常融洽。但是，在汇报工作这种关键时刻，那真是毫无情面可讲，他不会因为我是外国留学生就网开一面，确实是非常严格的。

其次，是"导"，就是引导。他对学生的引导确实是非常有一套的，他会根据每个学生的情况有针对性地进行引导，是真正的因材施教。

第一，他指导我前面的 16 个学生完成了学位论文，通过答辩，顺利毕业，这说明他当导师那确实是没有任何问题的。第二，他非常熟悉文献，对相关专业文献，如数家珍，无论我们讲什么，他都很熟悉。第三，我在留学期间的毕业论文《论现代条件下省图书馆书目为读者服务的体系》也是在我导师的指导和帮助下完成的。一方面，当时论文选题是我跟导师一起确定的。确定选题后，他觉得我的理论基础是可以的。因为我那时看了不少理论著作，理论方面的文章写得也比较多，但实践方面的内容还有所欠缺。考虑到我的这种情况，他就专门把我安排在苏联莫斯科国立公共历史图书馆（以下简称"历史图书馆"）里实习。历史图书馆在红场那里，规模很大，当时有 200 万册图书和 300 多名工作人员。从全苏联来讲，这个馆的级别是比较高的。所以，他当时把我安排在那里实习了一段时间，其实是他委托那些实践部门，带一带我。另一方面，我的论文选题是省图书馆，要到下面的省去调研。我的导师非常支持，并且竭力帮助我下去调研。他说："你要不要学校的介绍信都没有关系，我给你写个条子，你拿着我的条子去就行了。"当时他写的信或条子，比学校的介绍信还管用、还厉害。在写论文的时候，我曾到古比雪夫省图书馆、高尔基省图书馆、伊万诺夫图书馆等几个图书馆去调研。有时他还安排我在那些图书馆里实习，当时我在古比雪夫省图书馆实习过一段时间。这些图书馆里有不少馆长、书目部的主任或其他负责人，都是他的学生，一听到他的名字，那就好办多了。还有，我去其他地方调研也是一样的。每一次我要到外面调研时，都会去找他,跟他说我想到哪些地方调研,他都会给我写个条子。他当时写的条子也很简单,但是,很管用。去调研的那些地方,只要见到他的条子,那就不一样了。苏联有个地方,古比雪夫水电站,里面自动化程度很高,只要几个人管理营运就够了。当时说是里面有机密的东西外人不能看,但是我去看了,也是导师的安排,我跟着其他实习学生一起去做了调查。总之,当时如果是他安排的,他写了信或条子,那就畅通无阻了。

最后,是"爱"。这一点,他做得真的是恰到好处。当时,他也不是只管我们的学习,他还很关心我们的生活。关于这一点,有几件事情,几十年过去了,我仍记得很清楚。

一是,他看到我四年多没回国,有时就问我:"你不回去,是不是没钱呢?没钱的话,我可以借给你。"我就给他解释,说我不回家不是因为没有钱,而是因为其他的一些原因。

二是,那时候他住在莫斯科城内,而我们学校在郊区,他每个星期一、星期五会到学校来。星期一多是去学校开会,而星期五主要是处理教研室的一些工作。通常星期五一早他就到了,他会先到科学图书馆看一下,因为我一般没事的时候都会在那里学习,跟我打个招呼。还有,他叫我不要去教研室那里找他。为什么呢?因为那里找他的人特别多。教研室里有什么事情,大家都会找他汇报,都会一起在那里等着。他就跟我讲,让我不要在那里排队,如果他需要找我的话,他会来找我。我若有什么事情找他的话,也不用在教研室外排队等着,可以给他家里打电话,直接到他家里去。他平常很和蔼可亲,到他家里去的时候,他要是有一点儿空,就会挽着我的手,一起到外面走走,散散步。

三是,那时他是教研室主任,在星期五的时候通常会召开教研室的全体会,有时也会让研究生参加。当时,我们教研室的师生关系处得还是非常融洽的。教研室的会议桌是长方形的,他作为教研室主任,经常是坐在最前头的位置,我们研究生都坐在最后面,等于是他面朝着我们这里坐,和我们正好对着。有的时候开会时间会很久,开一整个下午的也有。有些时候他可能是困了,但他不抽烟,通常喜欢含一块儿糖。他有时把一块儿糖用纸包好,写上我的名字,就从前头那里开始传，从那些头发花白的老教授、教研室的那些老师那里传，一直传递到我的手里。我打开一看，竟是一块糖，再看他，他还对着我笑，意思是让我吃。我们教研室经常参加活动的有 40 多人，一块儿糖他都会用那种方式，传来传去，传过那么多人后一直传到我手里，让我吃。他对我关心到这种程度，真的是没话说的。

3. 师恩难忘

为什么我一直特别感谢我的导师呢？除了上面讲到的这些事情，还有几个特别的情况。

一是，在 1961 年我准备毕业的时候，中苏关系已经非常紧张。但是，即使在那种情况下，我的导师待我还像以前一样，没有因为我是中国人就不让我到他家里去汇报工作，就不关心我的学习和生活，他从来没有过。

二是，那时我的毕业论文已经完成了，但硬等了几个月才答辩。总之就是迟迟不安排我进行答辩。当时我跟大使馆讲了这个情况，大使馆讲："他们不提出来要你走，你就不要走了。你要是自己提出来走，那他们就有理由不授予你学位了。"我的导师，他很厉害，他亲自拿着我的论文，两次到苏联高教部去问，问他们为什么不安排我答辩。他不管政治上的那些事情，当时就直接去问，帮助我毕业。

三是，我毕业回国的时候，夜黑天冷，他竟然到火车站去送我。1961 年 3 月 27 日，我顺利通过答辩，随即就准备回国。我不太记得具体是哪天动身回国的，应该是 4 月初的一天晚上。那时，我们学校的中国留学生基本都走了，我大概是最后一个。虽然那时已经是春天，但莫斯科的天气，还是很冷的。那天，我坐的是晚上十点钟的火车，我到火车站的时候，天已经很黑了，看到那里有个人在向我打招呼，我走近一看，竟然是我的导师。他说他知道我今天回国，专门过来送我。

我的导师，确实了不起，我跟他的关系也是特别的好。尤其是我走的时候，那么冷，那么晚，他年龄那么大了还去送我。那真是我没有想到的，我非常感动。那一幕给我留下了十分深刻的印象，几十年过去了，直到今天还难以忘怀。

三、异国他乡求学

1. 留苏研究生的课程

苏联研究生主要是自学为主,不怎么上课,我留学时主要上三大类型的课程。

第一类是政治理论、哲学课,包括苏共历史、政治经济学、辩证唯物主义与历史唯物主义等内容。我去了没多久,哲学老师就给我们开了一次会,列了一张书单,上面一共有75本书,让我们去读。读完以后,他再进行考试。考试比较自由,具体考试的时间也是由学生自己提出来的。学生把老师列的书单读完了以后,就可以找老师汇报,要求安排考试。虽然考试方式比较自由,但不像国内的考试,会考得比较深。记得我当时抽的考签是考生产力与生产关系的关系问题,他们不会考什么叫生产力、什么叫生产关系、什么叫生产力与生产关系的关系这样的问题,他们说那些是高中生和大学生应该掌握的东西。研究生考的是原著,在我抽到的那个问题,应该回答马克思、恩格斯、列宁对生产力和生产关系的关系都是怎么论述的?是在哪些原著中?书中是怎么表述的?所以,考试的时候,即使那些教科书摆在考生面前也没用,不考概念,考的都是原著,要认真地看书之后才能解答的。

第二类是教育学、心理学、教育心理学、俄国文献、苏联历史、外国语等这些文化教育方面的课程。这些课程,我们在国内的时候也没学过,有的甚至听都没听过。为了通过考试,只能专门去读一些相关著作了。当时读了让-雅克·卢梭著的《爱弥儿》,安·谢·马卡连柯的教育文艺著作《塔上旗》,以及乌申斯基的一些著作①。像第一类课程一样,我们当时主要也是读这些著作的原著,读完后

---

① 康士坦丁·德米特利耶维奇·乌申斯基(Константин Дмитриевич Ущинский,1823—1870),是俄国卓越的教育家,俄国国民学校和教育奠基人。当时,他的著作是教育工作者的必读书,主要有《人是教育的对象》等,所以他又被称为"俄国教师的教师"。

再考试。

第三类课就是图书馆学和目录学专业课,包括图书馆学概论、图书馆目录、图书馆藏书组织、阅读指导、图书馆事业、普通目录学、专科目录学等内容。考试方面,我的研究方向是目录学,所以当时也是考目录学。专业课也是考原著,当时考试的内容有鲁巴金（Н. А. Рубакин）编的大型推荐书目《书林概述》①,那确实是一本非常不错的书籍;还有列宁（В. И. Ленин）对《书林概述》的评述,包括列宁是怎么讲的? 鲁巴金的错误在哪里? 类似这样的一些问题。当时,用了一年多时间学习完了这类基本课程,这些课程结束后就可以写毕业论文。用两年多时间准备毕业论文,然后进行答辩。

那时,我不仅参加了校内的各种研讨,还参加了校外的研讨交流。下面这张照片,是 1960 年 3 月我在伊万诺夫城与师范学院文史系五年级同学在一起,参加他们关于中国社会主义建设情况的课程讨论的情形。

1960 年 3 月,彭斐章(中间)与苏联同学在课堂讨论

---

① 《书林概述》第 2 版的第 1 至 3 卷于 1911 至 1915 年在莫斯科出版。

1958 年的时候,我在《图书馆学通讯》(现《中国图书馆学报》)发了一篇小文,算是我比较早发表的一篇学术型文章①。当时我还在苏联留学,文章是我从莫斯科直接寄到北京《图书馆学通讯》编辑部的。

2. 去得最多的是列宁图书馆

在莫斯科图书馆学院留学的时候,学校里面有个科学图书馆。主要是面向教师和研究生的,比较特殊地照顾我们从事研究工作。我们每个研究生在那里都有一个专门的位置。座位上有一盏台灯,桌子下面还有抽屉,我们的书等都放在里面。即使我们有时没在座位上,其他人也不会去坐,假如有人坐的话,里面的图书馆员会说那个位子是哪个同学的。我经常到那里学习,要不就去列宁图书馆。

彭斐章在学习

我在莫斯科留学期间,除了学校里的图书馆,去得最多的图书馆是列宁图书馆。

---

① 彭斐章.谈谈苏联省图书馆的方法辅导工作[J].图书馆学通讯,1958(3):52-54.

列宁图书馆①

当时我的导师跟我讲，他说："在苏联留学有一个好处，全苏联境内出版的所有书刊资料都要无偿地寄给列宁图书馆，所有的缴送本那里都有收藏。列宁图书馆里面有个新书展览厅，每一个星期都有新书展出。如果每一个星期到那个地方去一次，一年下来你就去那里 52 次。那这一年中，有关专业方面的新书、新知识、新情况你都可以了解了。"那些新书都摆在新书展览厅里，开始的时候只能在里面看，一个星期以后才能借出去。这是一个很好的学习机会，所以导师当时就建议我，每星期去那里一次，查阅新的书籍资料。在留学的四年多时间里，我也一直是那么做的，每个星期我都少不了要去那里一次，四年多，受益匪浅。

当时，列宁图书馆底层有供应简单的饭菜，在图书馆可以待一整天。图书馆的放映厅还会循环放映国际时事新闻纪录片，看书累了，也可以到那里放松一下。

在苏联，除了列宁图书馆这样的大型图书馆，还有很多图书点。我对苏联图书点的普及和提供的服务印象深刻。为培养全民读书的习惯，苏联相关方面要求，每 3 栋住宅楼就必须有一个图书点。图书点不为"闲人"设岗，高学历的图书

---

① 列宁图书馆，创建于 1862 年 7 月 1 日鲁缅采夫博物馆，1924 年 1 月 24 日改名为俄罗斯列宁图书馆，1925 年 2 月 6 日更名为苏联列宁国立图书馆，1992 年 1 月 22 日正式更名为俄罗斯国立图书馆。馆藏有 367 种语言的国内外文献，2016 年底馆藏总量达 4700 万册，是俄罗斯和欧洲大陆最大的公共图书馆，世界十大公共图书馆之一。黑龙江省图书馆副馆长毕红秋提供的照片资料。

馆专业人士对在这里工作甘之如饴。孩子们也可到图书点去,小的时候要由家人,通常是母亲带来,借书还书都由母亲代为登记,等到长大了脖子上挂有一个小钥匙,就可以自主来借书了。图书点不仅提供照看孩子们的服务,还指导孩子们看书、查资料。等到孩子长大成人后,再回头看看自己从小到大的借书记录,就可以看到自己一步一步成长的足迹。

3. 丰富多彩的课外活动

我们在苏联留学的时候,学习是主要的,而且大家都很刻苦,多数时候都是到图书馆学习。学校每年也会有开学典礼、毕业典礼这些集体活动。苏联的一些节日活动我们也都有参加,我参加过几次他们的"十月革命"游行。

我们学校的娱乐活动也特别多。因为学校除了有图书馆学系以外,还有一个俱乐部系,他们主要就是学习俱乐部事业、文娱活动等。所以,他们会经常印票,开晚会,搞活动。有时候也会组织舞会,邀请我们大家去参加。

彭斐章(后排右二)参加化装舞会

彭斐章（前排中间）和同学在一起

彭斐章（左三）和同学在一起

彭斐章（右一）在列宁山滑雪

彭斐章（右）在黑海游泳

彭斐章（右二）与苏联同学和中国研究生合影

　　有一年国庆节的时候，我和郑莉莉她们一起去参加庆祝活动。当时我和她一起唱了一首歌，叫《赞歌一曲》，是中文歌。当时还化了妆，穿了正式的演出服，服装是从大使馆借的。那时候我们留学生都会唱几首俄语歌。像《莫斯科郊外的晚上》那首歌，在中国留学生中间很是流行。而且，因为学校在郊区，晚上空闲的时候在我们学校唱这首歌，那真是再合适不过的了。

彭斐章（右）与郑莉莉（左）表演节目

在苏联留学期间,过年还是比较特别,因为有越南的留学生,他们跟我们一样过旧历年,苏联人他们是过元旦。在苏联,很多同学都好喝酒,一般都是在宿舍里,逢年过节搞活动的时候,他们不管认不认得,都是要碰杯喝酒的。当时,学校大概有 3600 多名学生,但是外国留学生少,数得清的。所以,苏联本地的同学,都愿意趁着逢年过节的时候和我们这些外国人碰一下杯,一起喝酒,若是不借这些个机会,其他时候他们找我们喝酒也不方便了。

在留学的时候,大使馆有时还会号召我们去参加苏联集体农庄劳动。到了农庄里面,每个生产队长早上会给大家布置

彭斐章在苏联集体农庄开康拜因(大型联合收割机)

任务,晚上的时候,检查看任务完成的情况,当时的劳动强度还是很大的。因为苏联卫国战争的原因,当时在那里劳动的大部分都是女同志,她们也是蛮辛苦的。

彭斐章(中间)在苏联农庄劳动

彭斐章在苏联农庄劳动时歇息

在苏联留学期间,除了上面的这些活动,我还记得几件有趣的事情。

因为我们学校当时在郊区,距离莫斯科市区还是比较远的。市中心一些学校的中国人会多一些,所以在那里经常能碰得到中国人。我们那里中国人本来就少,加上平时大家都在上课或在图书馆学习,所以平常挺难见到几个中国人的。记得有一次,一个苏联老太太,从很远的地方跑到我们学校来找中国人,恰好找到了我。我开始还以为是个什么重要的事情,后来才知道,原来她不知道从哪个地方得到了我们国内的一个虎骨酒的标牌。当时,她如获至宝,但是她不认得上面的字。为了这,她隔那么远跑过来找人给她翻译,我当时就翻译给她听。我感觉也是蛮有趣的,她为了那么个东西跑了那么远的路,来我们学校找中国人。

当时,苏联的少先队时常会举行队日活动。各小学的人有时候也是走得蛮远来我们学校请外国人。他们很客气,有时候专门请我们中国留学生去参加他们的活动。他们请我们去,常有两种活动:一种活动是请我们讲讲中国的情况,因为他们当时对中国不太了解。另外,他们有什么比较有意思的活动也会请我们一起参加。有些活动还会有一些小小的纪念品、奖品,他们会把那些东西都挂在那里,然后把我们的眼睛蒙上,中间隔一定的距离,让我们走过去摸,摸到什么就是什么,也蛮有意思。苏联的那些少先队员,或者说那些未成年的孩子们,他们看起来真的都是非常可爱,而且很天真,很善良。活动的时候,他们生怕我们走错了,到最后什么东西也没拿到。所以,在我们走的时候,那些孩子会想尽一切办法给我们提示,好让我们顺利地拿到那些纪念品。

还有一次,他们请了我和另一个中国同学,要我们两个人一起去参加他们的活动。在活动过程中,他们请那位同学讲有关中国的情况。这个同学是女同学,她当时讲了我们国家刚成立时的"除四害"运动。这里的"四害"指的是蚊子、老鼠、麻雀和苍蝇。前面的三个她都讲对了,恰恰就把第四个"苍蝇"(俄语:муха)和"丈夫"(俄语:муж)两个词混淆了。这两个词在俄语中的书写和发音前面两个字母都是一样的,只是后面不一样。她讲俄语的时候,可能是讲得快了一点,或是没有留意讲错了,也可能是孩子们没有听懂。活动结束后,有一个小孩就走到我跟前,问我:"你们中国那个女的怎么那么狠呢? 还要除灭丈夫?"我当时听了也是一愣,心想这是怎么回事情呢? 后来想到这两个词的俄语表述,一下子就明白了,立即跟那个小孩做了更正,并表示歉意,现在想起来也是蛮有意思的。

4. 别样的暑期游学

在苏联留学的时候,按规定隔两年就可以回国一次。因为,我是 1956 年 11 月才去,1957 年鲍振西他们回国的时候我就没有跟着一起回去。1958 年,中苏关系恶化了以后,再回家也就不那么方便了。再后来,我们学业三年都搞不完,要延长一年,所以留学四年多我就一直没有回来过。

对于暑假没有回国的留学生,莫斯科市共青团委会组织我们参加一些旅游活动。当时,活动组织得蛮好,我参加过两次。活动期间,他们会给每个参加者发一张旅游票,让我们自己从学校或者什么地方搭车到旅游票的起点集合。到达起点以后的所有伙食、住宿、旅费以及行程中的其他各种开销都由他们负责。但是,其中有一条得非常注意,就是在旅游的过程中,千万不要走丢了,走丢了那票也就不能用了,得自己想办法回去,有时去的地方还蛮远的。

彭斐章(右)、鲍振西(左)和朝鲜同学在一起

第一次的时候，我们去了伏尔加河。游船停靠在伏尔加河边，我们自己上去玩。伏尔加河周边的旅游环境很好，只是行程比较紧张，到了集合的时间就用广播通知，要是在规定的时间点没有上船，那船就走了，也很麻烦了，得自己想办法回去。旅行期间的伙食也很好，主要是西餐，也有各种小吃卖。我们中国学生，一般早上喝酸奶，中午在旅游车上吃一个冰激凌基本就饱了。那时苏联的伙食还是很不错的，应该说相比当时国内的情况来讲是非常好的，后来差了一些，现在又好多了。2013年夏，

彭斐章在莫斯科河边沉思

我和邓铭康一起去俄罗斯旅游的时候，感觉那里各方面都挺好了。

在第一次暑假游学当中，还发生了一件让人哭笑不得的事情，是在我和列宁师范学院的成有信老师一起去旅游的时候发生的。成有信当时在列宁师范学院留学，他是研究教育学的。我们两个人是同一年去苏联留学的，四年中，我没有回来，他也是。在苏联的时候我们也是一个党支部，经常能碰在一起，相互比较

熟悉,关系也挺好。1957 年暑假,我俩一起参加苏联组织的集体游学活动,两人一块儿出去玩,相互也有个照顾。记得有一天晚上,我们两个人一人住一个旅游的帐篷。结果第二天早上起来,就听见他叫我,说:"老彭,我的裤子、皮带都不见了,你帮我找找。"我前前后后、里里外外都找了也没找到,估计是被人偷走了。当时他也没办法,只能让我帮他出去买裤子、买皮带,否则他就没法出来活动了。对于这件事情,他当时思想上很是想不通,他说:"老彭,你看这像什么呢? 一个社会主义国家居然还有人偷裤子。"确实,当时我也是感到意外。

那次游学,除了我们两个中国人,其他的都是各种各样的外国人。所以,1957 年暑假旅游结束后,我的俄语水平着实进步不少,基本可以自如地与人进行交流和会话。去苏联留学之前,虽然我们在留苏预备部学习了一年的俄语,但当时学习的都是挺简单的字、词,有一些字词,认得但也不会用。刚到苏联的时候,我看到他们几个老同学,常常和苏联人聊天能聊个把小时,很羡慕,心想我自己的俄语水平什么时候能到那个程度。那时,为了提高俄语水平,我们还去看马戏,因为马戏里讲的话不是很多,而且比较简单。我的俄语水平真正有所提高,是从 1957 年暑假旅游开始的。在游学的时候,周围基本都是苏联人,和他们交流的时候,我们得老老实实地听,认真地学。当时为了锻炼自己的口语,也会主动地去和他们交流,一起讨论。

旅游结束后,明显地感觉自己的俄语水平提高了不少。所以,我的体会是,学习语言,实践还是很重要的,一定要有一定数量的实践。在苏联留学的时候也有一个发现,就是中国人多的地方,大家的俄语水平就差一些,像我们学校中国人相对较少,所以我们几个的俄语水平还都不错。

四、留学生的情感生活

1. 不准在苏联谈恋爱

我们在苏联的时候,有一条规定是不准和苏联人以及其他外国人谈恋爱。

那是从实际出发的,当时若是跟苏联人谈恋爱的话,那回来以后会有很多的麻烦。因为两个国家的国情,人们的生活习惯,各个方面都不一样,要是在一起生活的话,也是会有很多问题的。当时还有个现实问题,就是那时候我们国家的条件比较差,苏联比我们好,把苏联人带回国生活的话,人家过不惯。还有一个比较特殊的情况,就是苏联的那些女的,她们不像中国的妇女会自己待在家里,她们通常是一刻都不愿离开她们的男人。

我知道两个这样的情况。当时武大有一个人找了一个苏联女的。回国后,我们经常晚上开会的时候,那个苏联女的就一直坐在那里等,一直等到会议结束。总之,她要一直跟着那个男的,要男的去接她,还要送她,就是寸步不离的情况。后来,大概是不习惯,他们两个人就分开了,那个女的也回苏联去了。还有一个是列宁师范学院学教育的一位老师。他当时年龄比较大,在国内找比较困难,就找了苏联的女孩子而且带了回来。我们大家对那个女孩比较了解,也都希望他们能好好地在一起。为什么呢?因为那个女孩子,在苏联的时候,不仅吃苦耐劳,而且其他各方面的情况也都不错。可是在"文化大革命"开始后,没过几年时间,她还是回去了,因为她受不了。

所以,当时就是正面地告诉大家,劝说大家不要和苏联人谈恋爱。不仅不鼓励中国人和外国人谈恋爱,而且中国同学之间,也最好不谈恋爱。但是,那都只是一个说法,没有完完全全不谈的情况。后来,接苏联朋友回来的也有,中国留学生之间在那里谈恋爱的,那就更不用说了。

2. 见识苏联人的"开放"生活

苏联人在感情生活方面特别开放,开放到什么程度呢? 比如,夫妻两个人在不同的单位工作,他们安排休假时,都要互相征求对方的意见,最好是男的和女的一起休假,一起出去旅游。假如不一起出去的话,可能男的就会临时找个女的同去,女的也会找另外一个男的。当时就是这么个情况,他们也不怎么在乎,在感情方面并不是太专一。但是,在我们国内,特别是我们这辈人,很少会出现这种情况。

当时,在我身边就有一个这样的例子。为了方便交流,后来安排宿舍的时候,我们都是和苏联当地人住一起。有一段时间,和我在同一个房间住的叫涅夫斯基,他是苏联人,也是研究生。他年龄比我大,当时他的孩子都好大了。但是,他在上学的时候还是在学校里面找了一个女的,这个女的当时还在上大学,是个大学生。他和那个女同学,整天形影不离,同进同出,完完全全像夫妻一样,也经常一起出去玩。我们相处的熟悉了之后,我就问他:"你们苏联允许这样呀? 你家小孩都那么大了,你还是苏共党员,你在学校里面找这一个女孩,哪有这样的情况?"他说:"只要她不上告,那就没事儿。假如她要告到哪里去,那我就会受罚了。"那个女的,她经常来找涅夫斯基。要是他不在宿舍的话,她还问我他到哪里去了? 我说那我怎么知道呢? 当时很多人都知道他们两个人的事情,因为他们两个人总是同进同出,完全没有顾忌。

那时候,他若是想把这个女的领到宿舍里来的话,他就会问我:"你明天有什么活动吗?"假如我说我要到列宁图书馆去,那他肯定就会把这个女孩领回来,两个人在宿舍一起吃东西,一起听音乐。但是,有一条,他当时做得比较好,就是他会在我回来之前把屋内整理得干干净净。有一次,我突然有个事情提前回来了,管宿舍的管理人员他们也知道这个情况,他让我敲门,我说:"算了,他有事,我就先不回去了。"所以,我在宿舍,从来没有碰到过他们两个在一起的时候。

当时,他们就是这么个情况,感觉他们要是看不见对方,那就不得了。但是,到了毕业的时候了,他请我吃饭,说:"我们这就结束了,我们几年的风云都结束了。她毕业了，我也毕业了，我要回到以前的地方工作，她要到另外一个地方工作。"他们就那么散了，分手了。

他们这样也不一定是苏联的传统观念，可能一是那个时候苏联的卫国战争，男人战死得比较多，导致国内男少女多。二是，好像当时苏联就形成了那么个无所谓的风气，在那方面不怎么在乎。

3. 面对主动要求交往的苏联女孩

当时，我们学校有3600多人，男女比例相差很大。男生大概只有五分之一或六分之一，剩下都是女生。而我们专业当时去的男生相对比较多一些，那些女生就会很主动地问我们看我们能不能跟她交往一下，或者怎么样。对于这些，她们都是很自然的，但这种情况在我们国内是不可能的。

郑莉莉是我们几个中年龄最小的，当时她没有结婚。她有个特点是长一张娃娃脸，个头不太高，但非常惹人喜爱。当时有好多苏联女生跟郑莉莉讲："听说

2011年，郑莉莉（左一）到彭斐章（中间）家做客，并合影留念，右一为邓铭康女士

你们那里来了个男同学,那你赶快猛攻了……"前年的时候,她到我们家玩,都70多岁了,一看她,还是娃娃脸,很显年轻的。

　　记得我刚到莫斯科不久,赵琦就跟我讲,有些苏联女生打听我的情况。因为赵琦是我们几个中年龄比较大的,她当时讲得也蛮有意思的。有个女孩子问赵琦:"你们这里是不是来了一个男青年? 我可不可以和他交一下朋友呢?"赵琦说:"是的,新来了一个,但是他已经结婚了。结婚了那是不能交的,而且交往的分寸也不好掌握。"

　　但是,很多苏联女生不管这些,也不管我们有没有结婚,还是会主动要求交往。后来,我就在我的床头柜上摆一张我爱人邓铭康的照片,要是有苏联女生来我们房间的话,我就先给她们看照片,告诉她们,这是我爱人,我是结了婚的,而且我们感情很好。总之,当时就是自己要先做个声明,省得她们来麻烦。

　　即使这样,也有一些女生还是很主动。记得有一次,我跟佟曾功同志两个正坐在房间里聊天,结果同一层楼的宿舍有两个女的从我们门前过,就对着我们的房间,冲我们两个用俄语讲"我爱你"(Я люблю тебя)。我们当时是听到了的,但是也没理她们,也不认识她们。后来啊,我们就问赵琦是怎么回事情。赵琦说:"是的,她们两个在那里逗哄(起哄),就是打赌看敢不敢讲,讲了以后会怎么样……"

　　苏联女生确实都比较开放,当然,她们也不一定只喜欢中国男生,也会喜欢其他国家来的男生。当时,也有一些女外国留学生会和苏联男生在一起。比如我们这一届,保加利亚送了一个女学生来学习,结果,毕业之后,她跟一个苏联人结婚了,就没有回去了。

4. 中苏"两地书"

　　我去苏联留学四年多,中间一次也没能回来,我和爱人之间的联系完全靠书信。那时候通讯不像现在这么方便,现在我们用电话、用手机,发短信,甚至用QQ、微信这种即时通讯方式就可以随时联系。我们那时写信,不是说写封信给对方,对方收到信之后再写回信,那在时间上不行,因为当时中苏两国之间的信件要在路上走十几天。所以，我们要说个什么事情，就写封信告诉对方，不是马上能得到回信。比如，她那时写信告诉我，1957年武汉长江大桥建成了，当时在世界上也是有名的了。

总之，我们四年多都是靠书信沟通。而且，比较有意思的是，信件之间也没什么联系，只是定期不间断地给对方写信。有的时候，我刚刚回了一封信，又接到了邓铭康新写的信。邓铭康是每个星期六晚上给我写信，主要是因为平时她要上班、要工作，也没时间写信。我写信的时间不固定，接到她的信就写回信，有个什么事情也会写信给她。当时就是靠这样一种两地书来维系我们的感情。

在苏联留学的时候，我的导师也很难理解我的这种情况。有时他就问我，说："你的爱人在家里三四年，这么长时间你也不回去，不见面，能行吗？你是不是没钱？没钱的话，我借给你。"我说："不是的，我们感情好得很呢。"确实是这样的，我们的感情一直很好。

那时每周都要写信，所以我们当时买邮票一次会买得比较多，而且买的邮票面值还都是相当高的，具体数字我不太记得了。邓铭康写信买的都是纪念邮票，信寄到苏联以后，我的苏联同学对信上面贴的邮票是非常欣赏的，大家都争着抢着要。这次给这个人，下一次的预留给另外一个。我寄回来的邮票，也是苏联那边比较珍贵的一些纪念邮票，所以寄回国内时，邓铭康身边的很多人也都很喜欢，抢着留作纪念。

2013年夏天，我们和儿子一家人还去了我当年留学的地方旅游。那是我儿子彭松联系的，他有熟人在旅行社。那个旅游团专门是家庭团，我们家是一个特别的团，因为我们一行是要一起重访我当年留学的足迹。当时的安排非常好，像我和邓老师两个，我们的位置都是固定的，给我们安排的是驾驶员后的两个位子，那两个位子也是最舒适、最安全的。

我这次去主要是陪我爱人邓铭康，陪她到我以前去过的地方走一走，看一看。她的腿不太方便，不可能跟着旅游团一直走，到一定时间，我就陪她坐坐，歇一歇，四处看一看。我们这次家庭出游把我当年留学时去过的一些重要地方都看了，但有些地方，像俄罗斯总统普京办公的克里姆林宫，要爬好高，我们俩就没上去了。

2013 年夏,彭斐章和邓铭康在克里姆林宫前

其他的像红场、列宁墓、圣彼得堡,那些地方我们都去了。除此,还去了两个我以前都没去过的地方,是哪里呢? 古老的俄罗斯农村。那是最老的,那个老式房子都是大木头做的,一般的旅游团是不带着去的,我们当时去看了,感觉还是挺不错的。另一个是圣彼得堡郊区旅馆旁的一个废弃的火车站。

2013 年夏,彭斐章、邓铭康和儿子彭松一家在阿芙乐儿军舰前合影

五、难忘时刻

1. 亲历中苏关系"由热变冷"

1956 年我刚到苏联的时候,我们国家和苏联的关系是很好的。当时,我们莫斯科图书馆学院的党委书记就跟我们讲了,他说:"我们跟中国人的关系好到可以合穿一条裤子的程度。假如说天气冷,我们苏联人穿两条裤子,那肯定会脱一条给你们中国人穿的。"确实,当时中苏两国的关系,那真是没话讲。不过,我们在苏联留学的时候,主要是在学校学习,跟苏联的上层人物接触不是很多,有些情况也不知道。但是,他们普通人对中国人,确实非常非常好。比如,我们平常到食堂打菜、吃饭,我们要是喝汤的话,他们那些工作人员总会给我们中国学生多放一勺奶油,其他人只给打一勺,就给我们两勺,或者更多。另外,学校开会的时候,一般都是按字母顺序排座位的,但是当时中国是个例外。在所有的国家中,按字母顺序阿尔巴尼亚应该是第一个,但是,我们中国当时排在阿尔巴尼亚之前。当时就是这样排的,其他人也没有办法。总之,当时苏联是非常非常重视中国,对中国人也确实很友好。

后来上面关系很紧张,基本破裂了。但是苏联的普通人还是和以前一样对待我们。或许是他们不知道,他们听的消息也少,或许是他们知道了也不管这些,反正还是非常友好的。但是,学校行政这边还是有一些不同,我们也能感受到他们一些"不友好"的做法。

举个例子,当时苏联所有的博士论文在列宁图书馆那里都有收藏,在做论文的时候,我也想借来看一下。有一次,我查到了一篇论文,想借出来看一看,就递了个条去,他们当时就回答说已经借出去了。但是,我知道馆里还有,我同座位的苏联同学递去借条,就能借出来。后来,我就想了个办法,若是我需要借什么东西,就说自己有事去不了图书馆,找一个苏联同学帮我去借,他递条上去总是能借回来。当然,我心里知道是怎么回事,也不会当面去问他们了。

后来,我就跟大使馆汇报了这个情况,但是他们也没有什么好办法。到我毕业论文写完,准备答辩的时候,苏联高教部也是一直以各种理由拖延。我当时跟大使馆说"要不我不答辩了吧",他们说:"那不行,他们不提出来要你走,你就不要走。你要是自己提出来,那他们就更有理由不授予你学位了。"那样一直拖了好久,最后还是在我导师他们的多方努力下,才确定了答辩日期,准予答辩、毕业。

当时我们在苏联留学的时候,平时跟留苏办的副主任陈先生接触得挺多,但后来他因车祸去世,一直也没搞清楚是怎么一回事情。

1990年,武汉大学留苏及东欧国家同学会成立大会(第一排左五为彭斐章先生)

2. 目睹开国领袖们的风采

在莫斯科的中国留学生有什么活动，一般都是在列宁山上的莫斯科大学的大礼堂内进行。列宁山上，不仅有莫斯科大学，而且当时中国驻苏大使馆也在那里，就在距离莫斯科大学一站之遥的甘地广场的友谊厂那边。平常的时候，会借用莫斯科大学的大礼堂放中国电影，而且是从早到晚地放，放一整天。有时，我们国家的领导人来了，要是接见我们留学生，也会安排在这个礼堂。

在苏联留学的时候，我有幸在莫斯科大学的这个礼堂里见到了包括毛泽东、周恩来、刘少奇、邓小平、彭德怀、杨尚昆等在内的多位党和国家的领导人。其中最先见到的是毛主席一行，其后是周总理，最后见到的是刘少奇同志。毛主席接见的那次给我留下的印象最深，影响也是最大，后面我会专门谈到。

见到周总理的那次①，比较巧的是1959年2月7日那天正好是我国的传统节日除夕，所以那次见到周总理，我印象也比较深刻。我国大使馆一早就通知我们到莫斯科大学大礼堂参加舞会，说周总理来莫斯科了，他可能会到莫斯科大学接见我们留苏学生。晚上，周总理果然来了。我们大家都很开心，而且我们知道周总理会跳舞，加上那天正好是大年三十，大家都觉得应该跳舞。所以，当时就递了很多条子邀请总理和我们一起跳舞。后来总理真地和我们一起跳舞了，他舞跳得确实很好，而且很有魅力。这是我第一次，也是唯一一次那么近距离地见他，印象是非常好的。

刘少奇等领导是晚一些时候去的，是在1960年冬天②。那次，除了刘少奇，还有邓小平、彭真、杨尚昆等同志。当时中苏关系比较紧张，出访任务十分艰巨。但即使是这样，他们在这些会议结束后还是抽空接见了我们留学生，那在当时是

---

① 由中共中央副主席周恩来率领的中国共产党代表团1959年1月24日至2月9日在莫斯科应邀参加了苏联共产党第21次代表大会。资料来源：孙广来.世界百年风云纪实·59 第2辑[M].呼和浩特：内蒙古人民出版社，2006：6.

② 1960年11月5日至12月9日，刘少奇、邓小平、彭真、杨尚昆率领中国党政代表团访问苏联，出席在苏联莫斯科举行的64国共产党、工人党代表会议，然后参加苏联"十月革命"43周年庆典。刘少奇此次访苏，一方面是要在重大问题上继续坚持原则，另一方面又要顾全大局，维护国际共产主义运动的团结，同时，还要努力缓和中苏之间的紧张关系。

非常不容易的,给我留下了很深的印象。

3.现场聆听毛主席的报告

在苏联留学期间有过一个非常难以忘怀的幸福时刻。那是 1957 年 11 月 17 日,这个日子我一直记得非常非常清楚。当时是莫斯科的冬季,寒意已经很浓,整个列宁山上银装素裹,灿烂的阳光与白雪相映,显得格外宁静优美。这一天下午六点多钟,我在莫斯科大学礼堂内,现场聆听了毛主席那场非常有名的"世界是你们的,也是我们的……"报告。这一件事情,应该说是在我的生平当中所经历的一段非常难忘的、珍贵的记忆。同时,这也是我整个留苏过程中一个最难忘,也是最幸福的时刻。

事实上,从 11 月 2 日毛主席抵达苏联到 17 日接见我们,中间有两个礼拜多的时间。那时候毛主席到莫斯科是要参加苏联伟大的社会主义"十月革命"40 周年的庆祝典礼。当时总共有来自 64 个国家的共产党和工人党代表团参加了这次庆祝会议,会议期间决定了很多大事情。那个时候,人们对苏联,对赫鲁晓夫确实是很关注,议论也很多,而且不仅仅是在苏联议论,全世界都在议论那些事情。当时,我正在苏联留学,感觉苏联那个时候,也处在一个并不太好的时期,主要是因为它经济上不怎么好,以致其他各方面都不怎么太好。

我记得毛主席到苏联的那一天,我们从广播里听到了毛主席来莫斯科的消息。毛主席的翻译,俄语讲得特别好。翻译是谁呢?她是李富春的女儿,李特特①。她

---

① 李特特(1923—)女,1923 年 2 月 25 日生于法国巴黎,是中共领导人李富春与蔡畅夫妇的独生女。1923 年秋李特特归国。1938 年 4 月底离开双峰前往苏联。1939 年秋入莫尼诺国际儿童院。1940 年夏进入伊万诺沃第一国际儿童院。1941 年底前往战地医院从事护理工作。1944 年考入莫斯科鲍曼工程技术学院。1947 年转入莫斯科吉米辽谢夫农学院学农业,至 1952 年毕业归国。回国后,李特特分配在中国农业科学院,1953 年主动报名去了北大荒。后因中国农科院成立原子能应用研究所而调回北京。李特特运用她丰富的俄语知识,广泛收集苏联原子能应用的研究成果和世界各地在这方面的资料,为农科院建立了资料库。在 1958 年至 1960 年间,她参与与主持了 6 期同位素培训班。1964 年我国第一颗原子弹爆炸成功,她为核效应研究,到新疆戈壁滩上工作了好几年。但在"文化大革命"中遭到迫害,所从事的核效应研究也被迫中断。1974 年从"五七"干校回到北京,在中国农科院情报研究所做情报翻译工作。1978 年被调到中国农科院农业科学研究委员会做科研管理工作。1988 年离职休养。

是在苏联长大的,俄语讲得真的是非常地道,连苏联人都听不出来那是外国人在那里做翻译。我们当时也听了,那真是非常标准地道。我们知道毛主席去了很长时间了,开会也非常忙,当时要决定国际上的很多事务,确实是非常复杂。但是,我们留学生一再地要求要见毛主席,因为这样的机会也非常少,所以大家一直在那里要求。

1957年11月17日,那天正好是星期天,苏联都没有多少人出来活动,所以列宁山上显得特别特别宁静。我们头一天接到大使馆的通知,要求我们在第二天上午9点钟之前赶到莫斯科大学礼堂听报告,通知里没有讲毛主席会接见我们这件事情。但是,与以往不同的是,通知的时候,要求我们除了要带苏联的护照,还要带中国的护照。因为有这么一个不同,我们就猜测,可能是有其他的特别安排。

从我们学校到莫斯科大学礼堂,还有一段距离。我们先要坐23分钟的电气火车,从电气火车站到莫斯科大学还要转一趟车。那天我们很早就到了莫斯科大学的礼堂,到了一看,那里已经有很多人了。大家都以为是毛主席要接见我们留学生,所以从四面八方赶过来。当时,还有从彼得格勒、基辅、哈尔可夫等地赶来的一些同学。结果,大会开始后,驻苏大使刘晓宣布说今天是请陆定一同志给大家做报告。陆定一当时是中宣部的部长,也是毛主席这次访苏代表团的成员。陆定一部长当时做的是一个有关国内国外形势的报告。但是,他讲话有口音,我们听不太懂。陆定一同志的报告内容是很精彩的,不过,说实话,大家那时都没心情听。大家当时都在关注着毛泽东同志什么时候能来,什么时候能见到毛主席。这样的话,大家就不断地给主席台递条子,都是问毛主席什么时候来这件事情。陆定一同志的报告一直到中午才结束。到了中午,大家要吃饭了,但是还没听到毛主席要来的这个事。后来,当时留苏办的主任李滔,出来说:“你们大家还是安心吃饭去吧,我们已经多次跟主席那边联系了,主席今天是有一点儿空,但是他两天都没有睡觉了,一直在那里工作,我们也不忍心打扰主席,还是让主席睡一睡吧……”这样大家就都很体谅了,但是也不知道毛主席睡了以后,到底几点钟到这里来,谁也不知道。

我们大家就一直在那里等,一直等到了下午五点多钟的时候,突然来消息了,说主席一听说是要跟留学生见面,他非常高兴,很快就答应过来。消息一传来,礼堂里顿时就有些混乱,是个什么情况呢?原来大家一开始都是希望坐到前面,但是后来听陆定一报告的时候,大家听着听着听不懂了,就都往后头去了,现在一听说主席要来,那些坐到后头的人就想再回到前面去。但是,当时主席台上就有人讲,不管以前坐到哪里,现在就不能动了,现在坐在哪个位置就是哪个位置。有一条比较特殊,当时前面四排坐的都是军事学院的学员,他们一动不动,始终坐在那里,连吃东西都是轮流去,那真的是很有纪律。

到了下午六点钟的时候,莫斯科大学的礼堂的水银灯突然间都亮了起来,场内顿时鸦雀无声,大家就知道,主席应该马上就要来了。果然,刘晓大使在前面领路,毛泽东、邓小平、彭德怀、乌兰夫、杨尚昆、胡乔木等同志依次走上主席台。领导们在主席台一排坐定后,刘晓大使一一给大家做了介绍,当刘大使说到"毛主席率领中共代表团……"时,毛主席打断了刘大使的讲话,纠正说:"不是中共代表团,是中华人民共和国代表团,副团长是宋庆龄副主席,但她今天有事没有来。"刘大使介绍完后,毛主席指着刘晓大使,接着介绍说:"这是刘晓,是中华人民共和国驻苏联特命全权大使,也是我们代表团的团员。"刘晓大使前面已经介绍了,主席还介绍这个,那也是蛮有意思。介绍完了之后,礼堂里面还不太安静,熙熙攘攘的,毛主席就走在主席台前面,拿起桌子上的凉开水,同大家做个举杯的动作后就开始喝,一边喝一边在主席台继续走,然后走到主席台中央的扩音器前,大家就看到他开始讲话。

毛主席讲:"世界是你们的,也是我们的,但归根结底是你们的。你们青年人朝气蓬勃,正在兴旺时期,好像早上八九点钟的太阳,希望寄托在你们身上。"主席讲完这些之后就没讲了。刘晓大使就鼓励大家提问,但是开始的时候大家都没作声,因为那个时候讲,要守规矩,所以大家当时都不敢提问。这时候,坐在主席旁边的邓小平同志面对大家说:"同学们,你们提问吧,大家有什么问题就问吧,同学们你们出题呀……"他让我们大家出题。这个时候才有同学讲:"请主席讲讲共产主义运动的问题……"因为主席他们是来开 64 个国家共产党的共同会议的,这是一个问题。也有同学讲,"请主席讲讲战争与和平问题";还有同学说,"请主席讲讲以苏联为首的社会主义阵营问题,特别是这个社会主义阵营还要不要以苏联为首"。

毛主席笑了笑,说:"这么多问题啊?"然后,他面带微笑地谈了谈国际形势和这次访苏的心情。他对世界上各国共产党和工人党参加伟大的"十月社会主义革命"40周年庆典活动时所表现出来的团结,表示非常高兴。

在最后的时候,主席讲:"青年人应具备两点:一个是朝气蓬勃,二个要谦虚谨慎。"那天,主席大概就讲了这些,最后他又说:"现在再讲一句:祝贺你们,世界是属于你们的。"这时我们全体起立欢呼,目送主席一行离开大礼堂。

当天,礼堂里面站满了人,苏联人知道之后也有跑去的。据说,当时莫斯科大学的校长事后还对我们留学生管理处讲:"你们经常借用我们的大礼堂,但是你们连毛泽东主席来这里这件事情都不通知我们?"那是不能通知的,若是通知了,估计人会更多,那就真的不得了了。

主席他们离开礼堂后,又去了另外一个俱乐部,因为大礼堂坐不下,那里还有很多人,在那里他提了几点希望和要求,他说:"第一,和苏联朋友们要亲密团结;第二,青年人既要勇敢,又要谦虚;第三,祝同学们身体好、学习好、将来工作好。"之后,他们一行又去参观了一些留学生的宿舍,我们就没有跟着去,出了大礼堂之后不久我们就返回学校了。

应该说,1957年在莫斯科听到毛主席讲话,我对毛主席是很佩服的。毛主席的思路非常清晰,他讲上面那些话的时候,先喝了口水,之后就是一边走,一边讲,一句接着一句地讲下去,也没有像有的人拿着稿子看或者中间停顿一下、想一下再讲。他也不拿什么讲稿,把他讲的话记下来就是现成的稿子,没有什么需要改的,一句话就是一句话。"世界是你们的,也是我们的,但归根结底是你们的。你们青年人朝气蓬勃,好像早上八九点钟的太阳……"他一直讲到"世界归根结底是你们的,未来是属于你们的"这句话为止。我现在想起来,毛主席讲得这段"希望寄托在你们身上"的青年祝福语啊,那确实很有意义。我听了之后,感受是什么呢?就是始终不能忘记主席讲的这个"希望",现在这个讲话已经过去60多年了。但是,给我一个最深的感受就是:听毛主席讲话的时候,我27岁,我觉得我也曾经年轻过。所以,我跟年轻人在一起的时候,我是最高兴的。确实,毛主席那时候对青年真的是给予了很大的厚望。

让我感到幸福的不仅仅是我现场聆听到了毛主席这段希望在青年身上的语录,而是能让我想起那个幸福的时刻,能让我想到我也曾经年轻过。毛主席这段"希望寄托在你们身上"的教诲,虽然过去了 60 多年了,但是给我留下了终生难忘的印象,而且寄希望于青年人的教导是超越时代的,将永远激励着我们一代又一代的青年人阔步前进。

六、博士毕业

1. 论文写作中的一件"怪事"

留苏期间，在我写副博士学位论文的时候，发生了一件比较奇怪的事情。

我和同学们平常基本都在一起，写毕业论文的时候更是如此，所以，每个人写论文的情况大家基本都知道。

记得我在写论文的时候，有一段，也不是个什么专门的问题，但当时就是写不下去。百思不得其解，具体是什么内容，我现在记不清了。大家见了面就问怎么样了？我说还没有解决。

突然有一天晚上，我讲了一段很长的梦话。第二天我的室友别斯巴洛夫，他当时也是在读研究生，我们关系很要好。他说："彭（我在留苏的时候，没有起专门的俄文名字，苏联的人就叫我的简称，彭，英语用 P 代替，用俄文是 Пзн），你昨晚发表演说了。"我说："什么发表演说？"我感觉他是在跟我开玩笑，应该没这么回事。我一般很少说梦话。但当时他说："你不相信，那我放给你听，你看是不是这样的。"他拿出来昨晚的录音放给我，我一听，果然，梦里讲的那一些话，确实是与我论文有关的那个问题，而且是我一直想写进去但感觉不合适就没写进去的那段。他还说："你昨晚讲的那些话，比你平常讲话的语法呀什么的还准确得多，我看这个完全可以放在你的论文里面去。"

当时确实是这样的，他大概是听了我讲的话与论文相关，而且是一句接着一句地讲，听起来感觉还很有条理，开始想记又没来得及，后来干脆就拿出录音机录了，没有一开始就录，是从中间录得，就是那么一段话，也不是蛮长，但是放在论文里面确实很合适。

我后来想，其实那个也不一定是说梦话，为什么呢？因为那段时间我老是想着那个事，所以晚上的时候，可能也是情不自禁地就讲出来了。感觉似梦非梦的,可能就是人们常说的"日有所思,夜有所梦"吧。大概是因为我那时经常想着那个问题,就有了这次特殊的经历。

据说,有人问牛顿:"你是怎么发现万有引力定律的?"牛顿说:"经常想着它。"我大概也是这样的,因为有了这次特殊的经历,所以后来我就跟我的研究生讲:"若是有什么问题不清楚,那就一直想着它,想着想着,或许某天就会有豁然开朗的感觉了。"而且,我相信一个事情,就是若遇到难题,一时想不通,那就不断地想它,想得多了,自然就会有解决的办法了。

2. 延迟的论文答辩

我毕业的时候,因为中苏关系比较紧张,答辩会迟迟没有确定,一直拖了好久。实际是苏联方面故意为难我们,所以,我是过了很长时间才答辩的。

1961 年,彭斐章在莫斯科图书馆学院进行学位论文答辩

我是在 1961 年 3 月 27 日答辩的，那天只有我一个人答辩，进行了一上午的时间。当时在列宁师范学院留学的朴永馨①去了，他当时是我们留学生党支部的组织委员，那天特意去参加了我的论文答辩。

论文答辩时间是提前好久就确定了的，不能随意改变。那时候叫公开答辩，《莫斯科晚报》要提前很长一段时间就刊登论文答辩公告，具体包括论文作者是谁，题目是什么，什么时间，在哪里答辩等这些基本信息。但是当时不写导师信息，意思是欢迎大家参加。

答辩前，我们的论文摘要要铅印 200 份，铅印好后，发到各个相关的单位。比如我曾去做调查研究的、实习过的单位，或者当时图书馆工作开展得比较好的单位。有些人看到报纸上登的公告或者收到寄送的论文摘要信息，专程从外地赶过来参加我的答辩，也不知道他们的经费是哪里来的，反正他们就是来了。

答辩的时候，他们也会提问，我来回答，也就是说，我们答辩的时候要直接接受来自各地方、各单位的人的提问和考验。苏联这一点是很好的，媒体和公众对学术研究都比较关注，也很重视，这就叫作公开答辩，是真正的公开答辩，来不得半点虚假。

答辩通过后，就可以正式毕业回国了。

当时论文要打印四份，给导师留一份，苏联高教部存档一份，这一份就存在列宁图书馆，自己带回来两份。有些人的论文可能涉及国防机密，是带不回来的，回国的时候都查得干干净净。我的这个论文不涉及机密，是可以带回来。带回来的两份论文，其中一份回国时交给留苏预备部转给北京图书馆保存，一份自己留着，但是我自己留的那份，在"文化大革命"时期丢失了。

---

① 朴永馨，1936 年 6 月生，辽宁人，他应该是北京师范大学派出去的留学生。

学 成 归 来
（1961—1966）

一、回到祖国

1. 三个月，三件事

论文答辩通过后不久我就正式毕业，获得了苏联高教部授予的教育学副博士学位。具体动身回国是哪一天，我不太记得了，应该是 4 月初的一天，答辩后，很快办理好了各种手续后就启程回国，坐火车回到了北京。

1961 年 3 月，彭斐章获得的莫斯科图书馆学院教育学副博士证书

1961 年 4 月份回到国内，我感觉国内变化比较大。确实，那段时间变化很大。那时的回国留学生，都没有立即回到原单位，而是先住在北京留苏预备部。当时留苏的人已经不多了，有一些空的房子，我们这些人就住在那里，住了三个月。住在那里干什么呢？主要有三件事情：

第一件事情，要把我们在苏联写的博士论文翻译为中文。翻译完之后，将论文原稿和翻译稿一起交给当时的北京图书馆（现国家图书馆）保存。我的论文还比较好翻译，因为有原稿在，而且在苏联的时候先是手写，写好之后再请打字员打印出来的。我在回国的时候把这些资料都带回来了。有些同学的论文可能会涉及国家机密，在回国的时候都被查得干干净净，所有资料都被没收了，回来再翻译,就相对困难一些。

第二件事情,我们的国家和政府对我们这些留学生真是关心备至,让我们先住在那里,生活上有个缓冲期。因为,1961 年正值我们国家三年困难时期,人们的生活还是很困难的,很多人家里基本没有什么吃的。国家担心我们这些人离开国内那么长时间,现在一下子就回到家里和家人一起生活的话,伙食和生活质量下降得太多、太快,担心我们的身体受不了。所以,当时就要求我们这些留学归来的学生先留在北京,慢慢地,一点儿一点儿地适应国内的现实生活。记得当时我和邓铭康通信,她说当时家里很苦,没什么吃的东西,只能吃大麦粑那些。但是,我们那时在北京还吃韭菜包子、花卷呀这些东西,感觉生活也挺好的,其实那都是国家特意照顾我们。等三个月后我回到武大的时候,感觉差距确实很大。

我刚回武汉不久,在文华图专的一个老同学,和我一起留校的孙冰炎同志请我吃饭。招待我的是她从自家地里摘了的一个南瓜。当时用一个南瓜招待客人已经是非常不错了。吃完之后,她就问我:"感觉怎么样?"我说:"南瓜还不错,就没有一点儿油。"她就说:"你怎么变成这样了?怎么搞得?你这是典型的'修正主义'。"实际上,我也是无意的,因为我心里想,既然是老同学嘛,她问我怎么样,那我就照实说了。其实 1961 年暑假的时候比 1959 年、1960 年已经好多了,确实强了不少。我父亲是 1960 年去世的,当时才 58 岁,据说去世的时候全身浮肿,应该是缺吃的。虽然当时国内人们的生活普遍都比较困难,但是国家对我们这些留学归来的人还是很照顾。比如,给我们的粮票会比一般职工每月多两斤,每月还多给半斤油票作为特殊照顾。还有一个情况,那是在回国不久之后到北京大学合作编写目录学教材的时候,我很快就发现腿开始浮肿,手一按下去就有个印,得过几秒才能恢复,可能是有些营养不良。后来,国家就给我们这些人每人每月一斤豆粉和半斤糖,让我们自己冲着喝,主要是为了补充一下能量。国家当时对我们这一批人是非常重视的。后来,我们也就理解了为什么回国后,国家还要我们在北京再待三个月了,是让我们身心都能适应了以后再回去工作。

第三件事,那时叫"大鸣大放"。把留苏预备部隔离起来,不让外面的人进来,让我们在那里进行思想学习。因为我们这些人出去留学那么久,对于当时国内发生的很多事情,出现的很多情况和问题都不了解。确实,当时在苏联和国内隔那么远，很多事情我们都不知道。苏联那里报纸和广播倒是都有，但都是苏联自己办的，基本接触不到我们国内的东西。不像现在这样，全世界范围内的信息都可以实时看到。另外，家里写信也不可能写那些不好的事情，多是报喜不报忧，尽量写好的了。

因为在国外长时间接触不到国内，国内的很多情况都不了解。当时有很多糊涂观点，有一些人的观点很可笑，和国内的一些东西显得格格不入。所以，我们在北京的三个月里，除了翻译论文和调整伙食之外，还重点学习和了解了一下国内的政治形势和其他的一些现实情况。经常开会，大家互相学习和指导，开展批评与自我批评，你批评别人，别人也批评你。那时批评不是为了别的，主要是要大家有个统一认识，打消那些糊涂观点。当时在留苏预备部那里有个地方，里面有大字报等，我们也什么都可以讲，可以写。按照留苏预备部的领导讲的，"大家有什么问题，都可以讲出来，写出来，把该讲的都在这里讲清楚了，把不正确的观点都留在这里，不要带回单位去。把所有问题都澄清了之后，那就应该有一个统一的认识，就不会在政治上犯不该犯的错误或者出现其他什么意外的状况"。当时大概就是做了这样一些事情后就对我们的工作进行分配。原来是哪个单位来就可以申请再回到哪个单位，也可以变更单位。但是，我没有想过换单位，还是要求回到原来的单位，回到武汉大学图书馆学系。

2. 重回珞珈山

1961年7月左右，我重新回到珞珈山，回到了武汉大学图书馆学系，距离1955年去留苏预备部学习有五年多的时间。得知我那天回来，我们图书馆学系总支书记黄宗忠和王晋卿老师[①]去车站接我。王晋卿老师为什么去呢？因为他踩三轮车，帮我拉行李，行李有几个包，主要是书和衣服。当时我爱人邓铭康也去了。出了火车站以后，我和黄宗忠老师先坐公共交通回学校去了。

当时不像现在，有时会搞个欢迎仪式，那时不讲究这些。直到晚上我才回到

---

① 王晋卿，武汉大学图书馆学系57级（1957—1961）学生，毕业后留校，后调入湘潭大学图书馆学系。

邓铭康在湖北省图书馆的房子里。那时家里也没有什么吃的东西，大家都是单位集体户口。当时按计划定量的粮票、肉票、副食票那些票证都统一发放到单位的食堂进行集中管理。所以，回到家的那天晚上邓铭康就做了大麦羹，就是大麦粉做的糊糊，再有一点儿红薯面加大麦粉蒸的饼给我吃。当时家里确实很困难。

回来的第三天，黄宗忠同志就带我去学校正式报到。当时接待我们的是主管图书馆、图书馆学系的副校长何定华①。对于何定华副校长，我是非常尊敬的。他也是留学归来的，是早期赴日本留学的学生。我觉得他很不错，讲话办事都很干脆。我们去见何校长的时候，他显得很高兴，笑着说："你学成归来了，我们非常欢迎，学校正需要你这样的留学人才。"当时他讲了这些话，目的是希望我能够为学校的发展多做贡献。又说："你是学习图书馆学的，那好，我给你交代个任务。"当时就给我讲了两件事：

第一件事情，他当时给我们总支书记讲了，说彭斐章回来以后主要是搞教学和科研，行政职务不能超过教研室主任。

第二件事情，他要我花一定的时间，详细地把武汉大学图书馆的情况和存在的问题做个全面调查，调查后提出改进的方案汇报给学校，供学校的领导参考。为了让我搞好这个事情，他当时就打电话把学校图书馆的一个负责人（秘书）游惠玉同志叫过来，让图书馆积极配合和支持我的调查工作，提供一切的可能性，说我要看什么资料就给我什么资料，要召开什么会就召开什么会，要哪些人参加就让哪些人参加。总之，就是不要干扰我，全面配合和支持我搞好这次调查，让我充分了解整个图书馆的情况，发现存在的问题，然后提出解决方案和改进计划给他。

何校长觉得教研室主任以上的行政职务管的杂事太多，耽误时间，而教研室主任只管教研室的事情，主要搞教学和科研。这项规定是李达同志来武汉大学

---

① 何定华（1908—2001），湖北蕲州（今蕲春）人。原名方瀚。日本早稻田大学肄业。1933年加入日本共产党。1937年加入中国共产党。回国后，参加中国社会科学家联盟，任常委。曾任中共河南省委宣传部部长、陕北公学教务长、中共晋冀鲁豫中央局城工部科长、宜昌市委宣传部部长。中华人民共和国成立后，历任中共湖北省委统战部副部长、湖北省人民政府秘书长、武汉大学副校长、湖北省第四届政协副主席。

当校长之后实施的。那时候,我们学校职称高一点的人就去当系主任去了。李达同志当了校长以后就规定教研室主任一定要是讲师及以上职称的人负责,助教当教研室主任的都换掉了。我觉得这个规定挺好,这么规定了以后,学校的各个系就都按这个办了。从我们系来讲,按照何校长的指示,我回来不久系里就把我安排到目录学教研室当主任,负责科研。李达校长很重视科学研究,他说教研室就是搞学术研究的。李达是这个观点,何定华也是。从李达来武汉大学后的整个工作情况可以看出,当时确实是这样的。所以,从1961年7月回武汉大学以后,让我主要搞业务,行政职务一直是教研室主任。一直到1972年的"五四"我回到学校,那时"文化大革命"已经过去了,我当了副系主任,而且是管最复杂的教学工作。

何校长很重视科研和图书馆的工作,而且想得也很周到,我感觉他做得很不错。后来我就按他的指示和要求,写了一个调查报告给他。1963年,武汉大学图书馆编印了一个规章制度的汇编,其中的一些措施和规定应该是参考了我的调查报告。

我是以助教的身份出去留学的,学习了四年多回国,回到武汉大学后不久就定了讲师,是学校直接定的,工资由原来的每月60块钱提高到了85块。这个工资水平一直持续到1978年我提了副教授才进行了调整。其间,其他人还提过几次工资,但是我的没有调整,因为其他人开始才50多块,而我那时还是比他们高一些的。

当时,除了科研之外就是搞教学,主要是教目录学、苏联目录学、中国目录学和图书馆目录。

我回到武汉大学的时候,正好是李达任校长,虽然我和他接触得不多。但是,我觉得他非常实际,当时他对学校里的每一个系①,都很重视。每个学期,他都会抽出半天的时间给各个系,让各个系来汇报工作。具体由他的秘书安排,每

---

① 武汉大学原来有文、法、理、工、农、医6个学院,中华人民共和国成立以后的院系调整,工、农、医3个学院独立出去,以原来的文、法、理3个学院为基础形成新的综合性大学。20世纪60年代初,全校设有哲学、经济、历史、中文、外文、图书馆学、数学、物理、化学、生物10个系,除图书馆学系是4年制以外,其他各系均为5年制。

天是哪个系里来,来哪些人。各个系里的人去了就是直接汇报工作,当时图书馆学系的汇报,我是参加的。在汇报工作的时候,系里有哪些问题就直接讲问题,哪些问题需要解决的他当场就给解决,当时解决不了的话,再拿到学校行政办公会去。所以,对李达校长的作风,我是很佩服的。这个不是讲别的,就是很欣赏他的做事风格。

后来我当副系主任、院长的时候,我也是这么个想法。我就觉得很多事情,一个人能解决就一个人解决,就不要去麻烦更多的人。所以,后来我当图书情报学院院长的时候,院里有的学生提出要出国,要准备考托福,我就说你们系里面的主任也好,总支书记也好,包括副系主任、副书记,大家碰到这些问题的话,就劝劝学生,如果学生坚持要去的话,那大家也不一定要再请示我之后再同意或者怎么样。我觉得我们讨论也是这样,若是拿到院系行政会讨论的话,我是主张遵从学生意愿的。

3. 有了孩子

我和邓铭康结婚以后,一直到我留苏回来之后才有了我们的第一个小孩。1962 年,我们的大姑娘出生,取名彭文。彭是我的姓,文是取我的名字里面的"斐"字的下半部分,也就是文章的"文"。后来又有了二姑娘,叫彭立,立是"章"字的上半部分,起立的"立"。第三个是儿子,是"文革"后期生的,当时是叫彭隶,"隶"是取邓铭康名字中"康"里面的"隶"。我儿子上小学后,附小的老师知道情况后,建议我们把孩子的名字改一下,因为"彭隶"的"隶"和"彭立"的"立"虽然字形不同,但音是相同的,后来就把儿子的名字改成了彭松。孩子们的名字就是这样,依照我和邓铭康两个人名字来,基本是一人一半。

大姑娘出生后,开始还好,有我岳母帮忙带孩子,后来就没有了。那时我爱人在湖北省图书馆工作,那里有个阿姨还蛮好,我们就把彭文放在那个阿姨那里,白天在她那里吃饭、睡觉,晚上接回到家里。

那时条件有限,我大女儿在几个地方待过。她在武汉大学幼儿园上学的时候,有一段时间是我一个人带她。那时我一个人在武汉大学宿舍住,有个十平方米的屋子,湖边 2 舍。我一个人带她也是比较麻烦的。一是她是小姑娘,当时还要梳辫子,那我也不会梳,有女老师看见,就会主动过来帮我梳。二是,那时我还要上课、开会、听报告、学习,有时候也忙不过来。周六下午我就得把她从幼儿园接回来。我大姑娘从小就喜欢哭,尤其是小的时候。有时,她从幼儿园一直能哭到我的宿舍,而且她哭的时候眼睛都不睁开,那真是没法。后来我就想了个办法,把一个镜子放到她面前,让她睁开眼看。她睁开眼睛一看镜子里面的自己,哭得不像样,就不哭了,很是有意思。

我儿子彭松,他有一些语言天赋,音质音色都不错,在武汉大学附中高中毕业的时候,他的语文老师鼓励他去报考北京广播学院(现中国传媒大学)的播音专业。当时蛮有意思的,很多人是自己要去考,而他是语文老师让他考,才去考,那时是在汉口考的。报考播音这些专业是需要提前进行笔试、面试的。第一次考试的时候有很多人,他们同班就去了二十几个人,当时是念一下报纸。考完后他也不去看结果,让他们班的同学顺便帮他看,看了后告诉他。最后,他们班那些去看的人没有通过,他没去看,但是通过的人中有他。第一次通过的有六个人,接着是第二次考试。第二次考试面试的时候,还录了像。第二次结果出来后,还有他,这次有三个人。第三次也是面试,当时他抽到一个题目,大致是让他谈谈当时的物价问题。他就讲了他买书的体会,讲完之后,电视台的人让他把那个稿子改一下给他们,可能是觉得他讲得还可以。当时只剩下三个人了,三个人当中,大家还是倾向于要他,因为他是男的,男播音员当时还是比较缺的。可惜后来,出现了一个意外情况,他遇到了一个大挫折。因为当时报名的时候,有一个考生的视力不行,没有通过,就把那个考生的名字去掉了,换成了彭松的,别的都改了,但是报到上面的名单里面没改,所以发录取通知的时候没有彭松。当时看到那个结果,就感觉坏了,到底是怎么回事呢? 我爱人就跟他跑到招生办去问,最后查出是那个原因。实际上是他,他的录音资料什么的都有,前面的考试都是他,后来把这些资料调上去,招办一看,那确确实实都是他。错就错在最后报上去的那个名单没改。

那时我也不认识人,更不认识北京广播学院的。当时时间很紧,我就用四张电报纸发了一封信,发到北广,说明是个什么情况。北广一查,确实是那么回事情,因为当时考试的时候都录了像,而且他们也希望要男播音员。结果出了这个事,那怎么办呢? 也没得办法。北京广播学院那边也还蛮好,说现在湖北已经没有办法了,那只能看最后的录取结果,看看其他地方还有没有剩余的名额。邓铭康和彭松先后去北京跑了四次,到了最后,终于找到了一个名额。这才用那个名额把他录上了。他当时急得啊,简直没法子,后来解决了。他上大学还有过这么一个插曲,他现在在华中科技大学新闻传播学院工作。

二、学科思考

1. 第一次集中编写目录学教材

1961 年，我回国后正好赶上国家"调整、巩固、充实、提高"八字方针的实施。当时，中央派了周扬同志出来抓高等教育，大家都觉得高等教育要改革，要发展。当时还是做了很多事情的。

1961 年 4 月，中共中央宣传部召开了全国高等学校文科教材会议。会议讨论和制订了我国文科的培养目的、课程设置、教学方针以及中文等 7 类专业的教学方案，还有这些专业最亟需的 126 种教材的编选计划。根据文科教材会议精神和教育部领导的指示，北京大学、武汉大学和文化学院三所院校的图书馆学系于当月就拟定出了"图书馆学专业教材编选计划"。随后在北京大学和武汉大学分别进行部分教材的编写，这是中华人民共和国成立后，图书馆学专业首次集中编写教材。

我们系派了我和王文杰老师两人去参加在北京大学进行的目录学教材的编写工作。当时目录学的编写工作由我和北京大学的朱天俊老师两人负责，但也没有说谁是主编，谁是副主编，除了我们俩之外，其他教目录学的老师也在。教材的大纲是大家看了各种资料，集体讨论之后提出来的。大纲确定后，大家就分头行动，按章节进行编写。

那时大家都集中精力编教材。北京大学准备和组织工作做得也很认真，因为除了目录学之外，还有图书馆学基础、藏书与目录、读者工作等其他教材也是在北京大学编写。虽然是集中编写教材，但是大家的观点很难一致，也不太好统一，不能要求谁服从谁的观点，最后再统一按哪一种观点来。但是，当时有一点是统一的，就是无论如何，我们都要按时完成教材的编写工作。

最终，《目录学讲义（初稿）》在 1962 年暑假之前顺利完成，大概七八月的时候铅印出来了。当年秋季开学之后,两校图书馆学系上课的时候就用这个教材,当时大家的反映还是很不错的。

2.感觉图书馆学学科地位低人一等

回国以后以及在编写目录学教材的过程中,我逐渐地感觉到我们图书馆学的学科地位低人一等。为什么这么讲呢? 有几件事情:

一是,我们去北京大学编写教材是在 1961 年 4 月中共中央宣传部召开的全国高等学校文科教材会议中确定下来的,但当时确定的 7 类专业中只有中文、历史、哲学、政治、政治经济学、教育和外语,里面并没有我们图书馆学。

二是,那时很多其他学科的教材在编完之后就正式出版了,但对于我们图书馆学系编写的几本专业教材,当时高教部就没有让出版。他们的意思是图书馆学专业只有北京大学和武汉大学两个学校开设,尽管当时还有文化学院,但是文化学院没打算再办了。所以,让我们两个学校把编出来的教材铅印出来就好,暂时就不出版了。面对这样的结果,我们就有想法了,编写教材是国家统一组织安排的,编写过程中的食宿、待遇什么也是一样的。但是,等教材编写好之后,其他很多学科的教材都出版了,而我们编写的图书馆学的教材就说暂时不要公开出版,这就不一样了。我们当时也提了,争取了,但是他们不同意公开出版,也没办法,只能按他们的安排,把编写好的教材分别在北京大学和武汉大学进行铅印。

还有一件事情,给我的印象也很深刻。1962 年夏天,我作为高考招生工作人员,参加了武汉大学在湖北省的招生录取工作。在查看高考志愿填报情况表时,我们发现全湖北省竟然没有一个人报考图书馆学。按以前每年的志愿填报情况看,这显然是不正常的,不可能连一个报考的学生都没有。我们就去查,查看这到底是怎么回事情。后来查到了,原来问题出在了湖北省高校招生专业目录上,当时的专业目录上根本就没有图书馆学专业。后来他们承认是他们自己的错误,是编写的时候疏忽了,将图书馆学专业漏编了,当时也道歉了。最后,经过与相关负责人的协调和商量,决定在武汉市区录取的学生中,遴选可能对图书馆学感兴趣的同学,征询考生和家长的意见,得到他们同意后再更改志愿。整个暑假,省招办找了四个人,专门征求意见。大家冒着武汉的暑热,奔走于各个考生家里,最后才将当年的录取名额招满。

经过这几件事情,我就感到,当时从国家的一些职能部门到地方机构以及部分社会人士,大家对图书馆学或多或少都存有偏见,对这个学科也不重视。我认为这是图书馆学科建设和事业发展的巨大障碍,我们图书馆学人有必要也有责任进行改变,这也是后来我一直努力提高学科地位的一个原因。

应该说,1961年开始实施"调整、巩固、充实、提高"这八字方针之后,我国社会、经济、文化、教育各领域都有了一些改变,高校的教学科研也逐步走上了正轨。我当时是在武汉大学图书馆学系目录学教研室担任主任,负责日常的教学和学术科研活动。除此之外,从1960年开始,我们系尝试进行开门办学,开设了图书馆学三年制的函授专修科。1962年暑假招生工作结束以后,我和系里的老师会定期去设在全国各地的函授站进行现场授课和辅导,这些工作是符合当时社会现实需求的,也是有意义的。但是,"调整、巩固、充实、提高"八字方针的政策实施之后,逐渐趋于正常、向好发展的趋势并没有持续多久,就被时不时开展的、一些新的"运动"破坏。

3. 山雨欲来风满楼

大概是从1963年5月开始至1964年春节,武汉大学响应中央号召,开展了新"五反"运动①。几乎是同时,教育部和中共中央、国务院又陆续发出了要求高等学校组织师生参加农村"四清运动"的通知②。"四清运动"开始的时候还只是"清工分,清财务,清账目,清仓库"的"小四清"运动,后来则发展成为所谓的"清

---

① 新"五反"运动指反对贪污盗窃、反对投机倒把、反对铺张浪费、反对分散主义、反对官僚主义运动。

② 通知指出让知识分子参加农村"四清运动",是对他们的思想改造、加强他们同劳动群众相结合的最重要、最有效的方式,是促使知识分子劳动化、革命化,提高社会主义觉悟,抵制资产阶级思想侵蚀,防止修正主义和教条主义的一项重大措施。在这种情境下,武汉大学先后组织了三批师生参加农村的"四清运动"。按照要求,参加"四清运动"的师生要在农村访贫问苦,搞"三同"(与贫下中农同吃、同住、同劳动),编"三史"(社史、村史、家史),经风雨,见世面,接受劳动锻炼和阶级教育。

思想,清政治,清组织,清经济"的"大四清"政治运动。

学校组织师生下去搞"四清运动",我们就不能在学校里面上课了。当时搞这些运动也不一定是寒暑假,通知要求去就得去。那时候对教学计划这些执行得不是太严格,搞运动的时间更多一些。

我们图书馆学系是 1964 年 10 月参加的第二批"四清运动",与哲学、经济、中文、历史等系一起,师生一共有 700 多人。当时分成两部分,一部分在孝感县①,一部分在襄阳地区,我们系去的是襄阳。当时我们那部分好像是一个副校长带队,还有一些地方干部也和我们一块儿,我分在一个小队,还是有一定的权力,也做了一些事。"四清运动"断断续续搞了好几年。"文化大革命"后期还搞了几次,1973 年的时候我是和詹德优老师②一起去了蔡甸侏儒区石山公社接受贫下中农再教育。1975 年又去黄陂,参加了"普及大寨县"活动。这些运动多是短期的,一方面我们要参加一些劳动,另一方面也开会,了解情况,还处理一些相关问题。

1964 年 7 月,彭斐章证件照

---

① 今孝感市。

② 詹德优(1940 年 10 月—),男,广东省饶平县人。1963 年毕业于武汉大学图书馆学系并留校任教。历任讲师、副教授、教授,1998 年起担任图书馆学博士生导师。曾任武汉大学图书馆系目录学教研室主任、图书馆学教研室主任、图书馆学系主任。兼任中国图书馆学会第四届编译出版委员会《中国图书馆年鉴》编辑研究组副组长,中国图书馆学会第五届常务理事、学术研究委员会副主任、教育与培训专业委员会副主任。长期从事图书馆学教学和研究工作,主要致力于文献检索与参考咨询的理论与应用研究,主要著作有《中文工具书导论》等。资料来源:肖东发.中国图书馆年鉴 1999[M].北京:北京图书馆出版社,1999:426.

那 些 日 子

（1966—1976）

讲实在话，对于"文化大革命"以及在那段时间发生的一些事情，从我内心来讲，我是不太想多谈的，不希望也不愿意多讨论那些事情。我也不是顾忌什么，只是感觉没意思，觉得"文化大革命"期间发生的那些事情，过去了的就过去了，我们有个正确的认识就行了，其他的就没有必要过分地去讨论了。但是，作为曾经的经历者，我若是不说些什么，总是时不时有人会提起，问我当时的情况，那我就简单地讲一下吧。

一、运动的冲击

1. 从"左派"到"右派"

　　在"文化大革命"正式开始以前，武汉大学搞了一段时间的"教育革命"。当时是教育部布置的，主要是对教学进行改革。大概是 1966 年 4 月左右，湖北省委第一书记王任重依据我们学校哲学系一位教师提供的一些材料，点起了我们武大的"教育革命"之火，成立了以省委书记处书记许道琦为首的武大"教育革命"领导小组，随后各系也相继成立"教育革命"小组。

　　突然有一天，学校就任命我为图书馆学系的"教育革命"小组组长，让我领导系里的"教育革命"。那时也是比较特殊，因为我当时既不是系主任，也不是党支部书记，学校没有任命原来的系主任、支部书记为组长，而是任命我，那大家可能就会有一些想法。可是我也不知道是怎么回事，我是被任命的，按当时的说法，那我属于"左派"。在被任命为"教育革命"领导小组组长后，我主要是负责宣读文件，组织大家学习，学习政策，没有搞什么活动，主要就是跟着搞学习。

　　"教育革命"没搞多久，就接到了《5·16 通知》。《5·16 通知》是 1966 年 5 月中央发出的。随后，"文化大革命"就迅即在全国展开。武汉大学很快也掀起了一股"文化大革命"的浪潮。

　　"文化大革命"一开始,学校一下子就乱了[①]。武汉大学当时受的影响也很大。那时候叫抓"5·16"分子,主要是抓职务比较高的大人物,我们系里没有所谓的"5·16"分子,所以相对还比较平稳。紧接着武大就开始搞"三家村",那是和北京的"三家村"相配合的。1966 年 6 月 3 日,学校召开全校大会传达中南局关于"文化大革命"动员大会的精神,会上宣布珞珈山有个"三家村"[②]。这"三家村"实际上指的是三个人:第一个是校长李达,当初还是毛主席亲自点名让李达来武汉大学当校长的;第二个是党委书记朱劭天[③];第三个是副校长何定华。这个"珞珈山三家村"爆出来以后,全湖北省、武汉市前后有几十万人来武汉大学声援,成天在学校里面游行,一天到晚不得安宁。当时,一般人都嫌闹腾,那像李达他们那些上了年纪的人,整天被闹,那怎么能受得了?

　　"珞珈山三家村"爆出来以后,紧接着在学校里面就形成了大大小小十几个"三家村"。我们图书馆学系"三家村"就不好搞了,为什么呢? 他们的本意是搞党总支书记黄宗忠,副系主任孙冰炎,再一个就是我,计划把我们三个人搞成一个"三家村",可是我当时只是一个教研室主任,连系主任都不是,连走资派的边儿都沾不上。后来他们搞个什么东西呢? 搞了个"资产阶级反动学术权威",这个可以沾上一点儿,但是也牵强得很。

　　"三家村"之后就是"工作队"[④]"革委会"[⑤]"工宣队""军宣队"[⑥]相继进入武汉大学指挥、开展"文化大革命"。当时的武大校园,那确确实实是乱得没法,南来北往,真的是"你方唱罢我登场"。

---

　　① 1966 年 6 月 1 日,中央人民广播电台播报了北京大学聂元梓等人攻击北京大学党委的"第一张大字报",《人民日报》连续发表了《横扫一切牛鬼蛇神》等多篇社论,"文化大革命"迅即在全国展开。

　　② 十日后,全校召开声讨"珞珈山三家村"反动罪行大会,同时省市电台和报纸向社会公布武汉大学揭出"珞珈山三家村"的消息。

　　③ 朱劭天(1917—2010),老红军战士,中国共产党党员。历任铁道部财务局局长、北京铁道学院院长、武汉大学党委第一书记、华南工学院党委书记、广东省政府外事办公室副主任、广东省人大常委,1989 年离休,2010 年 11 月 24 日在广州因病逝世,享年 93 岁。

　　④ 中共湖北省委工作队,1966 年 6 月 20 日进校。

　　⑤ 武汉大学"文化革命委员会",1966 年 8 月 20 日成立。

　　⑥ 1968 年 11 月 18 日,工人、解放军宣传队进驻武汉大学,成立指挥部。

"文化大革命"刚开始的时候，我被安排在学校的大字报馆管大字报。当时的大字报馆设在学校的体育馆里，那时的体育馆没有现在的体育馆这么大。其实我当时在大字报馆也没管什么，主要是做一些杂事，比如哪个大字报在哪个团队，从哪里来的，做分类、登记，类似这方面的工作，做了一段时间。

突然有一天，大概是 1966 年 11 月的一天，出现了针对我的第一张大字报。当时有个学校的领导，他当时还是"左派"，还没被挖出来，我们俩在一起。他也是好心，就悄悄地告诉我："你可能有大字报了，你得有个思想准备，正确对待。"我说："这个思想准备好做得很，我能对付。"果然，过了一天，揭发我的大字报就贴出来了。我当时也不知道大字报上面写了些什么，也没时间去看了。

大字报馆和我们系之间还有一段距离，他们就把我从大字报馆抓了出来，拉到系里去，接受批斗。同时，把我在学校住的那个十多平方米的小单间也抄了。宿舍抄了之后就封掉了，让我住到学生宿舍里去。其实当时红卫兵"抄家"也没什么可抄的了。因为当时和我一起住在宿舍的几个人，我知道他们的家那时候已经被抄过了，所以我觉得他们可能也会来抄我的家。我就提前做了些准备，把一些可能会被抄走的资料就毁掉了，尤其是从苏联带回来的那些资料，包括与邓铭康来往的书信。但是，我当时的书多，还有一些舍不得的资料，他们在抄家的时候，很多很有用很好的资料还是被搞丢了，那是很可惜的。

后来听说一个有些好笑的事情。他们那些工作组当时有个计划，比如什么时间批谁，他的大字报怎么写，怎么搞……总之都有个计划。计划中对我的批判应该是在后面，因为当时还有一些校领导没被揭发出来，但是，当时我们系有个学生，他的"出身"也好，"文革"的时候很积极，愿意出来搞。所以，他就没有按照工作组的部署，很快就把写我的第一张大字报贴出来了。后来，我就觉得好笑，他当时那么着急。大字报出来以后，我就从"左派"变成了"右派"。

2. 图书馆学教育遭到严重破坏

1966 年"文化大革命"开始之后，我国图书馆学教育遭受到了很大的冲击和破坏。全国唯一的两个图书馆学系，北京大学图书馆学系和武汉大学图书馆学

图书馆学家彭斐章九十自述

系，都从那个时候相继停课。教师队伍受到了很大的摧残，一些专业教师下放到工厂、农场、部队，搞"斗批改"。

我们武汉大学图书馆学系，也受到了很严重的破坏。当时，虽然图书馆学系没有宣布撤销，但系里的各项工作自动地就没有了。1966 年开始，招生停止了，以前招的那些学生也都不上课了。当时学校里根本没有什么课上，系里的老师也都不搞教学科研了。有一些上了年纪的老教师在搞翻译，编一些工具书，有的有病在休养，有的到图书馆去了，有的就走了。总之，那时正常的教学科研秩序都被打乱了，当时的情况确实够乱的，让人难以想象。

可以说，从那个时候开始，全国图书馆学教育就全面停顿了，一直到 1972 年恢复招生。

还有一个损失是图书资料的大量散失，这对我们这些搞图书馆工作的造成了很大的损失。我们系当时很特殊，原来的图书资料室是在工农楼那里。结果，"文革"时他们在那里搞武斗，还在里面放枪，晚上也住在那里。资料室当时就被打开了，好多书籍损失了，那时也没办法，谁也管不了。

3. 强加给我的"苏修特务"身份

"文化大革命"期间，全武汉大学大概有 70 多个人曾作为各种名目的批斗对象被批斗过，有被批成"黑帮""三反分子""牛鬼蛇神""反动学术权威"这些名目的，有些还要戴高帽、挂黑牌、游街示众。

从我们图书馆学系来讲，我们这些人当时够不上那些条件，所以没有被大批。不过，当时在全系召开大会，组织了几次小型的"批斗会"，想起来也是可笑。记得当时在主席台前面用粉笔画了几个大圆圈，里面写着"资产阶级右派""反动学术文人""苏修特务"等这些名目。他们当时搞这些是想让一些老师自己正视这个事，但也不一定是完全符合的了。当时他们把我们这些人叫上去，说："你们这些'牛鬼蛇神'，你们自己去对号入座。"

当时，我走上去在那里看了一下，就走开了，没有跟其他几个老师一起。那些老先生，像徐家麟先生，他是一个比较老实的人，当时他就自己找了个位置，站在"资产阶级右派"的那个圈子内了。当时系里留苏回来的就我一个人，他们意思指我是"苏修特务"。他们看我没站，有个人就兴冲冲地过来找我，说："你怎么不去?"我说："没有我的位子。"后来他们就硬把我架到了"苏修特务"那个圈前面，说："这个位置就是你的。"我说："这个是你们强加给我的，我自己是不会主动承认自己是'苏修特务'的。我有我的道理:第一，我当初去苏联留学的时候，武汉市是当时的市委书记宋侃夫签的字，从全国出去的时候是周恩来总理签的字，你们说我们这些出去留学的人是特务，那他们这些签字让我们出去的人是什么呢?"但是，他们当时不听我说的这些，硬是把我推到那个圈内。当时我的头发还比较长，他们抓着我的头发，反扭着我的手，反正就是一定要把我按到那个位置上。

那次"批斗会"以后，我就到理发店把头发剪短了，想着不要留那么长的头发，要不"批斗"的时候他们抓着头发，也不好受，这算是一个小插曲吧。

面对"文化大革命"期间这种无端的批判，我当时是反抗的，我也不会自觉自愿地站到那个位置，那不是我的位子。要让我主动承认自己是所谓的"苏修特务"，那是不可能的，我从来都不会自己屈膝承认。后来，事实证明也是他们自己搞的。所以，"文化大革命"的时候开"批斗会"，有些人那是批得很厉害的，也有打人的，我们图书馆学系，总体还好，也不是特别厉害。他们就是把我们的手反过来，一定要强迫我们站到那些画好的圈圈里面去，要是我们自己不主动站进去的话，他们就有一两个人硬性地把我们按到那个位子上去。当时，差不多就是这样的情况，那些学生他们也不知道，也不能全怪他们，他们也是听领导的。

二、下放劳动

1.三年"劳改"生活

"文化大革命"开始不到半年的时间,全校被打成"黑帮""三反分子""牛鬼蛇神"的干部、教师就有数百人,后来把其中100多个他们认为问题严重的人分三部分组成"黑帮劳改队",强制劳改。

1966年12月,我们100多人①就被下放到武昌县东昇公社②进行劳动改造。那个地方在郊区,距离武汉大学有七八十里路。当时下放到东昇公社进行劳动改造的人当中,有区长或区长以上职位的一些领导干部,也有像我们一样的高校教师,成分比较复杂。我们图书馆学系下放到那里的主要是被打倒的几个老教授和党总支委员,包括皮高品、黄宗忠、我、孙冰炎,还有其他几个,把我们几个一起派去东昇公社那里,实际上就是下放,在那里搞"扎根串连",进行劳动改造。当时我们武汉大学的各级领导,包括校级的、系里的,有300多人,都到那里劳动。蛮有意思的是,当地老百姓很简单,有时私底下里就讨论,说:"一个武汉大学就有300多反革命,那我们国家怎么了得啊?"他们也不管下放的是哪些人,具体是哪一个,他们的意思是我们这些人不应该都是反革命。确实,我觉得他们还是很善良的。

当时,我归在"走资派"的系列,没有和系里的其他老师们在一起。对我们这些人实行的是监督劳动,把我们当作敌人一样对待,做什么旁边都有人看着。当时和我在一起的还有其他系的几个人,我们几个人关在一个地方写材料。这其中发生一些事情,也是蛮有意思的。那时候很多人在那里学习、写材料,他们有时候相互之间会交流,这个跟那个讨论一下,那个跟另外一个商量一下,彼此之

---

① 161人。

② 现属武汉市江夏区。

间会相互讨论。但是,我从来不和他们一块讨论,我都是一个人坐一边,独立写。为什么呢？因为我有这方面的教训,监督我们的那些人后来就会问,说某某某和你讲什么了,某某某说你说了什么……那样讨论来讨论去也没有好处,只会多挨批斗。所以,有了那个教训后,我就自己一个人看书或者一个人在那里写材料,根本不参加他们的讨论。那时候,我每天都写得很快,最先写完交了之后就可以出去了。我是怎么早早写完出去了的呢？其实他们让写交代,但是我有什么东西可交代的？所以我当时就像搞排列组合一样的,今天把这段话放在前面,明天就放在后面,他们开始也不看,一直没发现。后来有一次他们看了,好,糟了,被他们发现了。他们就说你这搞排列组合,每天都写一样的内容,糊弄他们。实际上他们也知道,那些交代材料有什么看的,我确实没有什么可以交代的。

下去劳动的时候,我们和学生一块儿住,一块吃。白天基本都在外面劳动,晚上多是学习、开会,旁边都会有一个红卫兵监管。当时有些人在学校里面,他们得到上面一些信息后就到那里去传递,比如学校里面是个什么情况,国家是个什么情况,也会专门去"造反"。"造反"的时候,也不讲什么政策和道理。那时皮高品先生[1]已经很大年纪了,也要和我们一起去劳动。劳动完了之后,洗澡的话,就从井里打凉水上来直接洗,也不给烧热水,现在当然不会那样,但是那个时候不讲政策。其他的一些情况我就不想多提了。总之,当时的斗争还是很多的,也比较复杂。那时管我们这些人的红卫兵也很年轻,基本都是孩子,也好玩,有时他们就偷懒,委托一个年轻的民兵管我们。那个年轻人也挺好,他一看红卫兵走了,就说:"你们不要喝凉水呢,这里有烧开的开水你们可以喝……"还有就是到了一定的时间,比如劳动回来,有时晚上他见红卫兵不在,也不搞学习了,就说你们睡觉吧,没事的,我帮忙看着。他们这些民兵还是很善良的,他们也不管我们什么问题,当时也是出于本能地想对我们这些人好一些。

---

[1]　皮高品(1900—1998),中国图书馆学家。1900年10月31日生于湖北省嘉鱼县。1921年入武昌文华大学文科学习(1922年兼学图书科),1925年获文学学士和图书科毕业证书。此后历任齐鲁大学图书馆主任,燕京大学图书馆编目部主任,青岛大学和武汉大学图书馆主任,重庆文华图书馆学专科学校教授,浙江大学图书馆馆长兼教授,英士大学教授。中华人民共和国成立后,历任武昌文华图书馆学专科学校、武汉大学图书馆学系教授。

在东昇公社劳动改造了六七个月后,我们就被派去武汉大学襄阳分校。襄阳分校位于广德寺那里,环境不错,距离诸葛亮《隆中对》中的那个古隆也不远。当时那里有个农场,我们就安排在那个农场里面干活,什么事情都搞。有的被安排去种菜,有的被派去喂猪,有的负责砍树,管理树木。我当时在一个小组,被分派到农场的苗圃里面,负责育苗、管理苗圃这些工作,我挺喜欢那种劳动的。

当时农场里面老农们都会育苗和管理苗圃。有个老农挺厉害,他对于苗圃的管理和育苗这些工作有很丰富的经验知识,开始是他带着我跟他一起干,学习了一段时间后,我就可以独自干活了。他人也很好,很多事情都是我们一起商量着做,有时候他遇到问题了也会请我帮他出主意。那时候我跟他学了不少知识,而且建立了很深的感情,后来我要离开的时候,他都不想让我走了。

2. 讲党史课的曲折

1968 年 11 月 18 日,"军宣队"进入武汉大学后,全校各系、部、处、所就开始按军队编制,以连为单位,实行军事化管理。我们图书馆学系是第 17 连,与哲学系、中文系一起组成第四大队。

有一天,有个"军宣队"的负责人找到我,说:"给你个任务,你给我们那儿上堂党史课吧。"我说:"我是学图书馆学的,怎么让我去讲党史课? 而且我平时都要劳动,也没得时间备课,很难集中精力上台讲课。"当时他也不管这些,非得让我讲,还说:"你是老讲师了,从学者角度讲,那你当然是很高的。从党内来讲,你1955 年就入党了,已经是入党多年的老党员了,而且看你平常也喜欢马列主义这些,我们讨论过了,就由你来讲。"

我推托不过,就硬着头皮去准备了。在休息的时候,我找了些资料,备好了课,讲了一堂关于"百团大战"的党课。当时讲得还是很好的,学生们也挺满意。

但是,没想到讲完不到一个星期,我就被批判了。为什么呢? 因为"百团大战"是彭德怀领导的,而他在"庐山会议"后就已经被打倒,"文化大革命"期间更是受到无情的批判。我当时正好讲"百团大战",他们就说我是彭德怀的同党,企图为彭德怀翻案。

我当时觉得对我的批判很不合理,我很是冤枉。我心想当初我不想讲,是你们非得要我讲,讲了之后你们又来批判我,这是什么道理? 另外,我讲的"百团大战"的那些东西,资料是我找来的,也不是我自己编的,况且那些材料都是有真凭实据,一般的材料我也不会拿来用,不论怎么说,至少"百团大战"是历史事实。可是,当时他们不管这些,也不讲道理,要你讲的时候你就得讲,讲了之后他们想要批判你就批。

对我的批判主要是 1966 年 11 月我的第一张大字报出来在武大校园内,以及1969 年底以前在襄阳分校的时候,后来就基本没有了。

3. 中断了与家的联系

刚开始下放到东昇公社的时候,我们基本上不可能与家里联系。那时候,我在"劳改队",实行的是全封闭管理,不许把劳改情况告诉别人,收发信件也会受到严密的控制。所以,在我下去劳动的时候,有很长一段时间就和家里没有了联系。邓铭康写信到系里,也没人回复,她也不知道我去哪里了,我也没有给她写信,即使想写当时也写不了。后来到了襄阳分校,情况稍微好了一些,有些人过年的时候还允许回家,但我回去得特别少。为什么呢? 一是,当时回家要请假,很麻烦,感觉没有必要;二是那时候到处都很乱,回去了也不能怎么样,或许还会增加许多不必要的麻烦。

那时,不讲政策,我们在东昇公社下放劳动的时候,我们的工资每月只发 20多块钱,有的时候只发 12 块,差不多刚够吃饭的。当然,下放的时候,拿钱也没有用了,又不能够买东西。

有一次,和我们一起下放的一个老师病了,吐血。按当时的政策,这个老师是不能坐卧铺回去的,而我当时是老讲师,按那时的工资待遇是可以坐卧铺的。他们就做工作让我回去,说我好久没回去了,给我放个假让我回去,实际上是他们想让我带那个老师回去,让我买票,给那个老师用,还说我工资高,可以报销,那个老师不能报。后来,我就买了两张卧铺车票,和那个老师一起回武汉了。上车的时候也不能讲那个老师有病,讲了人家会不让上车。路上的时候,若是他吐血了,我就悄悄地倒掉。当时就是这样一个情况,按政策我是可以报销,但那时不讲政策,讲的话,实在也是水平太低。我后来也没报销,当时也不在乎那些东西,只是感觉他们不讲政策,有些乱。

后来到襄阳分校也是这样,我们的工资,只是发很少的一部分,其他的发了也是交到他们那里去,他们负责安排我们的伙食。不过,剩下的工资还是都在的,当时他们只是把我们的工资截留了,并没有拿去做其他的事情。后来,我们回到学校之后,"革委会"就把当初存留的工资都发给我们,那样我们一下子就有了一大笔钱①。说实在话,"文化大革命"的确给我们带来了太大的影响。现在回想起来,那时候真是可怜。当时困难的时候,像皮高品教授,他是老教授了,才有资格拿到票,才可以去商店买最好的饼干,其他人有钱也没用,因为是得不到票的,那个时候,也真是困难。

---

① 据邓铭康老师回忆,当彭斐章先生把这笔工资拿回家的时候,邓老师首先就去买了一床大被里,不是被子,是被子的里,也就是现在说的被芯。邓老师还提到,1967年有一次彭斐章先生回家,当时家里连盖的大被子都没有,还是邓铭康老师向她同事借了一床大被子,才凑合盖着过夜。因为以前他们都是分开两边住了,家里只有一床很小的被子。

三、返校的窘迫

1."斗批改"与"斗批散"

"文化大革命"这段时间的节点不一定是一个接一个的。1969 年 10 月到 12 月期间,根据中央精神,武汉大学组织了若干(14 个)各类教改小分队分赴襄阳、黄石等地参加劳动和进行"斗批改"。名义上说是"斗批改",实际上还是"天天读"、开"批斗会"和劳动改造那一套。参加图书馆学教改小分队的去了离襄阳分校十多里远的襄阳县①泥嘴公社牌坊大队,搞教改调查。

在襄阳分校的时候,武汉大学也招了一些学生,但不是我们图书馆学系招的,是经济系等一些系招的。当时招的是工农兵学员,他们是两年制的大学生。那些学生参次不齐,高的很高,低的很低,总的来讲是好学生少,差学生多,有些根本就不能叫大学生,那写出来的字都看不清楚。他们上大学的时候也没有读什么书,上课是辅助的,当时主要是闹革命,参加运动。当时有句话讲"学好数理化,不如有个好爸爸"。那确实,有个好爸爸,写个条子,想到哪里就可以到哪里,想上哪个大学就可以上哪个大学。

后来又开始搞"上管改",即"上大学,管大学,改造大学",主要是学生管老师,学生改造大学了。

那时候在武汉大学里,各种声音都有,尤其是图书馆学系和生物系,喊声一片,喊着要解散这些系。图书馆学系当时主要有两种声音:一种是主张不解散的,以那时讲的"三代人"为代表,有老资格的皮高品先生,党总支书记黄宗忠,以及王远良。王远良后来没在系里,去武汉大学图书馆工作了。当时他们三个是最坚定的,主张保留,但是他们也没有谈出什么具体的改革措施。其他人,

---

① 现襄阳市襄阳区。

包括我在内,态度并不太明显。但是,我基本上是不主张"斗批改"的,改什么呢? 因为从 1966 年开始就都停了课,停了那么长时间,都五六年没有搞了,到底怎么改呢? 当时也确实不知道怎么改法。"斗批散"呢,我也不完全主张,只是想按那时的那个情况,不招生,老师也没办法上课,整天"停课闹革命",还不如散了吧。当然了,"斗批改"也不单纯是那样。当时,生物系也和我们图书馆学系类似,到底是"生物系"是还是"死物系",大家议论也很多。

结果,来年 7 月左右,图书馆学系就被迫散了,因为"文化大革命"前招的学生陆续毕业离校了。"文化大革命"开始后就停止招生,没有新的学生进来,那系里就基本没有学生了,也就没法上课了。多年来逐步形成的教师队伍很快散失了,当时老师们也是,没办法教书,只得去其他地方,一部分教师调离了武汉大学,一部分教师转了行,干别的去了。所以,后来恢复工农兵学员招生的时候,我们图书馆学系就比其他的系晚了两年,本来是从 1970 年开始的,我们系是 1972 年才招生。为什么呢? 大家意见不统一也是一个方面的原因,最主要的是"文化大革命"对教学秩序的破坏太严重了。

2. 返校编校史

"文化大革命"在武汉大学具体什么时候结束,这很难说,但我是 1969 年底从襄阳分校回到学校的。为什么回来呢? 当时是红卫兵、"革委会"他们让我回来的。也不是单独让我一个人回来,大概是我们这些人没有什么问题,也没有其他的什么事了,就让我们分批分期地回来了。但是,也不是所有的人,像我们图书馆学系当时就只有我一个回来。我这次回来之后,就不再下去劳动了。以前回来是要请假的,而且开始管得很严,请假也不太准。后来就比较宽松了,相对也自由了许多。

从襄阳分校回到武汉大学以后,安排我到学校的宣传科,参加编写校史。当时学校成立了一个专门的编写校史的小组,一共有五个人,组长是原教务长孙祥钟老师①,他后来是生命科学院的生命科学家。当时我们老中青三代人在一个办公室里,大家分工负责,工作环境氛围还挺好,也挺有意思。从那以后,我也没有再受到过什么批判。在编校史的过程中,除了基本的历史资料的搜集和调查研究外,我们还进行了不少抢救性的工作,去实地采访调查。当时主要是采访了一批老同志,请他们谈一下学校发展的历史情况。他们很多人挺好的,也愿意讲。我们做好记录,编校史的时候都能用得上。若是我们当时不去了解那些情况的话,那些人说不定哪天就被打倒了,或者干脆就不在了,那对于学校校史的编写和发展来讲也是一种不小的损失。我在编校史时,是全程都参与了的,一直把校史编完,交了上去,才算完成,想着总不能半途而废,工作总要告一段落。校史编完之后还出了一本正式的校史书籍,我还收藏了一本。后来一次又一次地编写校史,应该还是用到了我们那时编的那些材料,当时编的校史还是起了作用的。

3. "系办馆"

从1969年底,我回到学校到宣传科编校史,一直到1972年4月份。当时,学校宣布恢复图书馆学系,就通知我回图书馆学系里工作,一天到晚地催,让我回去。

"文化大革命"开始后,我们武汉大学图书馆学系里的老师流落各处,有7个在学校图书馆工作。当时决定恢复招生了,学校就把各地方的老师抽出来,让他们回到系里继续教学。

1972年"五四"那天,我回到了图书馆学系里。回去以后,事情就多了,让我担任副系主任。何定华副校长在我刚从苏联回国时给的几个指示,比如"行政职

---

① 孙祥钟(1908—1994),安徽桐城人。著名生物学家。孙祥钟为现代教育家孙闻园次子。1929年桐城中学高中毕业,考入武汉大学生物系。1936年,赴英国爱丁堡皇家植物园留学深造,专攻植物分类学与园艺学,后为该园终身会员。抗日战争爆发后,他毅然返回祖国,孤身在四川省的崇山峻岭间进行艰苦的植物学考察,同时积极参与进步爱国运动。中华人民共和国成立后,他一直在武汉大学任教,先后担任生物系主任、武汉大学教务长、校党组成员、党委常委等职,担任武汉大学教务长达10年之久。他是中国水生植物学的奠基人,亲手创建了武汉大学植物标本室。1976年起,他受命担起重整武汉大学生物学系和中科院武汉植物研究所的重任。

务不超过教研室主任"的规定就不起作用,说那个规定已经过时了,实际也没过时。当时,副系主任的工作比较多,任务也就重了,一个任务是要管系里的教学,再一个还要管学校图书馆的业务。

北京大学和武汉大学图书馆学系都是 1972 年开始恢复招生的,但办学模式不太一样。1971 年的时候,武汉大学图书馆学系和图书馆合并了,1972 年恢复招生,当时采用的是"系办馆"的模式。当时是这样的情况:学校里考虑到我们图书馆学系的力量比较强,比如让我们系里的教研室主任去当图书馆编目部的主任,那编目部的主任他们在业务上也不一定都能超过我们。所以,我们系里的老师去管图书馆,他们图书馆的工作人员是心服口服的。另外,从图书馆角度来讲,他们也愿意让我们系里的老师去,因为系里去的这些人,业务能力都很强,到那里去当馆长、副馆长的都有。当时这样做,主要是为了避免图书馆学专业理论教育与图书馆实践脱离的弊端。我当时是副系主任,相当于副馆长的职务,既要管图书馆学系的教学工作,也管图书馆的业务工作。

记得有一次,北京大学图书馆学系党总支书记郝克明到武汉大学来调研,是我接待的她。她是胡启立的爱人,胡启立还是很有名的,他是陕西榆林人,后来是团中央的书记处书记。郝克明不是学图书馆学的,她来到武汉大学,我们交流的时候,她说北京大学和武汉大学的改革是两种模式,北京大学是"馆办系",北京大学图书馆办图书馆学系,武汉大学是"系办馆",图书馆学系管图书馆,这是两种不同的模式,她讲得挺有道理。

但是,我觉得两种体制都不行,感觉不管是"馆办系"还是"系办馆"都不切实际,因为基本上都是脱离自己的本职工作,那并不太好,也不太科学。后来,"文化大革命"结束不久,这两种办学体制很快就被调整了,馆、系就分开了,武汉大学具体是什么时间分开的,我记不清楚了。

当时我是副系主任,系里的工作,主要是负责录取招生、学生工作、教师的学习等方面,当时还要参加学校里组织的其他一些活动。招生方面,1972 年恢复招生,当时招的是工农兵学员。这一年是从湖北、山东、陕西和东北这 4 个地区招的,每个地区 10 个人,后来湖北多招了 5 个,一共 45 个人。为什么是这 4 个地区呢? 因为以前这 4 个地区的学生报考我们武大图书馆学系的人多,后来一直也都有联系。我当时是到陕西西安去招生，在西安待了一个月，去了华清池和其他一些地方，那时候还经常去华清池洗澡。

1972年招来的这一班学生，情况也比较特殊。有一些学生以前是在具体工作岗位上从事实际工作的，在实践工作中得到了一些锻炼，有实践经验，有的没有。文化水平方面，彼此相差很远，有的学历高，有的学历低，非常不齐。从东北招的那10个人，都是生产建设兵团的，他们这些人很多都是"老三届"，水平都比较高。像王知津，他当时在那个班里，各方面都挺突出。运动会的时候，他跑百米，很快，挺为系里增光的。那个班，除了王知津以外，还有赵继元、刘荣、郭殿君、王振玮、武树清、谢亚芹、李济新、刘烈、王丽云、邢双全他们这些人。尽管学生们文化水平不齐，老师们教课还是很认真的，也有很多事情要做。我当时住在学生宿舍，早上还和他们一起做早操。当时还组织编写了一些教材，因为停了那么长时间，不编教材的话没有教材，没有教材那怎么上课呢？1974年，我带这个班的一些学生去了湖南省株洲、醴陵那些地方，当时也不是调研，而是搞开门办学。

1972年后，除了系里的工作，我还要管图书馆的业务。图书馆的业务很多都很具体的，当时连坐班这些也要管，管起来麻烦得很。我记得有一件事情，是关于采购书的。搞图书馆工作的都知道，图书馆采购图书，尤其是有些大型的书是不能够错过订购的，错过了的话，那以后再想买，一般是很难买到的，也就是说错过了当时的采购，以后再想补都补不回来。那时恢复招生后不久，正好有一套大型的书出来，我在图书馆那边负责采编业务，觉得那套书图书馆应该购买，就到学校去汇报，说那套书必须拨钱去买。当时学校后勤、财务这些部门是"军宣队""工宣队"的一些人负责。我就跟他们讲道理，讲明若是他们同意的话，那就签个字拨钱购买，若是不同意拨钱，没有买的话，那没买的责任在他们，不在我。他们听了我讲的，后来商量后就同意拨钱购买了。我当时就觉得，图书馆的有些工作，推也推不掉，也没法儿推，那到时候没有买的话，还怪我，他们要是写个字据什么的东西，放在我手里，那以后查起来，我也能说得清楚。

当时，虽然武汉大学已经恢复办学了，但是当时"工宣队""军宣队"那些组织机构还在学校。当时学校的管理是校方、"军宣队"和"工宣队"几方力量，关系比较微妙，但主要是"军宣队"和"工宣队"负责。有一些"工宣队"的人，文化很低，管理水平也很一般，有些人还不错，有工人阶级的良好品质，各方面都比较好。各个系的情况也不一样，有的是"工宣队"负责，有的是"军宣队"，有些虽然是以"军宣队"为主的，但是原来的党总支书记也在，开会的时候，也要参加。有的干脆就是以原来的系主任为主，但"军宣队""工宣队"的人也在里面，发表各种意见。当时体制不统一，也没办法统一。图书馆学系是"军宣队"的人负责管理。这样的话，一通知开会，双方都参加，原来的党总支书记黄宗忠也在系里工作，会议他也参加，"军宣队"的人也去，总之关系很微妙，这种情况大概持续了一段时间。当时，虽然有这样一些人在系里面领导，参加系里一些问题的讨论，发表一些看法，但是，系里的工作也都在慢慢展开，一直到"军宣队""工宣队"退出学校。1978 年，就正式恢复全国统一高考了，恢复高考后的第一届大学生就进来了。

4. 终于结束了

1976 年有很多很大的变故，先是 1 月 8 日周恩来总理去世，他是那年最早去世的国家领导人。周总理去世以后，各种祭奠活动比较多，最有名的要数"四五"天安门事件了，当时很多人写了悼念他的诗。那个时候，我正好在北京出差，4 月 5 日当天下午，我坐车从天安门广场前经过，还特意下去看了一下，看了很多东西。当时我也年轻，好多事情都愿意看一看。当时，有好多人在那里，有好多的花圈、悼念对联、纪念诗词，那些挽联和诗写得都是很好的。我看了一会儿就没在那里了，至于后来发生了什么事，我就不知道了。周总理，那确实，大家都尊敬他。2016 年上演的电视剧《海棠依旧》，演得很好，很真实，周总理确实就是那样的。

"四五"事件过去没多久，朱德同志去世了[①]，紧接着就是唐山大地震[②]，9 月 9 日毛主席也去世了。那一年我们国家真的是发生了许多大的事情。这些伟人去世之后，各个地方的人都自觉地悼念。那时这点是比较突出的，大家对毛主席、

---

① 7 月 6 日。
② 7 月 28 日凌晨。

周总理、朱德这些伟人，从心底是很敬重的。当时人们在思想上还可能有各种各样的想法，有一些人好像对国家失去信心了，那时这样的人还是有不少的。当年，像毛主席、周总理、朱德他们去世的消息，我们都是通过广播、报纸这些公开途径得到的。因为我在苏联留学的时候见过毛主席和周总理，还现场听到过毛主席的讲话。所以，对于毛主席去世，当时也是有一些想法的，感觉像他那么伟大的人，不应该是那样就结束了。但生老病死，也是没有办法的。

毛主席去世没多久，"四人帮"就被粉碎了。粉碎"四人帮"这个消息怎么知道的呢？当初和我一起在苏联留学的同学吕济民，他当时在文化部工作。粉碎"四人帮"的时候，他正好要来武汉开会。因为是文化部的会议，所以关于"文化大革命""四人帮"的那些事情肯定是没法避开的。在粉碎"四人帮"之后，会议上的那些发言资料、报告什么的调子都得改。粉碎"四人帮"的第二天①他来到武汉，主持完会议以后，就找到我说要聚一聚。当时他也没有讲什么事，只是说："老彭，我大概十二点的时候来找你，你叫上和我们一起在苏联留学的卢振中，咱们三个一起去喝酒，要喝好酒。"我说："好啊，好酒我有，我有两瓶珍藏的茅台。"后来他就来了，我们三个就一起去喝酒。在喝酒的过程中，他就告诉我们说中央把"四人帮"彻底粉碎了，是怎么怎么一回事。我们知道粉碎"四人帮"这个事情，当时高兴得不得了，我们三个一边喝酒，一边聊，不住地感叹，真是太好了！我自己内心感觉也是非常兴奋，想着真的是太好了，真是一件利国利民的大好事，确实值得我们喝酒庆祝。粉碎"四人帮"后，"文革"就彻底结束了。

"文化大革命"结束之后，先是"两个凡是"，1978 年随着各种拨乱反正的工作和会议不断推进，科学的春天就来了。

5. 面对"文革"困境的法宝

面对像"文化大革命"这样的人生低谷，一个人有无坚定的理想信念是很重要的。"文化大革命"持续那么长时间，期间发生了那么多难以想象的事情，但我

---

① 1976 年 10 月 7 日。

从来没有绝望,也没有对生活和未来失去信心。那时候,有些人一时想不开,就自杀了,或者怎么样。而我一直能够坚持,这是为什么呢？就是因为我的理想信念,对党的信念,对未来的信心,我总是不相信一直会那样下去。我始终相信,总会有出头的一天,不会一直是那样的,这点我是肯定的。那个时候讲,要相信群众、相信党,我始终相信这一条,所以我的信念是坚定的,而且始终是这样的。

就像现在习近平总书记讲要"牢记使命,不忘初心",即开始是什么样,以后还是什么样。我是1955年1月入党的,也算是受党的教育比较早。所以,我始终相信,"文化大革命"期间发生的那些事情不可能一直是那样的。比如,"文化大革命"的时候,他们说我到苏联去留学就是"苏修特务"？可是,我出去留学,武汉市是市委书记宋侃夫签的字,全国的话是周恩来总理签的字,若是我是不好的,那我怎么能出去呢？而且我是到那里学习,学成以后回来的,怎么就是"苏修特务"了？没有道理嘛。虽然当时他们那样强迫我,我也没有办法反对,但是我总觉得"文革"那样做是不对的。即使他们总那样做,但是我总觉得不会持续太长时间,我当时就是这么想的。那时候我不相信,他们说打倒哪个人,那个人就是应该被打倒的。其实那个时候,只要有人提出要打倒某个人,看似被打倒了,实际上是打不倒的,我知道那是打不倒的。虽然那个时候看似他们把那些要打倒的人从某个位子上拉了下来,因为那时候他们有权嘛。现在讲,"不忘初心,继续前进",这个是对的,就应该是这样的。

在人生低谷或心情不好或者一时想不开的时候,我主要是通过看书看报、转移注意力这些方式排遣内心的不良情绪,就是不要总想那些不好的事情。"文化大革命"的时候,虽然可以看的书不多,但是也有一些。另外当时有劳动,像我们,劳动也是有事情做了。反正,我觉得能够有事做就不错嘛,就努力做吧。即使是下去劳动也要劳动好,再说了,当时除了劳动也没有其他事情做,那怎么办呢？既没有书看,也没有其他事情,那就把劳动做好。我小时候虽然没有做过农活,但是"土改"的时候,我还能挑个百八十斤的。别人要我们做,那就必须要做,不然怎么办呢？"文革"时间那些轻微劳动也不是从来没做过,即使没做过,也见过,我对农村的那些东西还是很熟悉的,不会不认识哪个是麦苗,哪个是韭菜。总之,十几年如一日的我就是这样坚持的,内心有着坚定的信念,而且这种信念是不会变的。

科教春天
（1976—1984）

一、拨乱反正

1. 迎接科学和教育的春天

1976 年 10 月 6 日,中央一举粉碎了"四人帮"。此后,在我们国家的历史当中,经历了一段拨乱反正的过程。具体什么是拨乱反正呢?邓小平同志有个说明,在他的《邓小平文选》中有明确的表述,说"我们现在讲拨乱反正,就是拨林彪、'四人帮'破坏之乱,批评毛泽东同志晚年的错误,回到毛泽东思想的正确轨道上来"[1]。

当时基本情况是,中央领导同志一发言,随后各级各类机关单位就召集大家进行学习和讨论。开始主要是对"四人帮"炮制出来的所谓的"两个估计"的批判。什么是"两个估计"[2]呢?它的大概意思就是说过去培养出来的知识分子基本上是资产阶级的了。显然,这个估计就是一个错误。这个错误啊,影响是很大的。因为有了这个基本错误,其他的那都是错误的,就没有办法了。对"两个估计"这个错误的批判以后,就可以很好地理解邓小平同志在全国科学大会和全国教育工作会议上明确指出的"知识分子是工人阶级的一部分",这一点是很重要的。确实那个时候大家对知识分子也是很贬低,所谓"臭老九"了。在全国科学大会开幕式的讲话中,邓小平同志明确指出:"知识分子是工人阶级的一部分,是

---

① 邓小平. 邓小平文选(第二卷)[M]. 2 版. 北京:人民出版社,1994:300.

② "两个估计"是一九七一年张春桥、姚文元在修定《全国教育工作会议纪要》中提出的,即:解放后十七年"毛主席的无产阶级教育路线基本上没有得到贯彻","资产阶级专了无产阶级的政";大多数"世界观基本上是资产阶级的"。这两个完全错误的估计,使广大教师以至广大知识分子长期受到严重压抑。一九七九年二月十七日,中共中央根据中共教育部党组的报告,决定撤销《全国教育工作会议纪要》。资料来源:邓小平. 邓小平文选(第二卷)[M]. 2 版. 北京:人民出版社,1994.

为人民服务的教育工作者,是最崇高的革命的劳动者……"①这是在会议上明确指出来的,这就进一步清除了知识分子问题上的"左"的错误、"左"的影响。这些会议以后,学校和系里当时主要就是进行大量的学习和讨论中央的这些文件和精神。

这段时间的另外一件大事就是批判华国锋同志提出的"两个凡是"以及进行"实践是检验真理的唯一标准"问题的讨论。因为"两个凡是"的观点和我们坚持"实践是检验真理的唯一标准"是矛盾的。所以,要以"实践是检验真理的唯一标准"为标准,搞好教学和科研。那时候,凡是对于这些"左"的、错误的东西,都要从教材中清除。当然,当时基本上也没什么教材了,因为从1966年"文化大革命"一开始,学校都停课了,教材也没有多少适用的了。

可以这么说,粉碎"四人帮",经过一系列的重大会议和讨论之后,我们国家迎来了科学的春天。我国图书馆学教育,武汉大学图书馆学系也是这样的,可以说是进入了一个新的发展阶段,呈现出蓬勃向上的景象。同时,这段时间也是武汉大学图书馆学系及成立图书情报学院后发展的最主要的时期。在这以前,文华图专和并入武汉大学后的图书馆学专修科、图书馆学系,规模都很小,真正发展是从成立武汉大学图书情报学院那个时期开始的。

2. 沈祖荣先生的追悼会

"文化大革命"开始之后,全国高等学校教师队伍受到很大的摧残,从我们图书馆学专业来讲,也是受到了很严重的破坏。像北京大学图书馆学系的王重民

---

① 会议原文如下:在社会主义社会里,工人阶级自己培养的脑力劳动者,与历史上的剥削社会中的知识分子不同了。在我国社会主义改造的过程中,毛泽东同志曾经指出过,从旧社会过来的知识分子,有一个依附在哪张"皮"上的问题。在社会主义历史时期中,只要还存在着阶级矛盾和阶级斗争,知识分子就需要注意解决是否坚持工人阶级立场的问题。但总的说来,他们的绝大多数已经是工人阶级和劳动人民自己的知识分子,因此也可以说,已经是工人阶级自己的一部分。他们与体力劳动者的区别,只是社会分工的不同。从事体力劳动的,从事脑力劳动的,都是社会主义社会的劳动者。资料来源:邓小平.邓小平文选(第二卷)[M].2版.北京:人民出版社,1994:89.

先生，在他身上发生的事情，当时我们都是不知道的，是后来纪念他的时候才知道。一个原因是当时通讯不像现在这么方便，另外一个原因是当时停课了，各个学校之间也没有什么联系，不像现在，有个什么事情，大家很快都知道了。

从我们武汉大学图书馆学系来讲，好多专业教师当时都受到了不同程度的迫害，像系里的几位老先生，徐家麟、皮高品、黄元福、吕绍虞，他们也都未能幸免。

文华图专的创始人之一的沈祖荣先生，在"文化大革命"结束没多久就去世了①。沈祖荣先生的追悼会是 1977 年 3 月 8 日召开的，由我主持并致悼词。那一次追悼会，也是很特别的。当时"工宣队"的一些人还在学校里面，他们不了解情况，也不知道沈祖荣先生生前的那些事情。所以，实际上当时追悼会的规模是很小的，地点就在亭子间那里。但是，为什么武汉大学那么多重要的人物都去了呢？因为，当时很多人不知道党对知识分子的政策到底是什么样的②。所以，当时很多人都去了，送了花圈、祭帐（挽联）那些。悼词是由傅敬生③、廖延唐和我，我们三个人拟的，对沈祖荣先生"清白正直、成就斐然的一生……"的评价，也是我们三个人在讨论的时候定的，当时"工宣队"一般不考虑这些事情。开会的时候为什么是我去念悼词呢？因为系主任黄宗忠的湘乡口音，一般人听不懂，那也是没有办法，也不能由书记去弄了。我当时是第一副系主任，搞教学也搞得比较多，所以致悼词就由我去搞了。

2009 年 8 月 1 日至 5 日，我和邓铭康到庐山访问了沈祖荣校长的故居，还与老校长沈祖荣先生的女儿沈宝媛、女婿林念祖在沈先生庐山故居前合影。

---

① 1977 年 2 月 1 日清晨。
② 可能是想通过这次追悼会看看动向。
③ 武汉大学图书馆学系 58 级（1958—1962）。

2009年8月,在文华图专老校长沈祖荣先生庐山故居前合影

3. 打破"旧制"，招贤纳士

武汉大学图书馆学系的拨乱反正，我觉得有这么几个方面：第一个方面，把过去单一的学科专业形式打破了，专业的办学点增多了，开启了多学科、多专业的办学活动；第二个方面，逐步形成多层次、多类型、多形式的办学体系。这些与以前相比，都有很大的不同，是拨乱反正的一个很重要的表现。

过去只是单一的图书馆学专业，没有其他的专业。拨乱反正那段时间，我们做的主要的事情之一就是对系里的整个专业体系进行扩大、调整。我们认识到单一的专业不利于发展，以前文华图专是个典型的"袖珍"学校，只有图书馆学一个专业。1975 年 5 月的时候①，国家科委②在北京召开全国科技情报工作会议，当时系里派了陈光祚老师去参加。会议建议武汉大学开办科技情报专业，为国家培养科技情报人才。这个事情是会议上提出的要求，而且我们学校、我们系也是感觉单一的专业确实不行。所以，我们系从 1975 年开始筹办科技情报专业，积极响应国家科委号召，开始做配备教师、制订教学计划、开展社会调查、编辑教材这些工作。

为了满足系里学科专业的发展需要，从 1975 年开始办科技情报专业起，系里花了很大的力量从全国各地招纳人才，充实教师队伍，为扩建和调整图书馆学系做好人才储备工作。

"文化大革命"结束后不久，系主任黄宗忠同志了解到一些原来在中国科技情报所③的同志，由于各种原因在调到中国科技情报所重庆分所④之后就想离开重庆那里。当时我们图书馆学系正好在筹办科技情报专业，所以，得知这个消息后马上就派副书记傅敬生同志和"工宣队"的邵大万，他们两个人到重庆去，看能不能把这些搞情报的人调来系里工作。他们俩去了重庆以后，就直接找到严怡

---

① 1975 年 5 月 5 日至 5 月 15 日，第四次全国科技情报工作会议召开。
② 国家科学技术委员会的简称，1998 年改名为科学技术部。
③ 1956 年 10 月建，现中国科学技术信息研究所。
④ 1960 年 12 月 25 日建立。

民、王昌亚、周六炎、贾淑铭他们四个人,当面和他们谈。经过一番商谈后,他们四个都表示愿意离开重庆,调到武汉大学,到我们这里的教学单位工作。双方达成初步意向之后,系里就上报学校,征得学校领导同意之后,就给他们四个人办理了调动手续,让他们负责科技情报专业的筹办和以后的教学科研工作。

那时候,除了从中国科技情报所重庆分所调动教师外,还从校内,主要是图书馆学系抽调了一些老师筹办新的学科专业。可以这么说,当时新办专业,无论是办科技情报专业、图书发行管理专业,还是档案学专业,主要都是从图书馆学系抽调老师。因为那时只有一个图书馆学系,不从图书馆学系抽调,那从哪里调呢?当时科技情报专业的筹办是以陈光祚为主,他是 1957 年从北京大学图书馆学系毕业的,毕业当年分到武汉大学图书馆学系来工作,所以当时系里就调他,让他负责科技情报专业的筹办,并由他负责行政工作;再一个是田光先,他原来是学习俄语的,担任书记。

科技情报专业需要很多人,当时也从本地区、本校物色了一些合适的人选。主要有哪些人呢?有学习物理学专业的杨珍菊、毛玉姣,以及董慧和他爱人刘厚嘉。董、刘夫妻二人是华中师范大学物理系毕业的,当时他们两个都愿意到我们系里来工作。有学习数学专业的周宁和张玉峰,周宁也是华中师范大学数学系毕业的,调来以前在沙洋县的一个中学里面教数学;张玉峰名字像男的,但是个女同志,她是 1970 年武汉大学数学系毕业留校的。有学习外语的童菊明、焦玉英,以及吴则田和他爱人罗素冰。吴、罗夫妻二人也是一起调来的。像这些学外语的,可以教科技情报专业,也可以教系里的其他专业。还有生物和计算机等一些专业的,比如学习生物的汪华明,调来搞图书保护技术。

另外还有一些人,大家可能都知道了,像张琪玉①,他那时候在吉林市,当时

---

① 张琪玉(1930—2017),中国图书馆学家。1930 年 6 月 7 日生于江苏南汇县(今属上海市)。1954 年 7 月毕业于北京大学图书馆学系。先后就职于文化部社会文化事业管理局图书馆处、新疆维吾尔自治区图书馆和吉林市图书馆。1977 年起在武汉大学图书馆学系从事教学与科研工作,历任讲师、副教授、教授,曾担任现代技术教研室主任、图书馆学情报学研究所所长、《图书情报知识》主编,主讲情报检索语言并担任硕士研究生导师。1987 年 5 月调任中国人民解放军空军政治学院图书档案系主任。

也是傅敬生同志带领"系办馆"的办公室主任边长军,他们两个人一起去把他调来的。石渤,现在100多岁了,也是那时候调来的。还有查启森,他的调动工作当时是我办的。他是我们这里毕业的,当时在四川工作,了解到他想回武汉大学来,所以在我去四川函授的时候,顺便就把他的事情办了。和查启森情况比较相似的还有俞君立和黄葵夫妇,他们俩也是我们这里毕业的,开始留校了,工作一段时间后去了陕西,后来我们又从陕西把他们调回来了,他们两个教学还是不错的。此外,还有郭星寿和张天旺,他俩算是校内调动,郭星寿也是我们这里毕业的,但当时在图书馆,我们就把他调到系里来搞教学了。

总之,当时一下子调了很多人来了,有些人的调动也不太容易,因为还要说服他们单位的领导同意,但有的领导也不会痛快地放人。那时候我们系到处挖人,其他单位也是会有一些意见,但是只要能挖到了,那就好办了,现在也是这样嘛。我们学校那段时间也是这样,要搞改革开放,允许人才流动,允许人走,也允许人进来。师资待遇这块儿,当时也是很注意的,大体上是傅敬生老师去征求学校的意见,再去找本人谈,具体手续的办理多是由傅老师去办,当时很多都是这样。我当时是副系主任,没有决策权,但是我也会提出来一些人名,看是否有必要引进来,大家再讨论决定,若是有需要的话,那就去争取。

那段时间,系里边配教师,边办理这些人事调动工作。经过紧张的筹备,1978年第一届科技情报专业开始正式招生了。可以说,武汉大学是我们国家第一个真正的科技情报的教学单位,也是全国最早设立的科技情报专业的单位之一。从系里面来讲,那个时候大家都很齐心,逐步打破原先单一的教学体制,扩大我们的办学规模,发展我们的图书情报事业。

4. 齐心协力,扩大规模

第二个新增的专业是图书发行管理专业①。当时的情况是这样的,20世纪80年代初,新华书店各级领导逐渐认识到培养图书发行管理人才的重要性。所

---

① 现编辑出版学专业。

以,新华书店的总店多次向教育部提出,要在高等院校中创办图书发行管理专业。开始新华书店也没有直接和我们学校联系,而是和南开大学等学校联系的。新华书店总店三次去南开大学商量,但是没有谈好。了解这些信息之后,我们看他们也没谈成,就开始准备。

1982年11月初,时任新华书店总店业务处处长的李廷真到武汉来出差,参加一个他们新华书店那边的会议①,但更重要的是,他想看看武汉大学是否办这个专业。当时挺好的,他来武汉大学以后,我们学校校长办公室丁荣同志就做了安排,当天②就安排刘道玉校长和他见面。当时刘校长的思想非常开放,总是希望扩大办学规模,这也是他一直的期望。他们见面之后,刘校长当即表示非常欢迎和支持与新华书店总店合作。刘校长当时做了两个指示:第一,向新华书店总店提出要求,希望通过他们的主管部门向文化部提出要求,因为他们隶属文化部,要他们以文化部的名义向教育部写报告,提出在武汉大学设立图书发行管理专业的要求;第二,刘校长建议这个新建立的图书发行管理专业在关系比较密切的图书馆学系设立,要新华书店总店来的同志和图书馆学系具体商量有关事宜。随即,刘道玉校长就找到我们系的傅敬生同志,说:"你们系领导班子和新华书店总店的李廷真他们见见面,谈一谈建立图书发行管理专业的事情。"

第二天③,我们系的傅敬生同志和黄宗忠同志两个人就按照刘校长的指示去和李廷真同志见面。他们俩当面表示愿意合作,认为这是一件非常好的事情,那就和其他学校的态度不一样了。同时他们俩也坦率地提出来,目前系里建立这个专业还有很多困难。第一,关于图书发行管理专业,缺少专业教师、教材这些办学的必备条件,特别是师资,是一个很大的问题。第二,我们系目前也没有办学地点,教室很紧张,也没有富裕的教学设施。

那时,我们图书馆学系的办学场所分布在学校各地。比如,在学生宿舍那里有一块儿,在行政大楼旁边也有一块,还有其他三个地方,总之当时一共有五个

---

① 新华书店总店与标准出版社联合召开的标准图书发行座谈会。
② 即1982年11月3日。
③ 即1982年11月4日。

地方,但是没有一个总的地方。

虽然存在这么一些困难,但是因为双方都有很强的合作愿望,学校和文化部领导也都很支持,所以很快就达成了初步的合作意向。

这次见面后没几天①,系主任黄宗忠和副系主任孙冰炎两个人就应美国西蒙斯大学图书情报学研究生院的院长斯图亚特(R. D. Stueart)的邀请去了美国考察。美国西蒙斯大学图书情报学研究生院从1980年开始就和我们图书馆学系关系很好了。那次邀请我们系的老师去考察,系里就让他们两个去。他们两个人一走就是三个月。当时总支②只有几个人,他们两个人出国了以后,那很多事情就堆在我们头上了。刘道玉校长指示我和傅敬生同志两个人负责整个图书发行管理专业的筹办工作。而且,那时校长刘道玉对此很重视,他几次到教育部据理力争,特别是图书发行管理专业,我们想法学把指纹都当作一个学科专业,我们搞图书文献的还不能成为一个学科吗? 当时确实有很多的事情,傅敬生同志就负责跑北京,全面负责和新华书店总店方面的联系。那段时间,他甚至一个星期去两次北京,有时候来不及提前预订火车票,就只能临时到火车站排队等四五个小时买票,而且有时买不到卧铺就坐硬座去,应该说那时候傅敬生同志做了相当多的工作。

功夫不负有心人,在距离第一次会谈不到三个月的时间,在1983年1月25号这一天,我们就和新华书店总店签订了正式的培养协议③。协议是傅敬生老师他们签的,我当时负责系里工作,对于协议的内容也是知道的。协议涉及的内容比较多,其中有一条很重要,就是新华书店总店一次性支付武汉大学284.4万元的投资经费。这个经费是怎么算出来的呢? 是根据每年招收哪些层次、什么类型的学生④,每年招多少个学生,每个学生从进校到毕业所需要的费用这些指标算出来的,算得很细。1983年4月1日,教育部就发文⑤正式同意在武汉大学设

---

① 即1982年11月12日。

② 中共武大图书馆学系总支委员会。

③ 《关于建立图书发行管理学专业培养专业人才的协议》。

④ 协议中明确要招收四年制的本科和两年制的专修科。

⑤ 教育部〔83〕教计字第044号文。

立图书发行管理学专业。这样我们系的图书发行管理学专业就算正式建立起来了,从 1983 年秋季开始面向全国招生。2017 年国庆前夕,83 级校友毕业三十年返校,还邀请我去参加他们的活动,他们就是图书发行管理专业第一批的学生。

另外,在筹建图书发行管理专业的时候,还有一个人是不能不提的,这个人就是新华书店总店的总经理汪轶千同志①。汪轶千同志和我年龄相仿,经历也有些相似,他也是留苏回来的。他当时是在苏联莫斯科普列哈诺夫国民经济学院留学的,学习的专业是图书贸易。因为他是学这个专业的,所以对图书发行管理这些是非常了解的。他到新华书店当总经理后,总觉得新华书店的营业员素质太低,他说书店的营业员不懂得图书,若是光做生意的话,那是做不了什么的。从这一点来讲,在筹建图书发行管理专业的时候,他是非常积极的,而且他多次利用自己的关系与各方面进行交涉,促成了图书发行管理专业的顺利建立。这是我国建立的第一个图书发行管理专业,而且这一专业的设立也探索出了高校与企业联合办学的一条新路子。

第三个新增的专业是档案学专业。应该说,我们国家档案学的开办,最早也是在文华图专。因为早在 1940 年文华图专搬到重庆的时候,当时国民政府的教育部长陈立夫签字,同意在文华图专设立档案管理专修科,只是在 1949 年的时候,档案管理专修科停办。到 1984 年教育部统一恢复档案学专业招生的时候,我们系也在恢复招生的名单当中。所以,到 1984 年,我们系的专业就从单一的图书馆学专业扩大到了四个专业了。

---

① 汪轶千(1930—),1930 年 6 月 1 日生于江苏太仓县(现太仓市)沙溪镇,翌年举家迁往上海。1949 年 11 月,19 岁的他跨进了新华书店的大门。一年半后当上了门市部主任,后提为吴淞支店经理、秘书科长。1953 年 9 月,汪轶千参加全国留苏选拔考试并被录取,来到莫斯科普列哈诺夫国民经济学院(现改名"俄罗斯普列哈诺夫经济大学")贸易经济系图书贸易专业学习。1958 年 6 月汪轶千通过苏联国家考试,以全优成绩获苏联经济师文凭,然后回国,分配到新华书店工作。1969 年,汪轶千和总店的同志一起下放到湖北咸宁文化部"五七"干校,1971 年 1 月调回北京,分配到中华书局、商务印书馆任编辑组组长。1977 年,汪轶千任新华书店总店总经理的助手——副总经理。1983 年到 1993 年主持总店工作,经国务院任命为"新华书店总店总经理"。他多次与教育部、武汉大学磋商办学,得到有关方面支持。经教育部批准于 1983 年在武汉大学图书馆系建立了我国第一个图书发行管理专业。1992 年,汪轶千获"国务院政府特殊津贴",1995 年退休。

拨乱反正，改革创新，这是一个很重要的表现，就是把过去单一的学科专业打破了，开启多学科、多专业的办学形式。另外，1978 年我们系就在全国率先开始招收图书馆学目录学方向的硕士研究生，虽然当年南京大学也开始招，但他们是联合培养，而我们是独立招生。这样，我们就有硕士层次的办学了，实现了多层次办学。多种形式方面，20 世纪 60 年代初我们图书馆学系就开始了函授的办学形式，"文化大革命"开始后中断，1980 年恢复。除了函授，当时还开设了进修班。尤其是新专业的设置，我们很受鼓舞，因为这对我们来讲是很关键的一个问题，也是一个最基础的条件，直到 1984 年图书情报学院的正式成立。

我们系的学科专业范围扩大了，但当时没有办学的地方，就去找学校，要求学校提供办学场所。正好在这个时候，国家科委下属的中国科技情报所，要在武汉大学设立一个科技情报培训中心，也就是国家科委武汉大学科技情报培训中心。当时培训中心的设立也是有经费的，144 万投资，但更重要的是他们给了建筑面积，当时批了 5000 平方米的建筑面积。当时管得很紧，若是没有建筑面积的批准，那是没有办法买到钢材、水泥、砖头这些建筑材料，买不到材料也就没法盖楼。所以，当时科技情报培训中心批下来的面积很重要。这样，我们当时不仅有了办学经费，新华书店给的 284.4 万和科技情报所的 144 万，而且还有了建筑面积。当时学校没有房子，正好系里有钱，也有审批的建筑面积，我们就决定去建房子。比较巧的是，当时我们学校出版社也是没有办公地方，也准备建新的地方，出版社是教育部出资。后来，学校就决定让我们系和出版社合在一起，建一个 10000 平方米的办公大楼，两家分开，一个在前，一个在后。决定了之后，两家就开始筹建办公大楼，先找人设计，设计好了就动工开建，那时候抓得也很紧。

这里，不得不再提起傅敬生同志，他确实是非常不错的人。他从开始筹办图书发行管理专业开始，就为此事奔波一直没有停过。图书发行管理专业确定之后，系里准备筹建办公大楼，他又忙前忙后。他很喜爱设计、做家具，他当时说既然要搬新楼，那我们旧的家具一件也不要搬到新楼去，家具要全部用新的，而且他说新华书店的协议里给的经费就是做这些用的。后来大家商量后就从新华书店给的经费里面抽了 20 万，主要用于做家具。还有一件非常好的事情是，当时他和武汉造船厂取得联系。那时造船厂那里有一些多余的木料，做船可能不行，但用来做家具是非常好的,他就和那边商量好,给我们新楼里做了家具。哎呀,那确实,当时我们搬新大楼的时候,我们的桌子、椅子等办公家具都是全新的,没有搬一件旧的家具。

改革开放初期,国内的经济条件还是非常紧张的,所以我们系原来用的那些旧家具,其他院系,像历史系、中文系他们就抢着要了。当时大家都很羡慕我们,为什么呢? 第一,我们有新大楼;第二,我们的家具、设备都是全新的。这样,我们系不仅有了几个新的学科专业,而且新的办公大楼也有了,还成立了新的图书情报学院,各项事业就开始快速地发展起来了。

彭斐章(前排左三)和傅敬生同志(前排左四)一起接待新华书店总店经理汪轶千(前排左二)、王旭(后排左四)

二、教书育人

1. 恢复高考之后培养本科生

1977 年,听到恢复全国统一高考①的消息后,我感到非常高兴。确实,高考应该恢复。一个原因是,我自己参加了高考,我觉得高考是非常重要的,应该恢复。另外一个原因是,"文化大革命"后期招收的工农兵学员是通过推荐上大学的,确实,当时推荐上来的那些工农兵学员,完全没有经过考试,他们各方面差距都比较大。年龄是一方面,同班同学之间的年龄有的能差十多岁,更主要的是文化知识水平之间的差距。好一些的像"老三届",他们的文化基础还不错,而有一些文化水平较低,他们在"文化大革命"前就是小学生,后来也被推荐上大学了。所以,从我内心来讲,我是真心拥护恢复高考的,我觉得不能够那样随便推荐上大学。

刚恢复高考的时候基本没有可用的教材。没有教材我们就给学生书目,给一些参考资料,也会指定文章让他们读。后来就组织编写教材,慢慢地教材就都有了,教学也步入了正轨。刚开始的时候,我们系做得也是比较好的,像目录学我们有一整套的资料,不仅指导了学生,而且也为目录学教学提供了资料,当时确确实实是这样的。

在恢复高考的本科生里面,有一些是非常优秀的,有些同学毕业以后还一直与我有联系。其中有一个学生,叫汪晶晶,她是恢复高考后的第一届学生,77 级的。她读完大学之后,要考硕士研究生,我们系里有两个去联邦德国的名额。我

---

① 1977 年 8 月 4—8 日,刚刚复出的邓小平在北京主持召开了科学与教育工作座谈会。会议邀请了 30 多位著名科学家和教育工作者参加。在这次会议上,决定恢复已经停止了 10 年的全国高等院校招生考试,以统一考试、择优录取的方式选拔人才上大学。1977 年 10 月 12 日,国务院正式批转教育部《关于 1977 年高等学校招生工作的意见》,恢复高考的大幕至此拉开。

当时是系里的副系主任,管学生出国留学这方面的工作。两个名额给到我们系,我们系把这两个名额分派给我,让学生做目录学的研究生到联邦德国去学习。那时出国留学是国家公派,自己不用花钱。当时经过考试和综合考虑,最后把其中的一个名额给了汪晶晶。

汪晶晶后来写了一部书,叫《松园旧事》,一共有四册。这部书是小说,书里的大部分情节和人物都是虚构的,但其中对老师的描述却字字真言,其中在第四部"逝者如斯"中就有对我和我爱人邓铭康的描写。在书中是用 P 老师代替我,我爱人她们叫邓老师,用 D 老师代替。后来别人问汪晶晶出国读研后有什么感想。汪晶晶说,她要深深地感谢两个人。一个是邓小平,没有邓小平,她们 77 级的就上不了大学;另外一个人就是我,说没有我毕生辛勤耕耘的目录学专业,没有我当初循循善诱的启蒙和慧眼,她不会去报考后来改变了她整个后半辈子生活道路的目录学研究生。说没有我们两个人,绝无她后来的成就。

《松园旧事》这个书不是在国内出版的,以前大家都没有这个书,也看不到里面写了什么。在我 80 岁生日前夕,汪晶晶的同班同学高青就把书里面写到我和我爱人的那段内容放在了"武汉大学图书情报学院同学会"那个网上的图书馆学专业 7701 班班级主页里面,帖子的标题叫"珞珈山岩高千丈,难及恩师待我情"①。大家看到那个帖子,都很赞赏这个事情。

与汪晶晶情况类似的还有一个同学,叫辜学武。他大学毕业后去了联邦德国科隆大学读硕士研究生,后来又在波恩大学拿了政治学博士学位。他主要是搞政治方面的研究,他对中国的很多看法,是很好的。他在《参考消息》还发过几篇文章,我都会专门剪下来。他对我们国家形势的看法,还是很有见解的。

---

① 原文是:"我告诉父亲,我在论文的扉页上写了 Meinen lieben Eltern und Tielong gewidmet 的字样,翻译成中文便是:谨以此书敬献给我亲爱的父亲母亲和铁龙。父亲读后却并不甚满意。父亲说,旧时代的读书人在功成名就之时,心中要树五座丰碑,那就是天,地,君,亲,师。父亲说,你谢了半天,实际上只谢了一个亲。父亲的话我既感慨也愧疚。感慨的是世风日下,人心不古;愧疚的则是自己的忘师。我对父亲说,五座丰碑我没有。我的心中一直深深地铭刻着两个在各自的领域中都名垂千古的名字——没有这两个人,绝无我汪晶晶的今天!那两个名字便是邓小平和彭斐章!"资料来源:汪晶晶. 珞珈山岩高千丈,难及恩师待我情[EB/OL].[2018-12-20]. http://archives. cnd. org/HXWK/author/WANG-Jingjing/kd091014-1. gb. html.

2. 率先招收研究生

恢复高考以后，随即也开始恢复研究生招生。武汉大学是 1978 年 5 月开始恢复硕士研究生招生工作的。当时学校要恢复招收硕士研究生的时候，没有几个老师去带，好像只有十几个人吧。当时很多老教授、老教师他们就说你们这些在苏联或者哪里留学回来的招吧，你们都可以招，你们有经验了。后来学校就讲，不管有没有出国留学经历，学校要大家招，大家还是得招。

有一天，副校长童懋林，找到我说："老彭，学校恢复研究生招生了，你是不是报一个目录学方向的硕士生呢？"我说："我一个人怎么带？"他说："那你再找一个人一起带吧。"我当时就找了谢灼华老师。为什么找谢老师呢？一方面我觉得谢老师可以搞专科目录学；另一方面是 1978 年我提了副教授，但是谢老师还是讲师，他也不可能单独招了，所以我就拉他进来一起。当时就是这样一个想法，后来效果还好。当时学校说招，但具体招哪些方面的研究生，也不知道具体是根据什么决定的，我也一直没详细问过。第二年招生规模扩大了，但我没有招生，我想到 1978 年我已经招了四个了，应让系里的其他老师也都招一招。

第一届原计划是招收三个目录学方向的研究生，乔好勤、张厚生和倪晓建他们三个。一个月后又扩招了一个，惠世荣，他原先不是学习图书馆学的，是学中文的。他们几个人当中，倪晓建年龄最小，他是我北京大学最要好的朋友朱天俊老师介绍的，朱老师当时不能带硕士。张厚生和乔好勤两人都是我们系里毕业的。乔好勤当时是在河南省图书馆工作，有次我去郑州那里出差，我们还见了一面。研究生考试的时候，我们出了题，看到试卷后，感觉有个学生答得不错，很多思路和我们出题的思路是一样的，当时我们也不知道是他，后来才知道那个考生就是乔好勤。

虽然当时我也是第一次带研究生，但是我还是有一些方法的。因为我在苏联受过正规的研究生训练，所以有一套比较成熟的方法，可以说是成竹在胸。在带研究生的过程中，我和谢老师商量后，就决定让他们分专题去查资料。他们四个也很积极,就到学校图书馆、系资料室这些地方去查。查了以后,若是有些资料还是没有找到,他们就到处打听了,还有哪些资料可能在哪里会有,在哪里可以找到,他们那时候是花了很大的精力的。

他们在查资料的过程中,日子久了,难免会厌烦,有时甚至还会发些牢骚,生点怨气,像乔好勤在《问道珞珈情自浓》那篇文章里面写了①:他们四个人总怕浪费时间,总觉有读不完的书,总怕落到别人之后,常常是深夜两点不休息。而其他的研究生还打扑克、下象棋、跳舞什么的,有的甚至通宵达旦,但他们四人除到学校小操场看电影外,其他娱乐生活等于零。乔好勤他写得很是真实。

确实,对于第一届研究生,我和谢老师抓得比较紧。他们四个人,四个特点。张厚生,实践经验丰富,在读研究生的时候发表过几篇论文,还在当年武汉大学第一届硕士研究生的毕业典礼上作为学生代表发了言。倪晓建,年龄最小,但是勤思好学,读研期间进步很快,毕业论文选题研究的是古籍,做得很不错。惠世荣,是中文系毕业的,他比其他三个来得晚了一个多月,但也很努力,读研期间文章发得最多,也是挺不容易的。应该说,那时候我在全校的硕士导师中也是比较有名的,他们四个都取得了多方面的成绩,那还是很厉害的。

当时我是怎么做的呢?主要有几个方面。

第一,我受我苏联导师的影响,他"严""导""爱"相结合的教育方式一直影响着我。他很严格又不吝惜指导,也很爱我,这一点对我的印象是非常深刻的。所以,后来有人就讲了,说"你吃洋墨水,怎么没有那些其他人身上不好的情况"。我说国外的不一定什么东西都要学,但是,有一条,我觉得好的、重要的东西应该学。像我开始带研究生时,有些做法就是学习了我的导师。

---

① 乔好勤.问道珞珈情自浓[C]//当代图书馆学目录学研究论集——庆祝彭斐章教授七秩寿庆论文集.武昌:湖北人民出版社,2001:13-21.

彭斐章（中）、谢灼华（左四）、傅敬生（右三）与首届硕士合影

第二，这与我"立下园丁志，甘为后人梯"的座右铭是密切相关。"甘为后人梯"就是必须要把学生扶上去。刚开始带研究生的时候，不像现在有各种各样的项目、课题，这些是后来才慢慢有的。所以，带第一届研究生的时候，我就是让他们既查找资料，又写论文，而且每个人的分工也提前确定好，哪个人负责哪一块儿，具体任务都是有明确的划分。像倪晓建，他找历史方面的资料，所以后来他就以"班固的《汉书·艺文志》研究"作为硕士论文的题目。张厚生在读研究生以前就参加过《中国图书馆图书分类法（中小型馆试用本）》的编制，所以他后来就负责写图书分类方法了。惠世荣入学后，参加了詹德优等老师的《中文工具书使用法》一书的编写，所以他主要研究工具书。虽然那个时候没有课题，但是我们个人还是鼓励他们多写文章。文章写好以后，我会指导和推荐他们去发表。我当时是《武汉大学学报》文科编委之一，像张厚生在读研期间写的那篇《鲁迅与书目》就是我推荐到《武汉大学学报》上发表的。乔好勤的成效就是他对基础理论的研究。他根据考研时的题目写了一篇文章，先是参加了1978年的湖北省图书

馆学会,后来又参加了 1979 年第一届中国图书馆学会年会,他是第一个参会的研究生,又那么年轻,而且是当时唯一一个在会上宣读论文的在读硕士,宣读后大家的反应也很好。

确实是这样的,老师要适当地利用这样一些机会推荐学生,否则的话,哪个知道他们是哪个呢。1978 年招收的第一届研究生树立了榜样,后来入门的同学,也都会向他们学习。我也没明确讲什么榜样不榜样的。但是我先做,先招,一有成效,那就好办了。

再一个,学生读研究生的时候会选老师,老师也是要选学生的。并不是所有报考我的学生,我都会带,也有个别的我没有答应。我在选择学生的时候,"德""智"两个方面都要看,我不完全看他的"才",我还看他的"德"。学生平常表现也是很重要的,即使是外校考来的,那也是会知道一些的。若是学生本身条件差一些,那就比较难办了,在选择的时候,我还是会综合考虑的。总之,我对学生是这样的标准,有些学生也是知道的,他若报考我,事先也会想到,他会不会被录取。不过,在这方面,我是讲过的"真正是我的研究生,那我一定会想办法把他们带好,不能从我这里出去了,让人家感觉这个学生不行"。而且,学生中也有很多是这样,他们生怕自己学不好,影响了老师的声誉。学生们是那样做的,那我觉得我更应该好好带他们,不应该让他们出去以后有什么不好的地方,别人说那是我这个老师没带好。所以,我带的学生里面一直有这个传统,他们一般也不敢不遵守。而且在学生来之前,我会给他们讲,"我是比较严格的,你若是受不了我的严格,那你不一定非要选我,可以不来的"。但是大部分选择报考我的学生,他们是不怕我的严格的,都是下定决心来的,来了以后也都做得不错。

在带学生或和一些老师接触的过程中,大家有时会提到说我有"口头禅",像"好啊""不要紧""没关系"等,之所以我跟一些老师或同学这样谈,是因为不想在那里硬性地要求他们做一些事情,非让他们怎么样不可。而是在遇到一些事时,会偏向于慢慢地跟他们谈,就会说"这个可以啊,可以试试"。就是不马上去否定,或者马上就怎么样。所以有些同学就觉得,跟我谈的时候,我都会慢慢地引导他们,而不是硬性地命令或强加,不是一定要让他们怎么去做。这种交谈方式具体是什么时候开始形成的,不好讲了。大概是在教学当中,特别是从带研究生起,开始有一些想法,也一直是那样做了,就是"不以导师自居"。我觉得还是应该多从学生角度来考虑,多体谅学生。

我从 1978 年开始招收硕士研究生,到目前为止,一共从我这里获得硕士学位毕业的是 35 人。都有那些人呢? 我这里有个名单,是按时间顺序的:

七八级:张厚生,目录学方向,硕士论文《论专题目录》(1981)

乔好勤,目录学方向,硕士论文《论我国目录学发展的方向和道路》(1981)

倪晓建,目录学方向,硕士论文《班固〈汉书·艺文志〉研究》(1981)

惠世荣,目录学方向,硕士论文《我国科技目录的过去与现在》(1981)

八〇级:黄慎玮,目录学方向,硕士论文《中国现代文学文献目录之研究》(1984)

八三级:刘正福,目录学方向,硕士论文《论文献控制的控制论基础》(1986)

柯平,目录学方向,硕士论文《论地方文献书目》(1986)

陈传夫,目录学方向,硕士论文《论目录学的体系》(1986)

八四级:朱静雯,目录学方向,硕士论文《西方目录学传入及其影响(1898—1949)》(1987)

陈明亮,研究生班

卢绍君,社会科学情报理论与方法方向,硕士论文《咨询学结构的理论研究》(1987)

张雨声,研究生班

八五级:付先华,目录学方向,硕士论文《中国当代文学文献目录之研究》(1988)

程三国,目录学方向,硕士论文《我国文献资源短缺现象研究》(1988)

郑建明,目录学方向,硕士论文《读者利用科技书目情报的行为研究》(1988)

王新才,目录学方向,硕士论文《论个人著述书目》(1988)

周黎明,社会科学情报理论与方法方向,硕士论文《法学情报交流系统论略》(1988)

魏云波,社会科学情报理论与方法方向,硕士论文《美国图书馆用户教育研究》(1988)

马明波,社会科学情报理论与方法方向,硕士论文《类书与中国文化》(1988)

李为,目录学方向,硕士论文《科技文摘索引系统》(1988)

八六级:路林,目录学方向,硕士论文《论我国书目情报发展趋势》(1989)

蔡填,目录学方向,硕士论文《我国情报服务发展前景的宏观思考》(1989)

肖先桃,目录学方向,硕士论文《论我国书目工作的现状与发展方向》(1989)

叶勤,社会科学情报理论与方法方向,硕士论文《社会科学情报环境研究》(1989)

贺修铭,社会科学情报理论与方法方向,硕士论文《现代决策的信息保障:在情报学的视野中寻找决策支点》(1989)

马芝蓓,社会科学情报理论与方法方向,硕士论文《试论现阶段我国情报服务的社会化》(1989)

八八级:张洪元,硕士论文《试论图书市场信息开发》(1991)

八九级:曾令霞,硕士论文《试论书目情报系统的结构与功能》(1992)

王惠君,硕士论文《社会科学情报政策系统研究》(1992)

九〇级:陈晖,硕士论文《论我国技术贸易的信息保障》(1993)

傅红岩,硕士论文《论我国文献传播的法律控制》(1993)

九一级:彭耀雄,硕士论文《我国书目情报服务现代化的发展研究》

（1994）

九三级：孙更新，硕士论文《文献著录之研究》(1994)

九五级：韩冬梅，硕士论文《军事书目情报服务优化改革研究》(1997)

〇六级：彭敏惠，研究方向为文华图专，2008年直接转读博士

我招了这么多的硕士研究生，其中有一个是招了但是没有毕业，是个韩国的女同志，她当时要回去结婚，所以没毕业就走了。

钱建国也是我的学生。他是我们系的本科生，硕士报考的是我们系的王余光老师，后来王余光调到北京大学，但当时没有把他带到北京大学去。因为，那个时候他快要毕业了，要是当时考上的就带走。另外，当时他的爱人、小孩还都在武汉这边，也不方便去北京。王余光调到北京大学之后，委托我帮带钱建国，但导师名字还是王余光。后来，钱建国读了经济管理的博士，先是在武汉大学当校办主任，后来调到湖北大学当副校长了。

我带的学生基本上都还是不错的。在《春华秋实——贺彭斐章先生执教56周年暨80华诞》和其他一些关于我的纪念文集中，他们很多人都写了，记述了一些在读期间的事情，里面有不少细节，写得比较多。

3. 评上教授

在职称晋升这方面，我都是按国家和学校的政策一步一步走的，其中基本没遇到什么障碍。1953年毕业留校后，我是助教，1956年以助教的身份出去留学。经过四年多的学习，获得了苏联高教部授予的教育学副博士学位。1961年暑假回到武汉大学后不久就定了讲师，当时也没有开会推选，是学校直接定的。

1978年春，国家出台了正式的职称评定文件[①]，武汉大学的职称评定工作也随即开始，我的副教授就是在这时候提的。当时全校提副教授也不多，一共45个人。我们图书馆学系的话，除了我，还有陈光祚。那时我对职称评定也没有特

---

① 1978年春季(3月7日)，国务院批准了教育部《关于高等学校恢复和提升职务问题的请示报告》，明确了原来晋升的教授、副教授、讲师、助教职称一律有效，并恢复职称评定工作。

别的感觉,所以当时系里党总支讨论的时候,我也是党总支的委员,我提的是陈光祚,没提我自己,其他人也没再提其他的老师,所以当时系里就只报了陈光祚老师一个人上去。报上去以后,学校人事部门审查以后,就跟总支提出了,说你们系的提名不合适,应该再加一个名额。加谁呢? 当时从学历来讲,我的学历高一些,我是苏联副博士,再一个就是我在教学、工作经历等各个方面表现都还不错,所以就加了我。1978 年 5 月,我就正式提了副教授,这也是"文化大革命"结束之后,我们学校搞的第一次职称评定,距离 1961 年我定为讲师时隔 17 年。

我正式晋升为教授是在 1983 年 9 月。当时评教授,是先由自己提出申请,学校审查大家的情况后讨论决定,最后送到省里统一评审。其实开始也不是我自己提出来一定要申请的,而是人家讲,说你这个条件很可以嘛,后来我就去申请了。当时我也不知道还有哪些人申请了,一共有多少人去申请。

当时评教授是要有两个推荐人,而且推荐人必须本身是正高级职称。我们图书馆学专业的推荐人在我们学校找不到合适的了,在湖北也是不好找。图书情报领域除了皮高品老先生之外还找谁? 但是,当时也不好去找皮先生,为什么呢? 一方面,开始评教授的时候非常严格,最好是客观,就不找本校的,实在没办法就找一个本校的,但必须有一个是外地的,这一条是很明确的。另一方面,在我评教授的时候还有个小插曲,是皮高品先生的爱人后来告诉我的。原来当时评教授的时候,系主任黄宗忠自己写了我们系里四个人的名字,有张琪玉、陈光祚、他和我。他拿着那个写好的名单去征求皮高品先生的意见,想让皮先生看看这四个人哪一个人能评教授。当时皮先生也没有讲哪个人可以评教授,哪个人不能评,他只是客观地讲了彭斐章和陈光祚的教学效果最好。确实当时我们俩的教学效果好一些。这样,当时找推荐人,我们也就不好找皮先生了。另外,我评职称的时候,校长刘道玉是起了很大作用的。因为那时候,他比较开放,他就让我们党委书记傅敬生同志直接到北京去,找到了中国科学院的佟曾功,让他当我的推荐人,因为他当时是研究员。佟曾功,他是和我们一起在苏联莫斯科图书馆学院留学的,比我高一届,所以傅老师去找他推荐的事情也是他后来告诉我的,我当时也不知道。另外一位推荐人是我们学校历史系的一位教授,叫张云鹤,当时我也不认识他,只是把材料拿给他,让他推荐。为什么当时不在北京找两个呢？因为佟曾功是中国科学院的，我们知道他是评了的，还有一个，拿不准他是不是评了正高职称的，但是，他当时很有名，在中国图书馆学会里面当领导，也不好直接问他是不是正高，后来才知道他也是评过了的。

最后，省里经过几轮的讨论，评审后的名单里面，图书馆学当年只有我一个人。说起来也是不容易。那时候提教授的没几个，全校也不多，全国也是，而从图书馆学来讲，我应该是改革开放后全国图书馆学评的第一个教授。

另外，还有一个比较特殊的情况，1983 年我晋升教授之后，职称评审工作就停了两年。讲到评职称，后来在评的过程中，也是有一些事情发生的。那时评职称除了考虑教学、科研工作外，还要求参加职称外语的考试。像黄宗忠老师是军转干部，当时评职称的时候提出免试外语的要求，但是学校没有这样的规定，为此我们图书情报学院还专门向学校写报告请示，校长齐民友也做了批示表明，"申报教授，要参加职称外语考试"。批示只说了要参加外语考试，并没有说一定要及格，但是黄老师后来一到考试的时候就走了，根本不去参加考试，所以他的教授提得晚，是 1990 年才提的。在全校的职称评审会上，我是发了言的，我是支持他应该评为教授的，当时确实是这样。

4. 我的座右铭

我的座右铭是"立下园丁志，甘为后人梯"。这个座右铭的起源，应该说是在 1978 年我招收硕士研究生以前，再早一些的话是从 1953 年留校当老师开始就有这方面的想法。因为那个时候我已经确定了自己要从事教育工作，确定要把教师作为自己的职业。更明确地说是 1978 年当硕士研究生导师以后，也就是我坚定了要把教师作为自己的终身职业后逐步确立的。可以说，从那个时候起我就一直把"立下园丁志，甘为后人梯"作为自己的座右铭。这句话，是我自创的，具体是什么时间第一次提出以及第一次完整写下来，现在记不清了。可以肯定的是"立下园丁志，甘为后人梯"这个座右铭的确立和我把教师作为自己的终身职业是密切相关的。职业确定和座右铭的确立这些都是逐步的，不可能哪一天突然宣布我的座右铭是什么，我要终身从事教师这个职业。

　　我将教师作为自己的职业理想,也不是从小就明确的。小时候也没想过长大以后要当教师,而是在高中毕业以后,我先是替我二姐在彭氏好古小学代课。那个暑假结束后,我又去湘阴县清溪乡中心国民小学那里教书,教了一个学期后,就参加了县教育科的集训,集训之后,我被任命为玉池区高明乡中心小学的校长。那时候并没有其他的想法,就是觉得跟学生在一起蛮有意思的。上大学以后,开始我也并没有说要当教师,但1953年从文华图专毕业后就留校当了老师。从那时候开始,就有了一些想法,想着既然我的人生坐标定在了这里,就是搞教育工作,那就应该做好。在工作过程中间,慢慢地,慢慢地我就觉得教师这一职业是光荣的,教育是一项光荣的事业。我的人生坐标和理想也是这样逐步确立下来的。另外,我的两个叔父,彭俊明和彭卤簧,他俩都是教师,对我个人理想坐标的确立也有一定的影响。后来有几个地方要我写几句话表达自己心声的时候,我就写了"立下园丁志,甘为后人梯"这句话。像1997年的时候,《世纪学人 百年影像》的作者侯艺兵去北京昌平找我拍照的时候,我当时就写了"立下

彭斐章和本科生在一起

园丁志,甘为后人梯"这句话,作为我的手迹,收录到了那个书里面。所以,可以这么说,我从确立了从事教师这个职业开始,就把这句话作为自己的座右铭。

通过60多年的教学与研究,我比较深地懂得,教师这个职业的确是一项非常崇高的职业。平凡而伟大的教育活动,往往能够影响学生的一生。为人师表,本来就是很不容易的,一定要德学双馨。自从我确定了要当教师之后,我一直是这样想的,也一直是这样坚持的。一个是我以"立下园丁志,甘为后人梯"这个座右铭作为自己从事教育职业的指导。再有一个是春蚕思想,把春蚕思想作为自己追求的一个目标。所以,我在武汉大学从事教学60多年来,感觉自己做得还不够,但是,我始终在努力。自从我从事教育工作以后,我就热爱教育工作,热爱图书馆学教育事业,爱我所选,无怨无悔。

原来以为教师像蜡烛一样燃烧了自己,好像只照亮了别人一样的。但是经过几十年的教学实践,我觉得不是这样的,还应该有一条,教师应该向自己的教育对象学习。这就是说,并不是老师教完学生以后就把所有的东西都付出了,自己就没有收获,我觉得教师得益于学生的还有很多,应该向自己的教育对象学习。所以,在整个的教学过程中,我作为一名教师,坚持做到教书先教己,教育者自己要先受教育。还要做到先严己,后严人。在学校、院里来讲,我是出名的严格,学生们也都是这么想的。但是我不苛刻地去要求他人,从来不是那样的,也不强加于人,总是争取做到教学相长。美国有个图书馆学家叫谢拉,他讲过:"一个人的所得,有许多得自书本,更多的得自于教师,而最大部分得自于学生。"他讲这个的意思就是说,教师不要只看到自己传道授业,就没有看到自己从学生那里学到的东西。所以,我愿意做一个护花的园丁,寄希望于学生,希望"青出于蓝而胜于蓝",也就是"甘为后人梯"的思想。"为人梯",我不是为别的,而是我总是会想到我的学生,想着怎么才能让他们进步。就像铺路一样,我愿意做个铺路的石子,努力把这个路啊,铺得好一些,让后来人走得更顺畅一些。

彭斐章参加 2004 级高校教师硕士班合影留念

　　关于这一点,我的研究生他们写的文章中会有比较多的记述,但是我的这个思想不是仅针对我自己带的学生,面对其他老师的学生也是一样的。像马费成,他既不是我的硕士,也不是我的博士。他没有读博士,他是严怡民老师带得第一批科技情报学的硕士研究生。严老师也知道,在读硕士的时候,我把很多带硕士研究生的方法、经验,也会毫无保留地告诉马费成他们,帮助他们更快更好地成长进步。马费成在《现代目录学研究的开拓者——记彭斐章教授》那篇文章里面也讲了①。他不止一次那么讲,在荆楚社科名家的视频里面也有类似的表达。

---

　　① 马费成说:"作为教育工作者,彭斐章是一位循循善诱、诲人不倦的导师。在他的身上,教书和育人、教学和研究总是融为一体的。他鼓励并创造条件让学生尽快超过自己,甘为人梯,扶植后学,展示了他作为一个导师的宽广胸怀和高尚品质。"原载湖北省社会科学联合会组编《湖北社会科学界名人》第 1 卷,湖北人民出版社 1992 年版,又载彭斐章编著的《彭斐章文集》,武汉大学出版社,2005 年版。

　　举个例子，有一次我和马费成几个人一起参加与台湾同人的交流会。我当时就跟马费成讲："你是第一次和台湾同道在一起交流，你就跟我住一个房间。"我这样做的目的是什么呢？很多人会来房间里看我，来一个，我就带着介绍他。凡是到我房间里面来跟我接触的那些人，我都一一给他介绍，让他认识。所谓的传帮带，就是这样传出来的，否则的话，让他慢慢地一个一个去认识，那就很困难了。所以，后来马费成老师就讲了，说我当时自己也带了很多学生的，但是没有把我自己的学生带着去介绍，而是介绍了他……他始终记得这个事，也不止一次说起这个事。所以，从这一点来讲，我"为人梯"的思想，不是只为我自己的学生，而是面向大家的。

　　从马费成提副教授、教授，直到后来评资深教授，我都是极力推荐。他当时评副教授的时候，刘校长就住在我家的楼下，我没有为别的事情去找过刘校长，但为了他提副教授，我是专门到刘道玉家里去了的。去之前我告诉马费成，让他把他的文章以及文章的引用率、转载情况和他当时在杂志上的排名情况等证明资料都拿给我，我当时就把那些材料拿给刘道玉同志看。所以，他提副教授还是比较快的，后来提教授，一直到他 2012 年正式遴选资深教授的时候，我都是极力推荐他的。

三、学术研究

1. 改革开放初期的学术活动

"文化大革命"以前基本没有什么社会兼职活动,后来社会兼职就慢慢多了,我参加了其中的不少活动。全国性质的学会,中国图书馆学会是 1979 年 7 月在太原成立的,我是第一、二届的理事,第三、四届的常务理事。湖北省图书馆学会比中国图书馆学会早一年,是 1978 年 8 月成立的。我被选为湖北省图书馆学会第一、二届副理事长。

当时为什么想着要成立学会呢? 主要是从学术交流的角度来考虑的,我们觉得应该加强。我觉得假如没有成立图书馆学会这些团体组织,那我们图书馆的很多东西在全国、在各个方面都没有多大的影响。成立了学会以后,一般都要组织召开全体会。每次开会之后,会议内容、结果这些都要公开。这些结果对于学科的发展就会产生很多的影响,呼吁大家关注图书馆学界的情况,否则的话就无声无息。我觉得成立学会是一个展示的结果,也不是要我们一味地去宣传了,但是适当的展示是很应该的,你不展示人家怎么知道?

当时开各种学术会议和现在的各种图书情报学会议还是很不一样的。那时候开会多是比较集中地讨论问题。当时的问题往往比较集中、比较现实,开会的时候进行讨论,并解决。那时候学会开会基本都是一个集体讨论的过程,鼓励大家各抒己见,把各自的观点摆出来,观点摆出来还是有好处的。对于一些比较复杂的问题,大家讨论后也无法达成比较一致意见的,那就先搁一段时间,以后再继续讨论。遇到意见不统一的情况,那也没有别的办法,也不会强行让哪个服从哪个,不可能强行解决。那时候的问题也不像现在的问题这么复杂多样。现在的问题面更广,还有很多深层次的问题,以及很多现代化、网络化、智能化的问题,解决起来也更加复杂一些。

　　1981 年 9 月，教育部联合文化部召开"全国高等学校图书馆学教育座谈会"和"全国高等学校图书馆工作会议"。这两个会议是同时召开的，但不是一回事，也不是合在一起召开的。当时我在"全国高等学校图书馆工作会议"上做了《关于图书馆学专业教育的几个问题》的发言。我去发言，是因为我是这个会议的召集人，去汇报座谈会的一些情况。会议上南开大学的来新夏先生也有发言，提出了"三层楼"制的人才培养机制。我在发言中提出了不少图书馆学专业教育方面的问题，有些问题后来解决了，有些问题没有解决，有些问题现在还是存在的。那个发言资料后来收录在了会议论文集，在《图书馆学通讯》上面也有报道。

　　我有一个笔名叫莫教文。那是有一次我参加国际图联大会，回来以后，他们让我写一篇文章，当时写的名字是莫教文，意为目录学教研室写的文章①。这个笔名就用了那一次，后面再没有用了，那时候不写本名是不愿意把自己显露出来。我的笔名还有一些。在台湾出版的一个大百科全书，当时我写了很多的词条，用了两个笔名。一个是潘文，潘算彭的谐音，文的话，一方面是因为我大姑娘叫彭文，另一方面是我名字"斐"的下半部分也是文。另一个是邓立，姓用的是我爱人的姓，名字取了我的名字"章"的一半。那次我用潘文写了很多的词条，像关于目录学的，还有一些涉及苏联图书馆学的词条都是我写的，写了不少。

2. 开创目录学研究新高地

　　改革开放初期，我比较系统地进行了苏联目录学方面的研究，像列宁的目录学思想的研究。一方面是因为我在苏联的导师艾亨戈列茨教授是研究这方面的；另一方面，不是因为列宁是国家领导才去研究他的这些理论，而是因为他确实还是有很多目录学方面的实际观点，像列宁对鲁巴金的《书林概述》的评述，里面确实包括了很多、很重要的目录学方面的理论观点。

　　那时，许多关于目录学的研究成果是和谢灼华老师一起搞的。比如《关于我

---

①　莫教文.国际图联第46、第47届大会关于书目活动的问题[J].图书情报知识,1982(3).

国目录学研究的几个问题》①,那是我们提出来的,其中专科目录学问题和目录学史的问题,主要是谢老师的一些观点,而目录学研究对象和目录学研究方法是我的观点。这篇文章在当时还是起到了很好的作用,应该说是起到了一定的指导作用。当时到底提了哪些问题呢?主要有四个问题:一是关于目录学的研究对象问题;二是关于目录学史的研究;三是专科目录学的研究;四是关于目录学方法的研究。我们当时是怎么就提了这四个方面的问题呢?主要是因为我们在长期的研究过程中逐步形成的,觉得那些问题当时还没有解决。比如,目录学史的问题,当时有的人说研究太多了,有的人说不够。

关于目录学研究对象的问题,1961年我回国以前大家就在讨论,我是后来参与进来的。我始终认为,一门科学的对象是研究某一领域或某一方面的规律(即本质关系)。在认真总结新中国成立以来,关于目录学研究对象问题的各种观点,如"图书说""目录说""图书和目录说""记录图书和利用图书的关系说""否定说"等时,我始终认为目录学作为一门科学,应当是研究规律的。毛泽东同志在《矛盾论》中指出:"科学研究的区分,是根据科学对象所具有的特殊矛盾性。因此,对于某一现象的领域所特有的某一种矛盾的研究,就构成了某一门科学的对象。"②根据这一论断来分析,目录学领域里特有的矛盾是什么呢?揭示与报道图书资料与人们对它的特定需求之间的矛盾,构成了目录学领域诸矛盾现象中最基本最主要的矛盾,也就是目录学研究的对象。我们提出关于目录学研究对象的"矛盾说",将目录学研究对象问题的讨论引向深入,并且将这一论点写进了我作为主编之一的由武汉大学、北京大学合编的《目录学概论》(中华书局,1982)中。这本书先后七次印刷,发行量达十余万册,被誉为"书林新葩,学海津梁",1988年还获得了国家教委优秀教材一等奖。

---

① 彭斐章,谢灼华.关于我国目录学研究的几个问题[J].武汉大学学报(人文科学版),1980(1):90-96.

② 毛泽东.毛泽东选集:第1卷[M].2版.北京:人民出版社,2007:309.

彭斐章与谢灼华在讨论学术问题

我和谢灼华老师的合作比较好，有讨论，也有分工，一人提出观点，另一个人可以补充，也可以不同意他的观点。我们合作，关键还是从学术角度出发，不太在意个人的得失，进行了很多的学术讨论和研究。那时有很多的文章和教材都是我们两个一起合作研究的。

1983年8月，新中国成立以来的第一次全国目录学学术研讨会在沈阳召开。会议收到论文220篇，入选参会的有64篇，主要围绕目录工作如何为四化建设服务和国内外目录学研究的现状与发展趋势两大主题进行研讨，涉及内容广泛。参会人员既有各类型图书情报部门的实际工作者，又有从事目录学教学和研究的目录学工作者。这次会议疏通了目录学情报交流的渠道，可以说是中国目录学研究成果的一次检阅。

我认为，目录学的内容是由目录学的研究对象所决定的。根据这一观点，在《目录学》[①]一书中，不仅引进了"书目情报"这一概念，而且设立了书目情报服务专章，率先在国内对这一问题进行了系统研究；并在此基础上，将目录学研究内容扩大为关于目录学基础理论，关于文献的研究，关于书目索引类型及其编制法的研究，关于读者书目情报需求特点、书目情报服务组织、书目情报服务效果、书

---

① 彭斐章,乔好勤,陈传夫.目录学[M].武汉:武汉大学出版社,1986.

目情报服务发展趋势等研究,关于书目工作组织与管理研究,关于国内外目录学研究,关于中国目录学遗产的研究,关于目录学方法的研究这八个方面。

1983 年 8 月,彭斐章(前排右一)出席第一届全国目录学学术研讨会与中国图书馆学会秘书长丁志刚(前排右二)、赵琦(前排左一)、谢灼华(后排左一)、朱天俊(后排右一)等合影

　　现在看我当时的那些研究和讨论,还是有一些实际价值的。我是这样看,那时候我写了很多这方面的研究论文,直到现在我还是鼓励目录学应该好好研究。因为目录学对人们的读书来讲,是读书治学的一个门径。不管现代技术发展到什么程度,依然还是这样,只是个人理解不一样了。现在目录学好像不太被提倡,但不提倡并不等于它不重要了,也可能过了很多年之后,又会重新提起来的。

3. 廿年后再出国门

　　1980 年 10 月 7 日至 27 日,教育部指定我为团长,带领"中国大学图书馆代表团"到德意志联邦共和国(以下简称联邦德国)考察和访问。当时,团长是教育部下文的时候就指明的。可能因为我是留苏回来的，另外那时我已经是副教授了。这次考察的成员除了我之外还有 6 人，有北京大学图书馆郭松年、北京师范大学图书馆的胡效贽、吉林大学图书馆的黄万新、厦门大学图书馆的陈仁栋、华南工学院（现华南理工大学）图书馆的商志馥和来自南京大学的翻译郭鸣琴。

我们当时是从北京出发，坐飞机去的。那时参加这种形式的出国考察访问都是国家组织安排，经费也是由国家按规定提供，还会专门做衣服，做衣服国家也有一定的经费补助，自己再加一些钱。

第一次去联邦德国给我留下的印象还是很深的。因为那是我从苏联留学回来近 20 年后又一次出国。当时对国外的情况很生疏，我感觉和国内的差别还是非常大的。

1980 年 10 月，彭斐章（后排左一）率中国大学图书馆代表团访问联邦德国

考察回来，我写了比较详细的考察报告给教育部，但是当时报告的原文是不会公布的。回国后，我也向我们系的师生做了几场关于访问联邦德国图书馆的学术报告，还写了几篇论文，详细介绍当时联邦德国图书馆的情况，包括《德意志

联邦共和国的大学图书馆》①。这篇文章是根据当时考察的情况写的,具体内容在这里就不细说了,其他方面的感受有如下几个方面:

第一个,联邦德国当时使用的计算机与其他地方的不太一样。他们当时使用的计算机主要都是小型机,大型的计算机多是几个单位一起共用的,像图书馆可能和其他单位共用一个大型机器。那个时候,我们对很多自动化的东西也都不太熟悉。当时我们在宾馆入住的时候,我们的翻译还遇到了一个尴尬的事情。她在房间里面洗完了澡,但是水放不出来。后来她找我们过去,看看是怎么回事。结果我一去,手在墙上那里按了一下,水就出来了。他们当时就开玩笑说,团长你一来水就走了。后来我们才知道,实际上那是个感应的龙头,手在墙上按一下,水就可以出来了。

第二个,我觉得联邦德国既重视现代化的一些东西,也重视对一些传统东西的改造,这个给我的印象很深。图书馆的人都知道,图书馆放卡片目录的目录柜,当时我们国内只能一个一个地查,但是我们去联邦德国考察的时候,他们那里的图书馆目录柜是四个柜子同时上来,可以同时查看里面放的目录卡片。

再有,我们当时到联邦德国去的时候,住房是很讲究的,每个人都是单独住一个房间。我这个团长住的房,装饰得比他们的更特别一些。有哪些特殊装饰呢?就是摆放了在我们国内看来非常不像装饰品的一些东西,比如说装水果用的篮子那些东西,他们摆放在房间的上头;还有就是几根面条,或者在我们看来就是个破锅,在他们那里当成是很突出的东西,当时都摆放在那里。翻译他们看后,就说:"团长的住房啊,还比我们的差一些。"实际上不是的,房间很好。他们的意思大概是,中国人喜欢古老,那就摆放一些古老的东西吧。我体会大概就是这么个情况,感觉他们对我们国家古老的、优秀的文化,还是很重视的,也很重视这些事情。

第三个,给我留下深刻印象的是联邦德国人很讲究实际。中国人很讲礼仪,有时候会显得很客套。比如我们若是去送客人,送到了地点还会再送一送,会再地握手、道别,大家还会推来推去,客气、寒暄许久。但是,联邦德国人他们不

---

① 彭斐章.德意志联邦共和国的大学图书馆[J].高校图书馆工作,1981(2):30-37.

是这样的，他们该送到哪个地方就到哪个地方，比如该送到电梯口就是送到电梯口，该在接待室结束就在接待室结束，结束之后你要再跟他们握手，他们也不理你。就是这样的，他们很讲究实际，这一点儿给我的印象是非常深刻的。

第四个，就是他们很守时。我记得有一次，因为交通问题导致我们到他们那里去的时候比预定的时间晚了将近 40 分钟。首先，他们检讨，说对不起。其次，他们不像我们国内，国内很多情况是前面的时间若是耽误了，那后面的安排也会跟着一直往后推。但是，他们不是这样的，他们说我们的那半个多小时的时间耽误了，那就到我们这里为止，接待我们的时间也就不往后推了，不会再占用其他的时间，其他的活动安排还是按原来规定的时间进行。还有一个，他们接待的时候，到什么时间结束就什么时间结束，很准时的，不像我们这里，有时会一拖拖老长时间，没什么规矩。守时，这一点，在联邦德国那是非常严格的。这点对我影响也很大，我觉得好的东西，我们就应该学习，比如联邦德国人的守时。确实，应该守时，我也是非常重视守时的。所以，后来我在我们院里面开会，都会做会议记录，什么时间讨论了什么问题。若是有人迟到了，来了还问以前讨论的问题，那我就不客气了，会直接告诉他，你去看会议记录吧。当然了，开会大家都应该按时到，谁迟到了那就是谁的不对嘛，既然你没有按时到，大家又已经讨论过了，那就没有必要再讨论一遍了，迟到的人那就去看会议记录吧。我觉得在这个方面我做得还是比较好的。

1980 年，我带团到联邦德国还有一个特殊的记忆，也可以说是很深的教训了。是什么呢？就是我们这次一起去的老师，除翻译之外，我算年轻的了，其他几个老师，年纪都比较大。生活礼仪规范方面，我们的翻译平时都挺注意的，一直做得也挺好，会给我们讲许多应该注意的地方。我记得，有一天，翻译就跟我讲，说："彭老师，你看咱们今天到那里吃饭，为什么他们接待的那些人都一直望着我们？"我就问她："那是我们有什么特殊吗？"她说："不是的，是咱们中国人喝汤的时候，嘴巴离碗还有一定的距离就吸着喝，喝汤的时候就呼呼地响，所以他们那些人就都停在那里望着我们……"联邦德国人喝汤的时候不能有响声，汤勺一定要放在嘴里。后来我就跟他们几个老师讲，喝汤的时候勺要放进嘴里，不能在外头，嘴巴也不要出声。但是，他们几个老同志在国内喝汤都喝习惯了，总是把汤勺隔嘴巴还有一定距离就开始喝,喝的时候就会响。虽然讲礼节也讲过,开始我也没注意到,可能我还是不响,但是他们几个人都响,那就没办法了。这一点,我们代表团的人,印象也很深刻。

另外,那次去了联邦德国以后,感觉他们的生活环境和我们国内也有比较大的区别。给我最大的印象是他们那里很干净,确实是非常干净,所以我们到那里之后感觉到非常的舒服,当时确实是这样的。

砥砺前行的八年

（1984—1992）

一、首任院长

1. 刘道玉校长的远见卓识

武汉大学图书情报学院是我们国家成立最早的图书情报学院。其实在正式成立学院之前,系里的领导就一直在讨论图书馆学系未来发展的问题。当时系里的目标是成立独立的"中国图书情报学院",而不是在武汉大学内作为一个图书馆学系而存在,应该办独立的图书情报学院。为什么当时想成立独立的学院呢? 从我个人来讲,我是文华图专的最后一届毕业生,对文华图专的小,是有切身体会的。1953 年并入武汉大学之后,先是图书馆学专修科,再是图书馆学系,都是很小的。这个小,给我们带来很大的影响,不仅在学校没有什么地位,而且招生办学、学科专业等各方面发展都很不好。图专,图专,搞来搞去就被遗忘了,所以大家对图书馆学系的"小"是不满足的,都想着要如何改变。

正好我们国家进行改革开放,我们系就抓住了改革开放后一系列有利于发展的机会。具体有哪些呢? 主要有以下这几个方面:一个是我们的学科专业,当时已经有了四个专业和一个科技情报培训中心,具备了成立学院的办学基础;另外一个是基本具备了成立学院所需的物质基础和设施设备,这是两个主要方面。前面也提到了,一个是新华书店总店给了 284.4 万的办学经费,再一个就是国家科技情报中心批的 5000 平方米的建筑面积和 144 万的开办经费,我们成立学院的办公大楼就有了。

有了成立独立图书情报学院的想法和基础条件之后,系领导就委托傅敬生同志写报告。他收集了一些材料,报告完成之后就递交到了教育部。比较巧的是,当时我们学校的刘道玉同志正好借调到教育部[①],正好担任教育部高教司的

---

① 借调时间 1977 年 5 月至 1979 年 4 月。资料来源:刘道玉. 一个大学校长的自白[M]. 武汉:长江文艺出版社,2005.

司长,当时他就负责全国高等学校教育教学的这些工作。所以,我们系的申请报告递交到了教育部之后就转到了他手上。他很爽快,在报告上批了个"同意",但是,改了几个字,把"中国图书情报学院"改成了"武汉大学图书情报学院"。我觉得,这真是有远见的。因为我们那个时候,也不是蛮清楚。后来刘道玉同志就讲,他说:"你们怎么那么笨呢?你说你们若是成立了独立的图书情报学院,那些外语课、数学课、思想政治课等基础课程谁来给你们上?即使有人愿意去上,你们能请得起吗?当然要利用综合大学的优势来办学。"所以,他把"中国图书情报学院"改成了"武汉大学图书情报学院",那是非常非常正确的。

这里需要说明的是,武汉大学图书情报学院的成立,不是把原来的图书馆学系升格为学院,而是在图书馆学系的基础上建立新的图书情报学院。当时,武汉大学除了成立图书情报学院外,还成立了经济与管理学院。学校党委是这样决定的,图书情报学院,院是实体,系是虚体;而经济与管理学院与图书情报学院正好相反,他们的院是虚体,系是实体。为什么呢?因为他们本来就有几个系,有经济,又有管理,也不能把原来那几个系怎么样,后来几个系合起来成立了经济与管理学院,所以他们的院是虚体,系还是实体。我当了图书情报学院的首任院长以后,有一次和经济与管理学院的院长碰到,他说他是"橡皮头章"院长,他们院没有人事权,没有财权,只有盖章的权利。后来时间久了,大家都觉得还是我们图书情报学院的这种体制比较合适,所以后来武汉大学成立的其他学院体制都是按我们图书情报学院的这种体制来的。

2. 出任院长

教育部下文批准成立武汉大学图书情报学院的时间是 1984 年 4 月 7 日,而学院宣布正式成立是 11 月 9 日,中间隔了半年的时间。在这期间,还有一系列的事情和活动需要准备,比如选任院长。

那时候选任院长没有像现在一样,有几个候选人,大家登台竞选。当时我的思想是这样的,我对当院长那些事情是不感兴趣去做的。那段时间,我正跟赵世良、李修宇、赵燕群几个人忙着翻译苏联目录学家科尔舒诺夫的《目录学普通教程》，我整天就忙着翻译，也没有那方面的想法。当时我们学校的教务处长，叫刘花元，现在已经不在了。有天我们偶然碰在一起，他说："彭老师，你们系要成立学院，闹得正火，好些人都在活动着当院长，怎么没看到你人呢？"我说："对不起，我很少关注那些事情，也很少有那方面的信息，我正在忙着专心搞翻译呢。"的确是这样，当时有些人是想当院长。

关于这个，还有一件有意思的事情。有一次我到教育部开会，当时开会的人都在教育部的食堂吃饭，我也是每日三餐都在那里吃。那时候虽然大家在一起开会，但是并不知道具体的谁是谁，哪个人是哪个单位的，叫什么，不像现在开会的时候通常会有桌贴、座位贴。那天我还像往常一样到食堂去打饭，打好饭之后就和大家坐在一起吃，不想后来坐到我旁边吃饭的人竟然是当时教育部的副部长彭佩云①。当时我也不认得她，她又是个女同志，那我也不好主动问人家的情况了。但是，当时她是和我紧挨着坐下吃饭的，吃饭过程中，她就主动问我："你是哪个学校的？"我说："我是武汉大学的。"她又问："你叫什么名字？"我说："我叫彭斐章。"她当时就有些惊讶地说："嗨，你身体挺好嘛，这哪里是老态龙钟了？"我当时也被搞得莫名其妙，不知道她为什么那样说。后来才知道，原来是我们系有一部分人不希望我当院长，就在背后搞了一些小动作，说我这个人已经老态龙钟了……我当时是真的不知道，一点儿都不清楚，不知道他们在争论我们武汉大学图书情报学院院长的这些事情。要不是那天吃饭的时候正好和教育部副部长坐在一起吃饭，那我哪里知道是有些人故意在背后搞小动作。据说，那些人是通过高校图工委的渠道，向教育部副部长递交所谓的告状信。哎，我当时对于这个事情真的是一点儿都不知道，而且我想都没敢想，也想不到。后来知道，心想这也是有意思。说起来，这也是好笑，但是当时确实有这么一件事情。

---

① 彭佩云（1929—），女，汉族，1929年12月出生，湖南浏阳人。1945至1947年，西南联合大学社会系学习并参加"民青"，后到南京金陵大学（1952年并入南京大学）外文系学习；1947至1949年，清华大学社会系学习；1949至1950年，清华大学党总支部书记；1964至1966年，北京大学党委副书记；1979至1982年，教育部政策研究室主任、党组成员；1982至1985年，教育部副部长、党组成员；1985至1988年，国家教委副主任、党组成员；1993至1998年，国务委员兼国家计划生育委员会主任；1998至2003年，第九届全国人大常委会副委员长；1998年9月当选全国妇联主席。中共第十四、十五届中央委员。

后来,我又是怎么担任了武汉大学图书情报学院首任院长呢? 那是学校任命的,是组织上的安排。接到任命通知了以后,我就问刘道玉校长:"你为什么一定要决定让我当院长呢?"他说,你们院里有几个人,也没讲具体是哪几个人,"到我家里来哭,哭得说一定要谁来当院长,而不能让你去当院长……当时他们哭得呀,如丧考妣,简直没法……"他从那个时候才意识到这个里头应该有问题,随后大概是暗中进行了一番调查吧,最后和学校其他领导一起研究讨论后决定让我当院长,并下了正式的任命文件。当然,当初选任院长的时候,学校也应该是考虑了学历、职称这些基本条件的。一方面,我是获得了苏联教育学的副博士学位,那时已经是教授了;另一方面,学校也可能还有其他方面的一些考虑,那些就不得而知了。事情就是这样的,我当时并没有主动去争取,也没有做过任何的活动,因为我根本就不想做那些事嘛。这一点,跟我"立下园丁志,甘为后人梯"的座右铭是一脉相承的。我希望帮助别人,希望年轻人能很快上去,但是我自己并不那么关心那些东西。外界当时也是这样认为,武汉大学成立了新的图书情报学院,并不是原来的系主任升任为院长,而是重新任命了新的院长。或许有些人会想了,以前在系里我一直是副职,成立学院以后成了正职,那有些过去比我职务高的人会不会有什么别的想法。但是,从我个人来讲,我不太在意这些事,不愿计较那些。当然,若是别人当选院长,那我还是老老实实地做事,我不会做别的,我的确是不愿意去争取当院长的。其他的情况,我也不好去问了,但是当时确实是有这么些情况的。

事情大概就是这样的,既然组织上任命让我当院长,学校也发了正式的任命文件,那我还是要好好地搞了。假如有些同志心里有其他想法,不配合院里工作的话,那好说,我们都是按规矩办事,如果有人不按规矩,那是他们的事了。

说起来也有意思,在学校最终确定图书情报学院院长的时候,原图书馆学系的领导班子中就有人提出要求,要他不当院长、当副院长也行,但是要把原来的总支书记傅敬生同志调开①。为什么呢? 那是因为有的人大概是怕我和傅老师配合得太好的话,不好,所以当时就提出了那个要求。但是,过了一年,我跟学校

---

① 1984年10月至1985年12月,傅敬生同志调到武汉大学图书馆去当馆长。

讲了,要求把傅敬生老师再调回来。为什么呢? 因为我觉得一个人要工作,必须有一些人互相配合得比较好才行,才有助于学院各项工作的开展。后来,我跟学校谈了以后,学校就同意把傅敬生同志又调回来。当时也是刘道玉校长主持的。

在我担任院长的时候和傅敬生同志配合的时间最长,从 1985 年 12 月开始直到我卸任,院里都是我们俩搭班子,一直配合得很好。因为我个人是这样的,我不怕傅老师多做事,唯恐他不做事,但是有些人就怕了,怕若是别人做多了是不是越权了的,而我在这方面是非常开明的,这个傅老师他们也知道。我搞教学多一些了,傅老师就搞行政、人事多一些,院里其他的人也是这样,因为我不太分得那么清楚。另外,还有一个原因是在 1957 年、1958 年搞"整风运动"、划"右派"的时候,我正在苏联学习,不在国内,就脱离了当时的运动。所以回来之后,像后来改正错划"右派"这些事情,大家就会说"去总支找彭斐章,他最公正。为什么呢? 因为他当时不在国内,没有参加过那些事情,没有什么牵连"。傅敬生老师,他作为党总支的书记,组织原则很强,很公正,而且一直是那样。我们俩配合得确实很好,当时,在全学校党政团结我们院也是搞得最好的。

3. 图书情报学院成立

1984 年 11 月 9 日,武汉大学图书情报学院成立大会隆重召开,当时引起广泛的关注和讨论。成立大会有很多人出席,包括校长刘道玉。刘校长当时还发表了讲话,讲了我们图书情报学院有多少个"第一",比如图书情报学院不仅是武汉大学成立的第一个学院,而且也是全国成立的第一家图书情报学院,拥有全国最早开办的好几个学科专业。后来让我发言,我主要讲了成立学院以后我们的发展方向和改革目标。发展方向是要坚持采取多学科、多层次、多类型的办学方式,扩大研究生、双学位学士的招生规模等。改革目标主要有三个:第一,要培养高质量的人才,这是我们的主要目标;第二,要出一大批高质量的科研成果和教材;第三,要出一系列很有改革开放意义的办学经验。我当时的发言里面还有其他的建议和想法,这里就不提了,主要是这三个方面目标,我当院长以后也是朝这三个方向去努力的。

　　在院领导班子分工的时候,他们都想管研究生,管科研这些。我分管教学。我当时是又当院长又管教学,我搞了很长时间的教学工作,从副系主任开始,前后管了27年。当院长后的一些改革举措、心得体会,遗憾啊什么的,以前在一些访谈中提到一些,《彭斐章文集》里面应该有收录。当然我不是那样讲的,没直接说是遗憾,有些东西是从正面来讲的。在建院三周年前后的时候有几篇专访,比如肖莉写的《锐意改革,振兴图书情报学教育事业——访武汉大学图书情报学院院长彭斐章教授》①。肖莉不是真名,是笔名,他的真名是李兴昌。他后来调到广东去了,现在退休了。钟敏写的《樱花烂漫,如同桃李——武汉大学图书情报学院建院三周年前夕访院长彭斐章教授》②。钟敏也是笔名,真人是中南民族大学图书馆的罗德运。他写评论写得比较多,因为都在湖北武汉,我们接触得也比较多。

　　总的感觉是,图书情报学院刚成立的时候,有许多的问题需要去处理,可以说是千头万绪。那时候问题确实不少,因为我是院长,行政一把手,就必须处理那些事务了。担任行政职务,有的人说和教学、科研和生活没有矛盾,那怎么可能呢? 我的体会是需要付出更多的时间和精力去协调。我们院里有个蒋老师,她脾气不太好。那确实,她有时间跟谁讲个什么事情,会一直讲,比较难缠。她自己也知道这些情况,后来她就直接跟其他老师讲了,说只有彭老师没有赶过她,其他老师都赶过了。她要是找我谈,那我该听的还得听,而且会一直听,不能让她感到我厌烦她。行政工作、科研和生活这些有了矛盾,怎么化解呢? 个人要自觉了,努力了,应该我做的事情,我肯定要努力做好;其他的事情,要多跟大家商量,把事情做了就好了。

　　还有一个,这个讲实在话,搞行政工作还是很繁杂的,特别是现在。因为行政工作,会牵扯很多的时间,那个人的事情怎么解决? 要少睡一些觉了,把那个时间补起来。我印象比较深刻的是,那时候我晚上九点钟以前都是在单位办公

　　① 肖莉.锐意改革,振兴图书情报学教育事业——访武汉大学图书情报学院院长彭斐章教授[J].图书馆学研究,1986(5):65-66.
　　② 钟敏.樱花烂漫,如同桃李——武汉大学图书情报学院建院三周年前夕访院长彭斐章教授[J].高校图书馆工作,1987(4):54-58.

室处理事情，回家以后才能备课，有时候会备课到晚上十二点，甚至过了晚上十二点还在忙。当时还有个情况是什么呢？就是有些老师，虽然跟我在办公室谈了，但他还是不放心，还要跑到我家里来再谈，那样我的时间就不太好掌握了。按道理来讲，在办公室那么长时间，应该都谈好了，其他时间就没必要再谈了，但当时还是会有一些人会到家里来找我谈。

那时搞教学的思路、精力，是非常集中的。比如，那个时候看了资料，要形成个什么东西，很快的，常常一两天或一个星期就能搞定。现在就差了一些，现在也会看很多东西，但是要形成成熟完善的东西就慢了很多，这个和年龄有关系。

二、开拓创新

1. 团结奋斗,开创图情发展新时代

武汉大学图书情报事业的真正发展,是从 1984 年图书情报学院正式成立开始的,也就是我担任第一、二任院长的时候。我为什么这样讲呢？因为成立学院,无论是教学、科研,还是师资建设、招生就业、人才培养,我们学院都占有很大的优势。就职称评审来讲,因为是独立的学院,所以我们这里一开始评职称就是单独评审。像北京大学图书馆学系要评职称的话,那得在中文历史一组,图书馆学得去参加中文、历史的评审。那图书馆学系教师的成果,怎么能和中文历史的比？很多时候,评判标准都不统一,不好比了。

图书情报学院刚成立的时候,有许多问题,其中一个比较大的关键问题是教材建设。那时候没什么教材,我觉得没有高水平的教材,就培养不出来高质量的人才。所以,在教材建设上,我是下了很大决心,花了很大力气,起了很大作用的。

教材方面我们当时搞得比较多,教材出版得也比较多。

首先,1961 年我刚回国不久就去北京大学编写目录学教材。当时,那个教材编好了以后,由于种种原因,虽然没有正式出版,只是铅印出来了,但后来还是起了很大的作用。

其次,1978 年 6 月,教育部在武汉召开全国高等学校文科教学工作座谈会,当时图书馆学有《图书馆学基础》《目录学概论》《图书馆藏书》《科技文献检索》《中文工具书使用法》等 8 种教材列入高等学校文科教材规划(1978—1983),后来这些教材陆续出版了。

再次,那时候学校也很关心教材的事情,觉得我们应该重视教材的建设。正

好教育部搞教材建设的领导到武汉大学来开会①，当时我和马费成两个人去参会。我在会上做了"锐意改革、努力开拓图书馆学教育的新局面"的报告，并且强调了教材建设的重要性。高教司的一个司长说："你们谈的这些意见和建议很好，是要搞教材，那你们看看，哪些教材你们已经有初步的规划，那就说一说具体的情况。"当时我跟马费成两个人就一门一门地汇报，讲完他们就拍板，说这个可以，那个可以……哎呀，那真是痛快，那次我们一下子就搞定了一二十种教材。后来事情传出去，其他单位，他们是既羡慕又恼火，说武汉大学图书馆学系这一下就搞走了三分之一。那确实，当时图书情报专业一共有 60 余种教材列入国家教委高等学校文科教材编选计划（1985—1990）。

此外，我那时候提出了，既要抓教材建设，还要搞教学大纲和教学参考资料。若是没有参考资料，那学生怎么知道要读哪些东西，又如何搞研究？所以，那个时候我自己发挥带头作用，像我们的目录学课程，当时就是这么做的。我们不仅有教材、教学大纲，还有参考资料。前面也讲了，我指导的第一届研究生中，其中有一条很关键的经验就是让他们去查找资料。当时我和谢灼华老师商量后决定，我们要坚持搞下去，第一届的四个研究生，他们每人负责一块，分目录学基础理论、目录学研究方法、目录学史、外国目录学四个方面，后来这些资料编辑成《目录学资料汇辑》，先是内部印刷，当时是铅印的，在 1986 年的时候就整理成《目录学资料汇编》正式出版了。关于教材建设的这些情况在很多资料里面都有提到，可以看出我们当时搞的教材建设情况，这里我就不再讲具体的事情了。

我当院长时，对于人才建设，我有这么一个原则：要出国深造的，那我们挽留一下，但不做更多的挽留。为什么呢？因为他们想出国，要深造，武汉大学这里没条件，那就让人家走嘛。我为什么支持他们出国深造呢？还有一个原因，在当时来讲，武汉大学的图书情报研究生是全国所有图书情报院系当中最多的。我心里就想，若是有一个走了，那再留一个就是了。所以，从这方面讲，我们院还是占有很大的优势，我们这里留人，还是很容易的。而别的单位要从我们这里要一个研究生，当时要找这个来讲那个来讲，还是需要花费很大力量的。既然我们这

---

① 1983 年 4 月，教育部在武汉大学召开了"全国图书馆学情报学教育工作座谈会"。

里研究生不少,那又何必强留着不让他们出去呢?他们想出去,那就让他们出去吧。张琪玉老师的学生曾蕾是我们这里最早要离开的,当时我是同意的。我们学校那个时候也有个别一些老教授、知名教授走了的,法学院走的人最多,有很多到清华大学的。那时还有个笑话说,清华大学为武汉大学留了一个楼。当时学校里是同意的,我的这个观点和刘道玉校长的观点是一致的,跟现在的支持人才自由流动的思想也是一致的。

我担任院长的时候,有一次评职称,发生了这么一件事。我们院的一个青年教师当时评讲师,没评上,就去问人事处处长是怎么回事情。人事处处长说:"我征求了你们单位专家的意见……"当时人事处处长并没有说专家是谁,但那个青年教师好像认为专家就是我。后来这个青年教师找到我,给我说这些事情,我就给他做工作,让他先不要考虑这些方面的事情或者怎么样。这个青年老师他就想,既然你给我做工作,那人事处说的专家肯定就是你了,实际上并不是我。虽然我当时知道人事处所说的那位专家是谁,但是我也不能够因为要洗清我自己去和他说那个专家是谁。当时好像就有这么一种情况,别人一说是我们院里的专家,他们总认为我们这里专家就是我,实际上那次并不是我。

我当院长的时候,在职称评审方面,还解决了一个历史遗留问题。这个事情现在不好讲,讲出来了伤人,就是我们系里当时留了一部分1972级的工农兵学员当老师。我当院长后就跟学校人事部门讲,他们这批人的讲师职称,到了一定年限,考了外语之后,就应该全部都上了。学校当时也是很好的,听我的意见,所以那一次上了很大一批。这个问题,我当时是花了很大的力气的。因为若不是那一次大批量地上,那他们当中一些人的职称问题以后就不好解决了。

2. 重视异地办学,发展函授教育

图书馆学教育要建立有中国特色的专科、本科及研究生教育,必须将全日制教育与业余教育(电大、函授、岗位培训)相结合,将专业教育与双学位教育相结合。我当院长时,是非常重视图书馆学情报学成人教育的,当时我们在各地办函授站,派学院教学效果好的老师去各地讲课。

　　讲到函授，还有一个有意思的情况。那个时候，武汉大学在各地设了不少函授站，有一次北京大学和武汉大学图书馆学系在同一个单位各设立了一个函授站。北京大学当时上的是图书分类的课程，是个老教师去上的，叫史永元，他当时带着爱人一起去了。武汉大学上的是目录学，让我去上。我在那里上目录学课，那教学效果学生反映还是很好的。结果，后来北京大学的系主任知道了这个情况，就和史老师说："武大派了彭斐章老师去上，那人家的教学效果是很好的，你跑去那里上分类，你和别人在一起还好弄一些，结果还跟彭老师一起上课，那真是……"结果也是个麻烦事，当时确实有好多学生都来听我讲的课了，他们那边去的人就比较少。

　　函授班我去得最多的是云南。为什么呢？因为是他们要我去的。谁要我去？主要是王新才。王新才是我的硕士，他毕业以后去了云南师范大学。当时云南师范大学调来一个校长，这个校长大概是从上一级部门，省文化厅调去的，好像是当时他不太满意被调离那个领导岗位。所以，他到云南师范大学当了校长以后，就大手大脚地干事，因为他是上面下来的，那时也能搞来经费。有一年，一下子到武汉大学就要了20个硕士研究生，各个专业的都有，有学生物的、物理学的、数学的，王新才也是在那次被要了去的。他当时要的这些学生，没有太大的针对性，他们一个师范大学要20个硕士研究生干什么呢？这20个人都是年轻人，刚刚硕士毕业就去那里工作。像学生物的，当时学校里面什么设备、材料也没有，都没法搞教学科研工作。那真是浪费人才！王新才当时还好一些，为什么呢？因为他喜欢写文章，他还在杂志上面发表了几篇文章，这点我倒是很欣赏他的。

　　所以那时听说我去函授，那王新才他们高兴极了。有次我到他们那里去了，他们那批从武汉大学毕业的人那天下午都来了，还集体弄饭给我们吃。当时买了猪肉和其他食材炖在一起，我们大家就在那里一块吃饭。在这过程中间，他们就说："彭老师，你来了好啊，我们这里……"他们当时就跟我诉苦。我听了，感觉那真是不像话，但是我也没办法。我当时和他们讲："我不能帮你们完成什么愿望，也不能帮你们解决什么问题，但是我可以帮你们反映这些问题。"

　　王新才对当时的情况也是很不满意。我记得他宿舍的墙壁上还写了首打油诗,具体内容我不太记清楚了,大概的意思就是囊中羞涩、没钱做事这类意思,反正是非常不满意。王新才就跟我说:"彭老师,我想要改变一下当前的境况。"我一回来就跟南开大学的来新夏先生联系,写了信给他。没多久,来新夏先生就回了信,答应了让王新才过去谈谈。后来王新才就去南开大学和来新夏先生谈了,都谈好了,当时来先生也希望他去南开大学工作。但是一谈调动,云南师范大学那里就不放人了,结果搞得王新才挺恼火,想他们那里也没有好的工作给他做,也不放他走。后来我就和王新才商量,建议他考博士吧,考出来读书的话,学校就没有话讲了。随后,他就开始准备,最后就考上了,所以他是我的第一届博士,和柯平他们是一起的。

3. 摈弃门户之见,促进图情事业新发展

我当院长期间,除了要做好学院的工作,还要做好学科建设工作和其他社会工作。

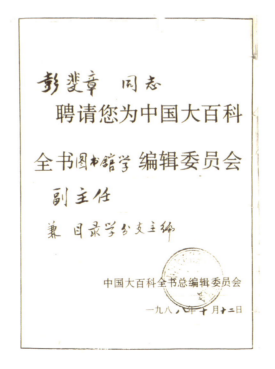

彭斐章担任中国大百科全书图书馆学编辑委员会
副主任兼目录学分支主编

这期间，主要是加强了与国内外兄弟院校、图书情报行业之间的交流，既向同行学习，也给同行以大力支持，谋求事业的共同发展。像上海图书馆顾廷龙先生①给我写信，我立即给予帮助支持。

我不讲门户之见。嗨，你们是不知道，有些人讲的时候说不要论资排辈，喊得很好，可是真正到了关键时候，就不行了。像王余光是 1983 年从北京大学图书

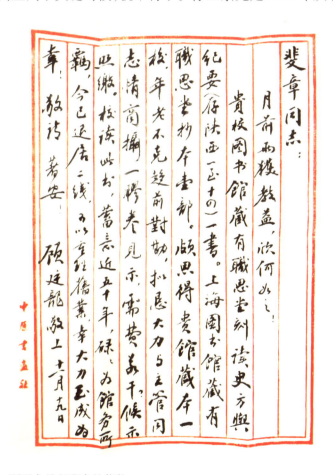

顾廷龙给彭斐章的信札

---

① 顾廷龙（1904—1998），中国版本目录学家，图书馆事业家。字起潜。1904 年 11 月 10 日生于苏州。1931 年毕业于上海持志大学国文系。1933 年毕业于燕京大学研究院国文系，获文学硕士学位。后任燕京大学图书馆中文采访主任。1939 年与张元济、叶景葵等在上海共同创办合众图书馆。后兼暨南大学、光华大学教授。中华人民共和国成立后，历任上海历史文献图书馆馆长，上海图书馆馆长、研究馆员。

馆学系本科毕业以后到武汉大学图书馆学系来工作的,两年后就提了讲师。另外,王余光也是在我们系里工作的时候读的博士研究生,是华中师范大学历史文献学研究所张舜徽先生①的学生。当时我们院里很多人就反映说,武汉大学这自己毕业生都不行,他一个北京大学来的还让他一边工作一边读博士。他提教授的时候,也是破格的,他和陈传夫两人都是破格提的教授。后来,他要走,也是我同意放他走的。我不是从个人角度出发,而是完全从事业出发。我想,不论他是在武汉大学还是在北京大学,都是在图书情报领域,那就好了。

在门户观念方面,我很欣赏北京大学图书馆学系的李纪有先生,那时他是系里的副系主任了,他也是没有门户之见的。

关于我的门户观念,在 2013 年 11 月 2 至 3 日,召开的第六届全国目录学学术研讨会上,北京大学的王锦贵老师,在发言里,还专门讲到我是没有门户之见的。他当时讲道:"彭斐章教授胸怀坦荡,毫无门户之见。这一点在学术领域乃至其他任何领域都难能可贵。正因为彭教授胸怀坦荡,海纳百川,武汉大学图书情报等学科才能迅速发展,并取得辉煌的成绩。关于《目录学教程》的编写,这本书是 2004 年高等教育出版社出版的。彭教授的学生桃李满天下,其实完全可以找自己的学生编写,然而彭教授却多次找人联系我,希望我能参与这部书的编写。从这一点可看出彭教授没有门户之见。也正因为这一点,彭教授赢得了校内外学者的赞誉。自古以来,门户观念根深蒂固,历史上很多名人都在自己的文章中论述了门户之争问题,如章学诚等,这个问题很难解决,但彭教授却能抛开

---

① 张舜徽(1911—1992),别号天逸老人,室名仪二郑斋、霜红轩等。湖南沅江人。幼自学文史。1932 年后在长沙任中学国文、历史教员。1941 年任蓝田国立师范学院中文系讲师。1943 年任北平民国学院中文系教授。后任国立兰州大学中文系教授、系主任。曾兼任西北师范学院中文系教授。讲授文献学等课程。1950 年在华北革命大学政治研究院学习。1951 年后,任教于华中师范学院,任历史文献研究所所长。1979 年参与发起中国历史文献研究会,任会长。著有《积石丛稿》《中国历史要籍介绍》《中国史论文集》《顾亭林学记》《中国古代史籍校读法》《清代扬州学记》《清人文集别录》《中国古代史籍举要》《周秦道论发微》《中国文献学》《史学三书平议》《说文解字约注》《郑学丛著》《文献学论著辑要》《中华人民通史》《旧学辑存》《汉书艺文志通释》《清儒学记》《张舜徽学术论著选》等。资料来源:周川.中国近现代高等教育人物辞典[M].福州:福建教育出版社,2012:336.

传统理念,摈弃门户之见,实在可敬可叹。"①

我就觉得,我们图书情报学科本来就弱,若是再分的话,那就更没法好好发展了。

4. 来之不易的博士学位授予权

以前,我在给博士研究生上第一课的时候,总是会讲我们国家设立图书馆学情报学博士点,是十分不容易的,要求他们珍惜来之不易的读博机会。确实,当初争取到图书馆学情报学博士学位授予权是非常不容易的。

那时候国务院学位委员会来武汉大学,要求我们这里出一个人。研究生处的处长就跟刘道玉校长汇报,刘校长就提议让我去。那时,我还不是博导,所以参加了国务院学位委员会中国语言文学学科评议组。

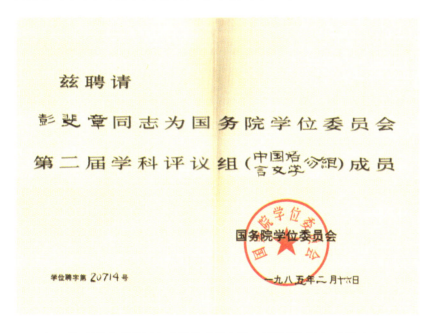

1985 年 2 月,彭斐章受聘国务院学位委员会第二届学科评议组成员聘书

---

① 图书情报知识编辑部,邢文明,李鑫,等.功德言三立圆　满桃李杏六秩华实——武汉大学人文社科资深教授彭斐章先生执教 60 周年庆典侧记[J].图书情报知识,2013(6):4 – 8.

当时,在这个评议组的 12 位委员中,有 11 位是中国语言文学方面的知名专家,只有我一个人是从事图书馆学研究和教学的教师,这就存在一个隔行评审的问题。由于这样把不同学科放在一起评审,而且是他们 11 个人对我一个人,实际上是中国语言文学专业评图书馆学专业,学科相互间对学术水平的评鉴,既难于知其底蕴,自然也更难于做出恰当的结论。在评议的过程中,我就尽力地要求设立图书馆学的博士学位。国务院学位办的就说,那干脆,这个博导就给你,就不要评了吧。我当时就讲了,这个不行,必须要有一个临时评议组。

为争取图书馆学情报学博士学位授予权,我当时做了很多工作。在国务院学位委员会评议组的会上和会后,我曾多次口头及书面向与会代表和研究生司领导反映意见,写《关于"图书馆学"专业申请博士学位授予权的申述报告》。类似那样的报告,写了三四次,有以个人名义写的,也有以单位名义进行的。在 1986 年 3 月的那份报告中,我们阐述了在中国设立图书馆学博士点的必要性和可行性,为此还调查了苏联、美国、西德这些国家的图书馆学博士学位授予权的情况,认为可以在办学条件较好的北京大学和武汉大学设置博士点,这两个学校有条件、有能力培养图书馆学情报学博士生。这个报告后来是通过严怡民老师转交上去的。为什么是他转交呢? 因为严怡民老师是中国科技情报所来的,武衡当时是学部委员,他们以前认识。严老师那个时候讲,他一转过去了之后,武衡就批了字,他是学位办的副主任,他转给何东昌①。报告中写至少要有两个点。为什么要两个呢? 从我个人的观点来讲,我觉得两个比较好,比较平衡了,因为一直是这样的,武汉大学和北京大学,一南一北了。

经过多方努力,学科评议组单独设组的事终于在 1990 年解决了。

1990 年 6 月底,国务院学位委员会学科评议组的第 4 次会议在北京召开。当时有 55 个学科评议组。这次会上,"系统科学、图书馆学与情报学"学科评议组增设了两个临时分组,其中之一就是"图书馆学情报学学科临时评议组"。这

---

① 武衡在 1989 年 5 月 31 日批的条子中写道:"东昌同志:武汉大学教授彭斐章同志向我反映,希望在该校设立图书情报学博士学位。我想在当今信息时代,图书情报工作越来越显得重要,若该校条件符合的话,应予以支持。现将他们寄我的这份报告先送你请予考虑。"

个分组全部由图书馆学和情报学的专家组成，除了我，还临时邀请了倪波、杜克、孟广均、关懿娴、阎立中、汪廷炯6位专家。

1990年，国务院学位委员会图书馆学情报学学科临时评议组全体成员

学科评议组主要审议图书馆学情报学的硕士点和博士点设置等重要问题。当时在那里讨论的时候，也比较麻烦。好在我们学校当时有2个博士导师评审员，5个人，我们这里占2票。但是，我们当时还是协商得比较多，都是从整个图书馆学情报学事业角度出发考虑问题。实际上从学科发展来讲了，应该图书馆学和情报学这两个博士学位授予点都是我们武汉大学的。因为图书馆学是从1920年文华图专开始的，后来文华图专并入武汉大学，所以无论是从历史，还是从当时的师资队伍、科研成果这些，武汉大学获取图书馆学博士授予权应该都是没有话讲的。但是，又不能把情报学让出来，情报学让出去，北京大学那边也没有办法接情报。所以，武汉大学当时让出图书馆学博士点，图书馆学博士学位授予权设在北京大学，情报学的在武汉大学。但是，隔一两年之后，我们图书馆学博士点又上去了，而北京大学的情报学博士点比武大晚了十年。

图书馆学情报学博士学位授予权①批下来之后,国务院学位委员会就评了三个博士生导师。武汉大学有两个,我和严怡民,北京大学是周文骏老师②。为什么我是双博导呢? 因为我们这里有情报学的博士学位授予点,后来又投了一次票,我们这里就既有情报学的博士点,又有情报学的博士生导师。我们三个人是国务院学位委员会评的,后来又加了一个,中科院的孟广均。国务院学位委员会评的图书情报方面的博导就只有我们四个,后来的博士生导师就是各单位自己评的了。第一届的图书馆学情报学博士拿的学位,当时的一级学科叫"系统科学、图书馆学与情报学",图书馆学和情报学也不能单独列,最后就是理学博士。大概只搞了一届,当时,有些同学还是希望干脆叫理学博士。

---

① 1990 年 11 月,经国务院学位委员会批准,北京大学和武汉大学分别获得图书馆学和情报学博士授予权学科点。1991 年两校开始招收博士研究生,北京大学招收"图书馆学"方向 1 名,武汉大学招收"现代目录学"3 名,"情报理论与方法"方向 2 名。

② 周文骏(1928—),男,中国图书馆学家。1928 年 1 月 29 日生于浙江金华市。1953 年毕业于北京大学图书馆学专修科。曾任山西曲沃中学俄语和中国语文教师、北京大学文学研究所图书资料室管理员。1956 年起任教于北京大学图书馆学系,历任讲师、副教授、教授、硕士、博士研究生导师。1984 年起任图书馆学情报学系主任、北京大学学术委员会委员。他是国务院学位委员会第三届学科评议组成员。

三、国际交流和海峡两岸交流

1. 重访苏联

出国学习交流方面，我去得最多的是苏联，包括留学那次，一共去了三次；还去过一次联邦德国，一次保加利亚，一次美国，一次俄罗斯。去俄罗斯主要是旅游，是2013年夏天的时候去的。这些国家区别还是挺大的。我的直观感受，当时苏联还是好一些，友好一些。

1987年4月，彭斐章参观苏联、保加利亚期间与代表团成员留影

1961年4月从苏联回国后，再去苏联是改革开放后，前后又去了两次。第一次是1987年3月29日至4月23日，根据当时的"中苏、中保1987年文化交流计划"，由文化部组织了一个图书馆代表团去参观访问。这个代表团由鲍振西、我、潘皓平、姜继、李仁年五个人组成。代表团先到的是苏联，后去了保加利亚。在苏联的时候，我们五个人先后参观访问了莫斯科、彼得格勒、塔什干、撒马尔汗四

个城市,15 所图书馆,以及彼得格勒克鲁普斯卡娅文化学院和莫斯科全苏书籍爱好者志愿协会,还拜谒了列宁墓和季米特洛夫墓,参观了几所博物馆。参观访问的具体情况,鲍振西他们回来以后写了专门的报告①。那个报告,写得还是比较详细的。

1987 年 4 月,彭斐章(左三)访问苏联时与母校的老师和同学合影(右二为科尔舒诺夫,右三为著名目录学家别斯巴洛娃)

第二次去苏联是1991 年去的。当时是去参加第57 届国际图联大会,会议的主题是"图书馆与文化以及它们之间的关系"。这次中国图书馆代表团有 29 人,因为去的人多,坐飞机的话,太贵了,所以当时我们都是坐火车过去的。那时火车比1956 年我去留学的时候还是快了一些的,但也用了差不多六天六夜才到,是 1991年 8 月 12 日到达莫斯科的。那时叶利钦正好发表了演说,发表演说的地点和我们开会的地点正好是对着的。当时,安全还是有保障了,我们住在哪里呢? 我们住的是苏联国防部的招待所。开幕式会场设在俄罗斯大饭店的音乐厅。但是,当时苏联的政局确实不太稳定,8 月 19 日那天,由于苏联政局的突然变动,导致我们未能按时参加上午的学术讨论。后来大使馆来电话通知,说是开幕式不变,还是在 8 月

① 鲍振西.苏联图书馆事业——见闻与观感[J].图书馆学通讯,1988(1):76 - 81.

19 日下午准时举行①。当时情况确实挺乱的。乱的时候，也有人在街上砸破车子，搞一些破坏，而且当时他们的坦克，都开在外面，停在那里。我当时就问他们，说："你们坦克开的这么多，武装这么厉害，那是不是很危险？"他们就故意把枪打一下，说："没子弹，吓人的，你们就放心了吧。"也是由于当时的这种情况，所以开会的时候，好多人就走了，但是我们代表团的都没走，会还是开了的。苏联文化部的人宣布了，说会议肯定召开，也不会对大家有什么影响，他们保证我们的安全。

印象比较深刻的是，由于当时政局比较乱，所以卢布贬值得很厉害。我当时到我一个留学期间的朋友别斯巴洛娃（Э. К. Беспалова）家里。她当时是莫斯科国立文化大学的教授，现在已经不在了。我到她家的时候看到她家里放了三个电视机，我就问她："你要三个电视机干什么呢？"她说："现在卢布没有用，还不如换一些实物。"她还问我："你的袜子带得多不多？"我就问她："你要袜子干什么？"她说："我们这里情况不太好，是有的人怕卢布贬值的话，什么东西都难买到了。"那时确实是那样的。我跟当时在湖南省图书馆当副馆长，后来调到深圳南山图书馆的程亚男，我们俩一起出去换外币。100 美金换来的卢布得用一个大书包背起来，那一大包卢布得要两个人一起才能提起来，而且当时换出来的那些卢布全都是没有拆封的新币。那时有 100 美金不得了，到外面去买东西的话，可以买很多的。苏联那个时候，卢布贬值了之后，货物缺乏，商铺的货架子上面基本上没有什么东西。我们出去的时候，看到很多商店前面都排了很长的队。有一次，我就跑到队伍的前面去，看他们排队是买什么东西，一看才知道是买化妆品。苏联的轻工业、生活用品那段时间很是匮乏，像女同志穿的针织毛衣那些，他们只是看到大百货商店橱窗里面挂着做招牌，实际上没有卖的。所以，很长一段时间，苏联人，对我们国家的轻工业品，那是非常羡慕的。

提到这个，还有一件有趣的事情。1992 年的时候②，我请别斯巴洛娃来武汉大学图书情报学院讲学。她当时在我们这里，特别喜欢吃水果、青菜，因为当时

---

① 程亚男. 八月，在莫斯科——第 57 届国际图联代表大会散记[J]. 图书馆，1991(6)：26-28.

② 1992 年 10 月，莫斯科国立文化学院目录学教研室别斯巴洛娃到武汉大学图书情报学院讲学。

在他们国家是比较难吃到的。还有一个比较有意思的,她来我们这里讲学的时候,有一次看到我们这里摆放的香蕉,当时还把香蕉顶在她头上照相,很是稀罕。那时,我们学校的外事处在送别这些苏联学者的时候,通常也都会送一些生活用品,他们很是喜欢。苏联,在我 1956 年去留学的时候,那比我们国家还是好了很多的,后来就不太好了,现在发展得也还不错。

2. 保加利亚印象

参观访问保加利亚也是"中苏、中保 1987 年文化交流计划"的一部分。在完成苏联的参观访问任务之后,代表团就到了保加利亚。

在保加利亚,我们首先参观访问了保加利亚国立图书馆,是设在索菲亚的基里尔·米弗基人民图书馆,面积有 16000 多平方米。这个国立图书馆是全保加利亚的藏书中心、书目中心、历史档案中心、科学方法研究中心,相当于是他们的国家图书馆。接着参观访问了索菲亚市图书馆,这是一座古老建筑,是保加利亚国家重点保护的古建筑之一。当时,这两个图书馆都在计划扩建新馆或改建现有场馆。为什么呢? 一是因为当时书库空间紧张;二是为了发展自动化管理技术,需要改善馆舍条件;三是有些图书馆的阅览室和业务用房也较紧张,需要增加阅览室等办公用房。在离开保加利亚的前夕,我们又一次到国立图书馆和该馆副馆长交谈。他说,书库空间紧张是世界上图书馆的"流行病"。他还提到了一些解决这些问题的建议和看法。

到保加利亚的第二天,保加利亚文化委员会,相当于是我们国家的文化部图书馆局负责人向我们介绍保加利亚全国图书馆事业概况时,特别提到了保加利亚人民读书室的情况。于是我们实地参观访问了索菲亚市和索菲亚州乡村的三所人民读书室。据介绍,保加利亚的人民读书室具有悠久的历史。早在 100 年前,保加利亚人民反抗土耳其统治压迫的斗争中,就建立起了人民读书室,由于开始是人们读书的地方,所以称人民读书室。保加利亚人民共和国建立后的几十年中,这些人民读书室已发展成为以读书室为主体,包括电影、戏剧、音乐、舞蹈、绘画等活动的群众文化活动中心。虽然后来人民读书室已发展成为群众文化活动中心，但它的名称没有改变，一直叫人民读书室。因为人民读书室是以图书活动为主体，图书阅览室具有普及文化知识，开展思想教育的社会功能，图书活动易于普及，具有稳定、持续的特点，人民读书室又具有悠久的历史。所以，尽管后来扩大了活动内容，但这都属于人民读书室开展的活动。这个人民读书室，成了保加利亚图书馆事业的一大特色，在保加利亚图书馆事业中占有很重要的地位。它隶属市、州和地区文化委员会领导，同时接受市、州和地区图书馆的业务领导。

通过这次在保加利亚的参观访问，我们对保加利亚图书馆情况有了比较详细的了解，保加利亚图书馆事业的发展与特色给我们都留下了深刻的印象，回来后，我们的代表团成员还写了访问散记①。

3. 访美之旅

我是 1988 年去美国访问的，1 月 20 日去，2 月 26 日回来（2 月 16 日是农历除夕），在那里待了将近一个月。当时是我一个人去的，因为他们就邀请了一个人。到了美国之后，去了好几个地方，伊利诺伊、波士顿、纽约、华盛顿这些地方都去了。去这些地方的时候，都是开车去。

1988 年 1 月，彭斐章应邀到西蒙斯大学陈钦智教授家做客

---

① 潘皓平. 访问散记——苏联和保加利亚图书馆见闻[J]. 图书馆杂志，1987(4)：51 – 54.

　　到的第一站就是伊利诺伊,好像是那样的。他们做事情很细致,那些天的具体安排,他们是专门开会讨论过的,安排得也挺好。陪同我一起进行参观访问的是我们图书馆学系毕业的一个学生,叫胡承仁。她当时在美国伊利诺伊大学图书情报研究生院留学,1987 年博士毕业后就一直定居在美国,所以他们就把她找来了,她又当翻译,又当陪同,陪我一起考察了好些地方。当时,有胡承仁陪同,当然很好了,她对两边的情况都很熟悉了。所以,我在美国访问,还是很方便的。

　　到达伊利诺伊的时候,他们安排的第一个接待就是兰卡斯特(F. W. Lancaster)①。当时,兰卡斯特是伊利诺伊大学图书情报研究生院的权威,另外兰卡斯特以前也到过武汉大学,所以,我到他们学院,他就负责接待了。我们是下午去的,接待了之后他就请我们吃饭。他当时是请我们到他家里吃饭,除了我之外,还有一个印度人。

1988 年 1 月,彭斐章应邀到伊利诺伊大学兰卡斯特教授家做客

---

　　①　兰卡斯特(Frederick Wilfrid Lancaster,1933—2013),美国图书馆学家、情报学家、教育家。1933 年 9 月 4 日出生于英国达勒姆。1950 至 1954 年就读于美国纽卡斯尔图书馆学校。1953 年担任纽卡斯尔公共图书馆高级助理。先后担任美国阿克伦公共图书馆科学技术高级馆员、华盛顿赫纳公司系统评价组常务顾问和组长、美国国立医学图书馆情报系统专家和副馆长特别助理以及韦斯泰特研究公司情报检索服务部主任。1970 年以后,任教于美国伊利诺伊大学图书馆学研究生院。1972 年担任该院教授并兼任生物医学图书馆员培训计划负责人。

　　兰卡斯特最喜欢喝酒，我当时喝不了，我也不像他那么喜欢喝酒。我到他家里去的时候，他就夸一个大口，说："你这个难得客人来了，我要招待你。你去了之后，你想喝什么酒，我就给你喝什么酒。"到了他家里之后，他就把我们带到他家的酒柜前面，意思是让我们选喜欢的酒。我当时就指里面的一瓶茅台，说："那我就喝这个吧，我最喜欢喝茅台。"他马上就说："这个茅台不行，除了这个之外，其他什么酒都行。你们学校的马老师当时送了我两瓶茅台酒，但是我跟马老师两个人当天就喝了一瓶，现在只剩下这一瓶了，那任何人都不能够再喝了。"其实我那时候不喝酒了，我是故意跟他开玩笑的。因为在去之前，马费成老师整理了兰卡斯特的材料，还告诉我他送给兰卡斯特两瓶茅台酒。我在酒柜里面看到那个酒，就故意和他那么说的，这是一个插曲了，蛮有意思的。当然了，当时是开玩笑了，我也不好意思把马老师送他的茅台酒喝了，他要把那个酒放在那里，珍藏的。

　　他喝了酒之后，也不管我们是不是客人了，就跟他的爱人讲，说他现在要去睡觉了，你陪同一下吧。他爱人就接待我们了，陪同我们到其他地方去，他就不跟着我们跑了。

　　兰卡斯特，他这个人性格很好，非常开朗，他就是这样的人。我去的时候，也会带一些礼物。那次送给兰卡斯特的是什么呢？是织锦，用丝织的织锦，是杭州的风景图案，很好的。我也是听说，好像他们对这些很欣赏。那时候出国选的礼物不在轻重，主要是讲究实用，他们喜欢就好。记得当时他一拿起礼物，他儿子就抢着要，他说："这个不行，我要挂在我的书房。"从我们的角度来说，那个礼物，兰卡斯特很喜爱就行了。

　　去美国的其他图书馆或院系参观访问，也都是有接待。当时，他们的接待，都有书面的材料，什么时候安排什么活动，这些东西他们都是提前准备好了的。那时我也是第一次去美国。因为我从上大学后，外语就改学俄语，后来又去苏联留学四年多。所以，在美国访问交流的时候，经常讲着讲着一下子俄语就出来了。他们美国那边的那些人就不动了，没反应了，我就知道了，是我又讲俄语了，他们听不懂。正式交流多是胡承仁当翻译，但是我也可以听懂一些，讲也是可以讲一些，比如生活方面、日常交流方面也都没什么问题。当时到美国那里去，也没有感到有什么特别的,因为我在国外,在苏联生活了四年多。改革开放后,也去过联邦德国和苏联,所以到美国那里去,我也没感觉特别。生活方面,比如吃的话,那和咱们国内还是很不一样,和苏联也不完全一样。苏联,就是三道菜。第一道是汤,第二道是主菜,鱼、肉、肉饼这些,第三道菜就是咖啡、茶这些,我们国内叫水果点心饮品之类的东西。美国的话,多是西餐,牛排、汉堡这些。

　　1988年,我在美国参观访问期间,还有一件特别的事情。在美国西蒙斯大学图书情报研究生院的时候,他们的院长斯图亚特(R. D. Stueart)复制给我了一张文华图专很老的一张照片①,照片里面有沈祖荣他们一些老教授。那张照片是最早的,很有历史纪念意义,他们那里只有一张。斯图亚特说,那个照片对我们武汉大学图书情报学院是有好处的,所以他就专门翻拍、复制后送给我,让我带回去。斯图亚特他也来过武汉大学两次,在我们图书情报学院也讲学过②。他出了一本书,名叫《图书馆管理》,那个书,他先后出了两版③。

1988年1月,彭斐章与西蒙斯大学图书情报研究生院院长斯图亚特合影

---

　　①　见前文68页的文华图书科师生合影。

　　②　1988年9月12日至16日,美国西蒙斯大学图书馆情报学研究生院院长罗伯特·D.斯图亚特教授在时隔六年之后,对武汉大学图书情报学院进行了第二次学术访问。在此期间,他向来自武汉地区的200多名图书馆人员做了题为"美国图书馆与情报服务的自动化"的学术报告。

　　③　Stueart R D, Eastlick J T. Library Management[M]. 2nd. Libraries Unlimited Inc. ,1981.

除了学术交流,在美国访问,我对他们的生活观念也有了一些了解。

首先感觉比较突出的是他们法制观念比较强。我有个同事,叫杨珍菊,我们送她到美国那里学习。我到波士顿的时候,当时住的房子是西蒙斯图书情报学院提供的,杨珍菊也住在那里。我就问她:"你在这里要住一个学期,经济上能受得了吗?"她说:"彭老师,我住的这个不要钱。"我就问她为什么不要钱。她告诉我,美国有个规定,不到 16 岁的女孩,晚上不能让她一个人单独留在家里。她住的那个房子的房东,一个男的,一个女的,两个人都喜欢夜生活,基本到了晚上七点钟的时候就出去了,常常可能要到凌晨几点才回来。他们有个女儿,当时 13 岁,所以他们就委托杨珍菊帮忙在家照看。所以,杨珍菊当时在那里住也不妨碍,那个女孩做功课,而杨珍菊可以把她自己的功课也带回去做就行了。只是她要待在房子里不能出去,以防止人家来查。她当时也不管人查不查,她每天都是那样做。从这件事情看,他们的法制观念还是很严格的。

另外,美国比较突出的是他们的环保观念。这里讲个例子,西蒙斯大学图书情报学院的教授林瑟菲和她爱人开车带我们出去玩的时候,总是要拿一个很大的塑料袋。拿它做什么呢? 装瓜子皮、果皮那些东西用的。在出去玩的时候,产生的所有垃圾都丢在那个袋子里面,回家的时候再带回来。我问她这是怎么回事,她说,那些垃圾要是丢在外面一点儿,被抓到了,他们也不一定罚得很重。你可以扔,但是从明天开始,你的出发点是哪个地方,目的地到哪里,那中间这一段路程的清洁卫生,就需要由你来负责。你自己做也可以,请人做也行,总之,那就该你负责。

我觉得这个办法也是有意思了。它也不罚钱,你要是走得远,那就该你倒霉了;要是近,也是这样。反正就是由你负责,把那段路程的清洁卫生工作做好,美国当时是这样一个情况。

他们每一次出去都是带一个空的塑料袋,放在车子前面的那个地方,所有的垃圾都丢在那里,回来之后,再把袋子里的垃圾扔在家门口的垃圾桶里,这一点在当时是比较突出的。相对比的话,他们在这一方面很注意,我们国内在这些方面就差一些了。

1988年1月,彭斐章应邀做客西蒙斯大学林瑟菲和方宝贤教授家

附:1988年3月8日访美汇报资料

汇　报

院外(88)1号

外事处并齐校长:

　　根据1980年武汉大学与西蒙斯大学签订的交流与合作协议中有关双方主要领导人进行互访的规定,西蒙斯大学图书情报研究院 Dr 林瑟菲教授自1987年1月以来多次寄来邀请函、IAP－66表和来回机票邀请我去美国进行为期4—6周的访问和讲学。经学校和国家教委批准,我于1988年元月20日至2月15日在美国进行了为期26天的参观访问和讲学。在美期间参观访问了波士顿、纽约、伊利诺伊、华盛顿等四个城市的大学:西蒙斯大学、波士顿大学、哈佛大学、麻省理工学院、伊利诺伊大学以及大学图书馆,还参观了美国国会图书馆、纽约和波士顿公共图书馆、东北文献保护中心等单位。在伊利诺伊大学与该校图书馆亚洲研究中心、苏联问题研究中心社会政治系图书情报研究院的博士研究生和教师举行了交谈,并以题为"图书馆事业、图书馆学教育和

中国社会"做了报告,进行了讨论,收到了较好的效果。参观访问期间和西蒙斯大学和伊利诺伊大学的图书情报研究生院的院长们和教授们就图书情报教育问题进行了广泛的交谈讨论,并就进一步加强武汉大学图书情报学院与西蒙斯大学、伊利诺伊大学图书情报研究院之间交流和合作问题充分地交换了意见,获得了积极的效果。总体来说,这次参观访问受到了美方各单位热情接待,为加强两校之间的进一步合作和交流起到了积极的作用。此外,实事求是地宣传了武汉大学和武大图书情报学院教学和科研所取得的成绩,且增进了相互之间的了解。

现将这次在美国就武大与西蒙斯大学和伊利诺伊大学有关交流和合作问题简明扼要汇报于后。

亚洲高等教育基督教联合会(United Board for Christian Higher Education in Asia,UBCHEA)董事长、会长劳比特和副会长文德思博士。元月 29 日在纽约设宴招待,听取 1980 年以来协议执行情况汇报,表示对武汉大学图书情报近几年来的发展表示赞赏。得知文德思博士今年 3 月底 4 月初访问中国,并且决定到武汉访问,希望参观武汉大学并就如何进一步资助问题进行磋商。过去负责中国方面工作的胡昌斗先生现为该会顾问,并将陪同访问。希望外事处老师注意安排接待,可能住在华中师范大学,因为文德思曾在华师作为外籍教师担任过英语教师。

西蒙斯大学图书情报研究院院长斯图亚特博士和林瑟菲教授就两校今后交流和合作问题进行了交谈。一致认为过去协议执行情况良好。已经派去李林、吴则田、胡承仁、童菊明、杨珍菊等五人去西蒙斯大学进修,胡承仁在西蒙斯念完硕士学位后去伊利诺伊大学攻读博士学位,已于 1987 年 10 月获得博士学位。除杨珍菊目前还在东北工学院①外,其余均已回国。由于某些原因,中间未派人去。经研究在今年 8 月底由武汉大学图书情报学院派一名大学毕业生需取得学士学位证书,经过托福考试成绩在 550 分以上。学校推荐去西蒙斯大学图书情报研

---

① 现为东北大学。

究院攻读硕士学位,时间为一年半,学费及在美生活费由西蒙斯大学提供。

与伊利诺伊大学图书情报研究院院长举行了会谈。在去年全美国对图书情报研究生院质量评估情况、博士研究生培养质量评估中,伊利诺伊大学图书情报研究院名列第一。该院院长答应与武汉大学图书情报学院建立合作交流关系。因为两校已有合作协议。同意将每年 6 名免考生名额中预留 1 名给武汉大学图书情报学院,希望能按照他们的规定,选派已具有硕士生毕业证书,托福考试成绩在 600 分以上,学校推荐。

鉴于上述情况,结合我国有关选派留学生的规定精神,特拟出以下办法,敬请校长批示。

关于选派一名大学毕业生去西蒙斯图书情报学研究生院的有关问题,最好在我院图书发行管理专业选拔,因为该专业是国内唯一的新办专业,没有硕士授予权。国内没有任何单位可以培养硕士研究生,该专业留校青年教师多是大学毕业生,而且西蒙斯大学提供的资助是两校协议中未用完的经费,应当力争今年派出是符合国家教委规定选派原则的,选拔条件:大学本科毕业生,有三年以上助教工作经历。政治表现好,托福考试成绩在 550 分以上,到西蒙斯后不能转方向,必须定向培养,必须选修图书发行管理专业课程,必须按时回国,否则不予派出。

伊利诺伊大学图书情报研究院接受一名博士生的计划,我认为可以派,这是因为:

全国还没有图书情报方向的博士点,而每年毕业的硕士生几十名。伊利诺伊是美国图书情报博士生培养重要的单位之一,有些知名教授,如兰卡斯特等。目前我院图书馆学专业和情报学专业留校研究生不少,他们都希望深造,而我们国内又没有图书情报的博士点。这就只有鼓励大家去国外攻读博士,这一点我已向国家教委反映过,既然国内不设博士点,就应当允许去国外读博士。鉴于此,我建议今年应当由图书、情报两个专业的青年教师中选拔一名去伊利诺伊攻读博士学位。

选拔条件：取得硕士学位后任教两年以上，政治上表现好，有培养前途，国内迫切需要的方向，托福考试成绩在600分以上可以参加挑选。这样对培养教师有促进作用，同时也可对国家教委设立图书馆学、情报学博士点的工作起到推动作用。

做好今年五月下旬西蒙斯图书情报学院林瑟菲教授（我校兼职教授）的接待工作。

以上意见当否，请批示。

此致

敬礼

武汉大学图书情报学院

彭斐章

1988 年 3 月 8 日

4."三个不相称"和"三个没有想到"

我们学院最要好的外国朋友，美国西蒙斯大学图书馆情报学研究生院的教授林瑟菲博士，她和我们的关系是很好的。她先后多次①来武汉大学考察交流。林瑟菲博士这个人也很有意思。她是奥地利人，但是她爱人是中国人，叫方宝贤，是云南昆明的。他们俩结婚了以后，生了十个小孩。后来，那些美国人见了我们就讲，说林瑟菲生了十个小孩。哎呀，那确实，她们家是一个子女众多的大家族，有一次她给我寄贺年片拜年的时候寄了一张全家的照片，照片加上他们俩夫妇一共有 24 个人。我当时就觉得，他们家有那么多人，那也是有意思。

林瑟菲教授很热心，我们跟她也很熟悉。她先后几次来我们这里讲学。早在 1980 年的时候，我们系和她所在的西蒙斯大学图书情报学研究生院谈好了交流合作协议，所以后来我们学院有好多学生和老师都在她们学院里进修过。她对我们图书情报学院的建设和发展也很关心，前后提出过很多很好的建议、意见和帮助。

---

① 1978 年,1980 年,1982 年,1990 年。

在 1980 年 9 月 1 日至 17 日，她第二次到武汉、到武汉大学图书馆学系来考察，前后一共待了 17 天，在系里给大家讲课、做报告，很是热心。当时武汉大学图书情报学院还没成立，新的学院大楼也没开建。在考察结束的时候，我和我们系的其他领导，加上学校外事处的处长付波一同到车站去送她。因为和她比较熟悉，感情也很深，她也很关心我们系的发展，在送她的途中就征求她的意见，问她在我们这里考察了十多天了，对我们系的情况和发展有什么意见和建议。她很坦率，当即讲了"三个不相称"：

第一个"不相称"，我们图书馆学系在全国的学科地位和在武汉大学的地位不相称，这个是对我们武汉大学的外事处处长讲的，她当时没直接讲，但意思是我们学校不重视图书馆学系的发展。

第二个"不相称"，我们系里的学科专业还不错，但是办学条件太差，特别是教学场所与其学科发展的整体状况不相称。确实，当时我们系办公场所分布在全校五个地方，都不知道哪个业务具体在哪个地方办理，那些地方现在都没有了的。其中一个是老新华书店，那个时候，那里有个空房子，就给我们用，作为我们系的办公区。

第三个"不相称"，我们系的实验设备和技术太落后、太陈旧，简直没法和国际上的其他图书情报院系相比，与当前国际图书馆的现代化发展水平不相称。

她讲的这"三个不相称"是当着我们大家的面讲的，包括我们学校外事处处长在内，大家都是亲耳听到了的。把她送走以后，我们就到学校各个部门去宣传了，讲这些情况，说外国人来我们系参观临走时讲了这么些看法。当然了，学校各部门听了，也会多少有一些想法的，以至于后来在我们建设学院的时候，他们大多也都会积极支持一下。

1988 年，我到美国的时候也到美国西蒙斯大学图书情报学研究生院那里去考察。去的时候，我把我们学院大楼及内部设施的全部照片，大概一共有 39 张，带了一套给她，也谈了我们学院的很多情况，但是，我还是怕她不相信，因为那些只是照片嘛，照片只能看个大概情况，有个印象罢了，也没法具体的了解。所以，我当时就再三邀请她，希望她有空一定再到我们这里来看看，哪怕是一两天都可以。她当时也同意了，计划是 1988 年 5 月份来。所以，我在回来给学校的汇报当中,还专门提到 5 月下旬,西蒙斯大学林瑟菲教授要来学院考察,要做好迎接她的准备工作。但是,她 1988 年没来,是 1990 年来的。

1990 年参观结束之后,我们还是送她去车站,像上次一样,问了她这次参观的感受和想法,以及对我们学院的意见和建议。这次她没有说其他的,而是连着讲了"三个没有想到"。

这"三个没有想到"是针对上一次她提到的"三个不相称"讲的。第一个,她当时说:"这样一个独立的、宽敞明亮的、5000 平方米的图书情报学院大楼,我没有想到。我们西蒙斯大学图书情报学研究生院也没有,我们只有一层,而你们的新大楼有七层,比我们大了好几倍,而且据我所知世界上其他国家的图书情报学院可能也很少有这样的。"

第二个,她说:"没有想到你们把单一的学科专业打破之后,发展这么快,一下子发展了四个专业,不仅学生人数增加了,教师队伍的发展也很快,有这么多的教师,而且已经形成了多学科、多层级、多形式的办学体系,这个我也没有想到。"当时我们学院,有 1000 多名学生,教职员工有 104 人了。

第三个,她说:"没有想到,你们的技术设备发展得这么快,这么先进,这么齐全,不仅一下子有了那么多的新型计算机,而且还有专门的机房,这些我真的是没有想到……"

确实,那个时候我们学校、学院花了一大笔钱,并且和几个单位合作,购买了许多新的实验设备。当时从我们学科来讲,它是比较领先的,这和上次她来的时候我们系只在地下室有几个破的、老的打字机是不可同日而语的。

我觉得这"三个不相称"和"三个没有想到"是比较典型的,前后一对比,就说明了一些情况,也可以看出我们学院那段时间的发展。武汉大学图书情报学院成立,应该说是我们学科发展的一个关键的、最好的时机,我们抓住了这个时机。当时若是没有抓住那些时机,那就错失了。当然不是说南开大学,南开大学那时候也不知是何原因没和新华书店总店谈成办图书发行管理专业。当然了,他们当时若是谈成了,那我们就没有机会了。所以,当时我们是抓住了那些机会的,而且当时学校里、系里和其他各部门,大家都一致支持我们的发展。我们抓住了那些机会,所以一下子发展起来了,而且发展很快,变化也是巨大的。发展到今天了,那就更快了,可以说现在的武汉大学信息管理学院已经是国内外知名的信息管理学院了。在 2017 软科世界一流学科排名(ARWU)中,我们学院图书情报科学已经排到了全球第四。在全世界都能排上名,那确实是很不错的。

5. 与台湾地区图书情报界的交流与合作

1990 年 9 月的时候,由台湾地区图书馆界的一批专家学者组成的"大陆图书馆访问团"访问了大陆。访问团由台湾师范大学王振鹄教授带队,成员有台湾大学图书馆学系沈宝环教授、胡述兆教授、卢荷生教授、李德竹教授等 14 位。

他们是 1990 年 9 月 2 日到达北京,在北京参观了北京图书馆、北京大学图书馆学系和北京师范大学图书情报学系等几个单位,然后到天津参观天津图书馆和南开大学图书情报学系。9 月 11 日到达武汉,我当时和湖北省图书馆馆长一起到武汉机场迎接,第二天他们在湖北省图书馆参观访问,第三天来的武汉大学。

到我们武汉大学图书情报学院进行交流,是他们此行的重要目的。我们举行了座谈会,学院领导,除了我,还有傅敬生和乔好勤两个副院长,以及各系主任都参加了。双方进行了广泛的学术交流。

王振鹄教授在访问武汉大学的时候表示,"我们这次到武汉大学是寻根来的",所以这次访问后来被大家称为"寻根之旅"。沈宝环先生后来写了《本是同根生——我看大陆图书馆事业》一文①,详细地记叙了此次访问行程。在那篇文章中,沈宝环先生提到我是他那次大陆行最想见面的一位学人,而参观武汉大学图书情报学院,并拜访我,是他那次来大陆的第一目的。他为什么这么说呢?一是,我们武汉大学图书情报学院承继了文华图专的图书馆学教育任务,而且是当时大陆唯一的一个图书情报学院,在全国图书馆学系中很有地位。二是,我是文华图专的最后一届毕业生,也是文华图专并入武汉大学后留校任教的第一批教师。他还说我当时的地位可谓承先启后,是大陆图书馆界排名第一的学人。

---

① 沈宝环.本是同根生——我看大陆图书馆事业[J].图书馆,1991(2):22-30.

1990 年 9 月 13 日，彭斐章（前排左五）与台湾访问团王振鹄（前排左四）、沈宝环（前排左六）、胡述兆（前排左三）、李德竹（前排左二）等合影

　　1990 年，台湾地区同行的这次访问，他们称叫"寻根之旅"，是台湾地区大学图书情报系首次访问大陆，重点进行了两岸图书情报教育的交流。后面还有一个"破冰之旅"。那是怎么个破冰法呢？

　　1993 年 2 月 19 日至 3 月 4 日，应台湾大学图书馆学系及图书馆学研究所邀请，我和北京大学的周文骏教授、北京大学图书馆的庄守经馆长、中国科学院文献情报中心的史鉴主任、南开大学分校的王振鸣教授以及华东师范大学的陈誉教授 6 个人代表大陆图书情报界，访问了台湾。

　　这次去台湾，我觉得我们做了很多准备，所有的事情都靠我们自己。我印象中，

1990 年 9 月，彭斐章接待台湾访问团时与沈宝环先生合影

有几个比较特殊的情况。第一是在那两次大型的学术研讨会的时候,会议中途休息,他们把横幅一拉,后面就是国民党的党旗。第二是在我们参观孙中山纪念馆的时候,胡述兆和卢荷生两位先生负责陪同,提前已经联系好了的。在参观的时候,胡述兆先生告诉我们,他们那里下午5点钟是要降旗的,当地人要立正敬礼。他让我们就在旁边走,慢慢地走,不要跑。我觉得我们那次还是很自由的,没有什么问题。他们很多人就讲了,不要讲"情报"了,但是在参观和访问的过程当中,他们在介绍我的时候,还是武汉大学图书情报学院,也没有改字什么的。

我们先后参加了两次大型学术研讨会,"图书资讯学教学研讨会""图书馆学与资讯科学教育研讨会",还参加了一些学术交流座谈会。

彭斐章(右二)与周文骏(左二)、庄守经(右三)、史鉴(右一)、王振鸣(左一)以及陈誉(左三)参加台湾图书馆学与资讯科学教育研讨会

后来,我们还一起访问了台湾大学图书馆学系、台湾师范大学社会教育学系图书资讯学组等28个单位。这次访问交流,海峡两岸图书情报界初步达成了一些共识,都表示要加强沟通与合作,重视相互之间的学术交流,具体可以采取联

合举办学术研讨会等形式。

有了 1990 年台湾地区同行到大陆的访问和 1993 年我们到台湾的访问做基础,我和台湾大学图书馆学系胡述兆教授等同行极力推进两岸交流。

经过多方努力,首届海峡两岸图书资讯学术研讨会于 1993 年 12 月 10 日至 15 日在上海华东师范大学图书馆举行。当时有来自海峡两岸图书情报界资深学者、专家、在读博士生等 70 多人参加。

根据两岸图书情报学术界的积极倡议,这次研讨会还特地邀请了台湾大学图书馆学系、北京大学和武汉大学的 9 名图书馆学、情报学博士研究生参会。这次我是带了柯平和肖希明他们两位博士研究生去的。他们很积极,也很活跃,在会上我也照例把他们引荐给那些专家学者,帮助他们开阔眼界和视野。他们俩参会的收获也很大,回来还专门写了一篇文章①,并公开发表了。

1993 年,彭斐章在首届海峡两岸图书资讯学术研讨会上

召开海峡两岸图书资讯学术研讨会是促进两岸交流的一个很好的方式,就像我在一篇文章里面写的:"加强海峡两岸图书情报界彼此之间的沟通,不断增

---

① 肖希明,柯平. 携手共进继往开来——海峡两岸图书情报学博士研究生首次聚会有感 [J]. 图书馆,1994(1):23 – 24.

进了解,取长补短,求同存异,共同努力来实现海峡两岸同行的交流与合作,是大陆与台湾图书馆学和情报科学发展的必由选择。"①

海峡两岸图书资讯学术会议从 1993 年第一届开始,到现在已经成功举办了十四届,第十五届将在 2020 年,也就是文华图专建校 100 周年之际,又将在武汉大学举办。开始两届是每年举办一次,第二届(1994 年)是在北京大学办的,这次之后由于一些原因隔开了。第三届是 1997 年才办,当时是武汉大学图书情报学院举办的,之后的那一届(1998 年)是在中山大学。也是从这一届开始,举办会议的频率基本固定了下来,每两年举办一次。从 1993 年的第一届开始到 1998 年中山大学的那一届,我都是参加了的,而且在会议上都有发言。后来参加的就不那么集中了,方便的时候,也会去。

2006 年,第八届海峡两岸图书资讯学术研讨会上彭斐章(右二)与胡述兆(中)、李德竹(右一)、吴慰慈(左二)、朱强(左一)合影

---

① 彭斐章.沟通　互补　合作——海峡两岸图书馆学情报科学发展的必由之路[J].图书馆工作与研究,1992(4):11-10.

2008 年，彭斐章在第九届海峡两岸图书资讯学术研讨会上发言

第十届（2010 年）是南京大学办的，我当时也参加了。我觉得这样挺好的，就应该多交流，多沟通，共同促进中国图书情报事业的快速发展。

六秩之后

（1992—）

一、卸任之后

1. 人走茶不凉

1992 年 12 月,我担任院长的任期已到,满八年了,我就跟党委写了报告请辞,15 日左右打的报告。我在报告中说:"现在形势很好,我就不再担任院长了,让年轻人上……"

我卸任以后,是马费成接任院长。当时接任院长的有两个人选,一个是乔好勤,另外一个是马费成,他们两个人的情况差不多。乔好勤是我的硕士研究生,马费成是严怡民老师的硕士研究生。那时好多人就讲,按理我应该会推荐自己的学生乔好勤去接任院长,而不应该是马费成。但是,推荐院长人选的时候,我不是从派系啊,门户啊,这些方面出发去考虑的,而是从用人的角度,从学院未来的发展。我觉得马费成还是有很多优点,好的地方。所以,最后综合各方面考虑,我没有推荐自己的学生乔好勤,而是推荐了马费成接任院长。

卸任院长之后,开始的时候,我还担任着许多的校内外职务,后来这些职务慢慢地就不再担任了,直到 2018 年我还担任着武汉大学信息管理学院的教授委员会的主任。教授委员会主要是在学院评审职称,尤其是教授等高级职称,或者大奖评选的时候进行开会讨论。后来,我就跟信息管理学院的现任院长方卿讲:"既然院里其他的领导班子都调整了,那教授委员会也应该调整一下,我就不做教授委员会的主任了。因为现在提的一些教授有很多是年轻的,不能教授委员会都是老的教授担任了。"他同意以后,学院又选举了一下,于是我从 2018 年 9 月开始就不再担任学院的教授委员会的主任了,成了名誉主任。名誉主任嘛,那就比较自由了,不用像以前一样,每次开会都得去。学院教授委员会主任的职务解除之后,那我就没有什么固定的事情要去学校和院里办理了,如果有大事情的话,那学院就打电话或者派个车接我去一下。

　　我个人体会,在武汉大学图书情报学院当了八年院长卸任了之后,我没有感觉到人走茶凉。后来学院里面有什么事情,他们都会叫我去。

　　2000年9月30日,我的学生们相约武汉大学,专门为我召开了"彭斐章教授七秩寿庆学术研讨会",还在湖北人民出版社正式出版了庆祝我七十寿庆的论文集《当代图书馆学目录学研究论集》。

2000年9月,彭斐章七秩寿庆学术研讨会

2003年11月,彭斐章执教五十周年留影　　2003年11月15日,彭斐章执教五十周年获荣誉证书

　　武汉大学和信息管理学院各部门对我一直都很看重。2008年春节,学校党委书记顾海良教授率领学校职能部门及学院主要领导,来家里看望我并送上新春祝福。

2008 年春节，武汉大学党委书记顾海良一行看望彭斐章

2009 年 9 月，彭斐章与信息管理学院部分教师在一起

2009 年 9 月 30 日，学校还专门为我举办了"彭斐章先生执教五十六周年暨八十华诞学术研讨会"。校党委李健书记和顾海良校长分别题了词①，学界很多

---

① 武汉大学党委书记李健教授 2009 年 7 月 18 日的题词是"五十六载辛勤耕耘桃李满园，半个世纪潜心钻研硕果累累"。武汉大学校长顾海良教授 2009 年 7 月 16 日的题词是"垂教作程润桃李，学以载德长芬芳"。

同行和同事也都写了贺信和贺词。

2009 年,武汉大学举办彭斐章先生执教五十六周年暨八十华诞学术研讨会

2009 年,武汉大学党委书记李健看望彭斐章

2009 年,武汉大学廖延
唐教授书写的寿联

2013 年 11 月 2 日,学校又为我举办了"彭斐章教授执教 60 周年庆祝会"。校党委韩进书记、黄泰岩副书记、蒋昌忠副书记以及校内外的许多同行都来参加庆祝会并向我表示祝贺。我当时说,我热爱武大,热爱学院,热爱学科,执教 60 年来爱我所选,无怨无悔,是发自肺腑的。

2013 年 11 月,彭斐章教授执教 60 周年庆祝会①

2. 学科评议组

图书馆学研究生教育十分重要。20 世纪 80 年代,我担任国务院学位委员会第二届学科评议组成员时,那时还在中国语言文学分组,图书馆学情报学没有专门的学科组。经过努力,1992 年国务院学位委员会第三届学科评议组设了"系统科学、图书馆学与情报学"学科评议组,图书馆学情报学与系统科学在一起。

那时的"系统科学、图书馆学与情报学"学科评议组属于理科,有两个召集人,方福康和我,成员有王毓云、周文骏、倪波、孟广均、严怡民、刘昭东。

到 1997 年国务院学位委员会第四届学科评议组时,才有了独立的"图书馆、情报与档案管理评议组"。

---

① 图片来源:武汉大学新闻网. 彭斐章:爱我所选 60 年［EB/OL］.［2017 - 10 - 11］. http://news. whu. edu. cn/info/1002/18272. htm.

　　我从 1985 年以来,一直是学科评议组成员。我感到学位授权点的建设是图书馆学情报学发展水平的重要标志之一,其本身既是学科建设的产物,又是推动学科发展的主要动力。为此,为完善全国图书馆学、情报学、档案学等学科学位授予权体系,我尽了点微薄之力。

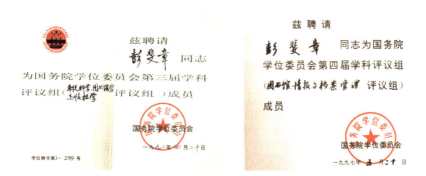

1992 年 4 月,彭斐章受聘国务院学位委员会第三届学科评议组成员聘书

1997 年 5 月,彭斐章受聘国务院学位委员会第四届学科评议组成员聘书

1992 年,彭斐章(前排左三)与第三届系统科学、图书馆学与情报学学科评议组成员周文骏(前排左二)、倪波(后排右二)、孟广均(后排左二)、严怡民(前排左一)、刘昭东(前排右一)合影

彭斐章夫妇和当年的学科评议组成员孟广均夫妇、严怡民夫妇合影

3.指导博士研究生

我从 1991 年开始招收图书馆学"现代目录学"研究方向的博士生，一共带了十八届，总共 30 人。

第一届博士有三个，柯平、王新才和付清波。柯平和王新才一直是学习图书馆学的。付清波，是学情报学的，他是王昌亚老师的硕士，他当时考上了我们学校哲学系萧萐父的博士。这个萧老师是很有名的哲学家，陈修斋跟他一起，他们俩在学术上是很有名气的。但是因为一些情况，学校当时不让他们招收博士。王昌亚老师当时跟我讲，说准备找人，让付清波到华中师范大学去读。我说那不用找了，我就扩招一个，所以第一届就招了三个。

柯平一共在武汉大学这里读了十年书。他从本科、硕士、博士一直是跟着我，我的第一届博士研究生，也是我们国家培养的第一批图书馆学博士研究生。他跟着我在武汉大学读博士的时候，工作还在河南郑州大学。当时郑州大学的党委书记是王师程，跟我的关系很好①。王师程人很好，很直爽，原来在武汉大学的时候是人事处的处长，我们曾住楼上楼下，彼此是很熟悉的。他在郑州大学当

---

① 王师程 1985 年 12 月至 1994 年 8 月担任郑州大学党委书记。

党委书记的时候,那他真的是非常爱才。他怕柯平博士毕业之后不回去,就提着柯平的档案专门来找我。他当时就和我说:"柯平报考你的博士可以,但是学成之后,你要让他回去。"我当时是同意的,讲:"我让他回去那是可以的,你这么诚心。"确实,柯平一直学得不错,高考的时候好像还是他们那里的文科状元,他读博士的时候也是很不错。当时在这里读博士的时候就申请了一个课题,还出了一本书。那时他在武汉大学这里读博士,但人事关系还一直在郑州大学,人家舍不得他,生怕他考上博士,毕业后不回去了。柯平博士毕业的时候,我当时想留他在我们院里当教师,但是他那个时候想到外面跑一跑,大概是觉得武汉大学这里力量太强了。这个是我个人的推测了,我没有问过他。博士毕业后,他还是回到郑州大学工作。1995 年,他们系建立十周年的时候,他请我去,我们当时还照了好多照片。王师程当时那么忙,还陪我吃饭,他对人才真是重视啊。

在带博士的过程中,我要求他们做人要谦虚,治学要严谨,亦即古人说的要做"道德文章"。我严格要求学生,同时,也严于律己。根据博士生培养要求,结合博士生各自的特点,我和他们一起制订了具体的培养计划,当时还组成了专门的博士生指导小组。

在指导博士论文方面。我对博士生讲,撰写论文,首先,要树立一个高目标,要有志气在全国同类学科中争第一。其次,科学研究贵在创新,所以我希望他们勇于创新,确定有价值的选题。在确定选题之后,我让他们把开题报告打印出来,交到研究室,老师们再对选题进行讨论、审改、通过。在搜集资料方面,第一届专攻目录学的博士生有一定优势,他们在充分占有资料和分析研究资料方面可以说是轻车熟路。此外,从拟定论文提纲到论文写作、修改,我都要认真审阅,甚至连论文的参考文献目录,我也要求他们仔细编好。总之,在带博士生的过程中,我总是激励他们写出高水平的、完整的论文,走到当今世界本学科的前沿。

武汉大学图书情报学院第一届博士生论文答辩是在 1994 年 6 月 27 日至 28 日进行的。倪波、周文骏和孟广均分别主持了王新才、柯平和付清波的博士论文答辩。那时的答辩是非常正式的,而且规格也很高,连答辩秘书都是教授,王新才的答辩秘书是陈传夫,柯平的答辩秘书是王余光。那次答辩的时候,还有一个很特别的事情,就是付清波的父亲,非常有热情,当时还专门来录了像。我们当时没有想到,但是人家想到了,要给我们录,从校门录起,所有答辩过程一点儿都不落下,也不用我们招呼。答辩没开始,他就来了,录完后他就走了,也没留下吃饭。

1994 年,首届目录学博士学位论文答辩合影

彭斐章(中)在家中与首届博士柯平(右二)、付清波(左一)、王新才(左二)以及同届硕士彭耀雄(右一)合影

第一届的三个博士生如期完成学业,顺利通过答辩,而且当时校内外专家对他们的评价还都不错。第一届博士生顺利毕业了,他们自己很高兴,我也感到欣慰。1994 年 7 月 20 日的《中国青年报》,还以《我国有了图书情报学博士》为题做了专门报道。

那时我一方面做行政工作,一方面带博士生,指导国内外访问学者,还带领博士生一起开展"图书情报需求分析与读者服务效率研究""我国书目情报服务体系的优化与改革"等科研项目,使博士生在科研实践中得到培养。当时那样做,主要是为了有一个好的学术梯队,积极扶助优秀中青年人才,为他们创造条件,促使他们更快成长,不断攀登学术高峰。所有这一切,都是为了把学科建设得更好,为后来者铺路,培养跨世纪人才。

2008 年入学的彭敏惠算是我的关门弟子,她是 2011 年毕业的。她的博士论文主要研究的是文华图专的创建和发展,当时外审的时候得了三个优,那是非常不错的。她作为关门弟子,也是有意思,在毕业的时候,她想着要给导师送个纪念礼物,送什么呢? 最后,她做了一本非常有意义的影集送给了我。那个影集是什么呢? 是她收集了我带过的所有博士和部分硕士研究生的照片,从第一届硕士研究生乔好勤、张厚生、倪晓建他们几个开始,直到她当时毕业的照片,很是有想法。

2017 年,还有一个博士从我名下毕业,叫宋旅黄,是湖北三新集团的董事长。我倒不是全程带他,我没有带,主要是肖希明老师带。但是为什么是在我名下呢? 当时情况是这样的,因为院里博士生名额比较紧张,但是肖老师有一个课题"中国图书馆学教育百年史",他想招一个博士,但他自己已经不能招博士生了。后来,院长方卿就提出来,若是我出面要一个博士生名额,那学院是可以给。按照正式的博士生导师招生是有一定的要求,我也可以带,但是我当时说我现在到这个年龄了,不想再继续去带。后来他们就说,名义上是您带,但具体工作让肖希明老师做,所以就是我名义上的博士生,但是我没有怎么带。宋旅黄,他原来是学习俄语的,在华中师范大学,后来到俄罗斯的时间也比较多,对那边情况比较了解。所以,他考博士的时候外语是俄语,当时外语面试还是我考的。

算上 2017 年我带过的这个博士研究生，从我名下毕业的博士研究生都获得了博士学位，一共是十八届，30 人：

第一届：柯平（1991 级），博士论文《书目情报系统的理论研究》（1994）

王新才（1991 级），博士论文《中国文化与目录学发展研究》（1994）

付清波（1991 级），博士论文《文献信息揭示理论研究》（1994）

第二届：肖希明（1992 级），博士论文《文献资源共享：系统、环境与模式研究》（1995）

贺修铭（1992 级），博士论文《文献生产的社会化及其管理》（1995）

马芝蓓（1992 级），博士论文《文献价值论》（1995）

第三届：吴平（1993 级），博士论文《书评理论研究》（1996）

李为（1993 级），博士论文《国际资本市场信息监管研究》（1996）

卿家康（1993 级），博士论文《论中国图书市场建设》（1996）

第四届：娄策群（1994 级），博士论文《社会科学评价的文献计量理论与方法研究》（1997）

赵涛（1994 级），博士论文《论社会科学研究的情报保障》（1997）

第五届：刘磊（1995 级），博士论文《社会科学情报需求与系统管理研究》（1998）

第六届：黄先蓉（1996 级），博士论文《著作权对图书馆的影响及对策研究》（1999）

邱晓琳（1996 级），博士论文《提高企业竞争力的情报保障》（1999）

第七届：李晓红（1997 级），博士论文《我国网络信息服务管理机制研究》（2000）

第八届:方卿(1998级),博士论文《基于网络的科学信息交流载体整合与过程重构研究》(2001)

第九届:邓小昭(1999级),博士论文《因特网用户信息需求与满足研究》(2002)

第十届:贺剑锋(2000级),博士论文《中国出版企业竞争力研究》(2003)

司莉(2000级),博士论文《网络信息的资源组织与揭示及其优化研究》(2003)

第十一届:周耀林(2002级),博士论文《可移动文化遗产保护策略研究》(2005)

李丹(2002级),博士论文《科学研究活动中的知识管理研究》(2005)

第十二届:付先华(2003级),博士论文《图书馆战略联盟的模式与机制研究》(2006)

第十三届:邹瑾(2004级),博士论文《数字资源利用与服务绩效评估研究》(2007)

丛石(2003级),博士论文《大学数字教学资源的整合研究》(2007)

第十四届:龚蛟腾(2005级),博士论文《图书馆知识管理范式变革研究》(2008)

第十五届:武利红(2006级),博士论文《网络信息资源书目控制研究》(2009)

第十六届:费巍(2006级),博士论文《搜索引擎检索功能的性能评价研究》(2010)

陈红艳(2007级),博士论文《Web2.0环境下用户参与的图书馆信息组织模式研究》(2010)

第十七届:彭敏惠(2008级),博士论文《文华图书馆学专科学校的创建与发展》(2011)

第十八届：宋旅黄（2014 级），博士论文《图书馆与馆配商合作效益研究》（2017）

现在这些博士，在高校的很多已经成了副教授、教授，有几个还是教育部特聘长江学者。有的还担任了行政职务，当院长的、副院长的都有，有一些还担任了校级领导职务。

博士生自学为主，要让他们创新，让他们自学。我带硕士、博士的体会，在后面那个"治学与为人观"中有专门讲到，这里就不再重复了。

除了带硕士和博士研究生，我还带过 18 名国内外访问学者，有：

秦宜敏，长江大学，访学时间 1989 年 2 月—1991 年 6 月

袁桂娥，赣州师范高等专科学校，访学时间 1991 年 9 月—1992 年 6 月

肖时占，湖南怀化学院，访学时间 1992 年 9 月—1993 年 7 月

何华连，浙江师范大学，访学时间 1993 年 9 月—1994 年 6 月

周赟，中国人民解放军武装警察部队学院，访学时间 1993 年 9 月—1995 年 7 月

侯旭恺，佛山市图书馆，访学时间 1993 年 9 月—1994 年 6 月

彭道杰，湘潭大学，访学时间 1994 年 9 月—1995 年 6 月

张秀芳，江汉大学，访学时间 1994 年 9 月—1995 年 6 月

胡永元，湖北农学院①，访学时间 1995 年 9 月—1996 年 6 月

刘羚，内蒙古师范大学盛乐校区，访学时间 1996 年 9 月—1997 年 6 月

王素琴，襄阳高等师范专科学校，访学时间 1997 年 9 月—1998 年 6 月

王德金，三峡大学，访学时间 1997 年 9 月—1998 年 6 月

蒋向红，湖南科技大学，访学时间 1998 年 3 月

孙桂芳，郧阳医学院，访学时间 1998 年 9 月—1999 年 6 月

邓群，咸阳师范专科学校，访学时间 2000 年 1 月—2000 年 12 月

---

① 现为长江大学。

陈华,江汉大学,访学时间 2000 年 9 月—2001 年 12 月

方宝花,浙江师范大学,访学时间 2000 年 9 月—2001 年 6 月

胡伟献,咸宁学院,访学时间 2001 年 2 月—2001 年 12 月

本科生的话,那就更多了。

"立下园丁志,甘为后人梯"是我的座右铭,也是我一直努力的方向。作为一名老师,只有甘为人梯和引桥,才能让后来者爬得更高,走得更顺畅。要问我什么时候最快乐? 我说:"平生最觉开心处,喜看桃李结满枝。"当听到学生们取得成绩,获得奖励,晋升职称的时候,我最开心,最感光荣和骄傲。我带过的学生,特别是从我名下毕业的研究生,基本都很出色。

桑榆犹未晚,桃李正芬芳。

1996 年,彭斐章参加北京大学信息管理系 96 届博士学位论文答辩

1998 年 6 月，彭斐章参加中国科学院文献情报中心博士学位论文答辩

2007 年 11 月，彭斐章参加南京大学信息管理系博士学位论文答辩

4. 科研课题

我没有搞过自选课题,都是申报的课题,有课题经费,都是正式批下来的,有批件。最开始申请课题的时候,也是比较难的。

1985年的时候,我承担了国家教委"七五"博士点资助研究项目"读者书目情报需求与服务效果研究",并出版了研究成果《书目情报需求与服务研究》(武汉大学出版社,1990年5月版)。

1990年,承担了国家教委人文社会科学研究"八五"规划项目"我国书目情报服务体系的优化与改革",出版了研究成果《书目情报服务的组织与管理》(武汉大学出版社,1996年12月版)。

1995年,承担了国家自然科学基金资助项目"科学研究与发展(R&D)中的信息保障"研究,出版了研究成果是《科学研究与开发中的信息保障》(武汉大学出版社,1998年6月版)。

1996年,承担了国家社科基金"九五"重点项目"我国信息资源管理(IRM)人才建设工程规划、设计与模式研究",出版了研究成果《信息资源管理人才培养研究》(武汉大学出版社,2002年7月版)。

2005年,主持国家社会科学基金项目"数字时代目录学的理论变革与发展研究",出版了研究成果《数字时代目录学的理论变革与发展研究》(武汉大学出版社,2009年9月版)。

结题也是比较难的,我们有个课题,就是陈传夫他们参与的那个,当时结项的时候,评审专家提的意见还是很尖锐的,最后得了一个良。当时,我和其他人申请课题都是一样的,没什么特殊的,都是匿名评审。我主持的课题,除了那个课题是良,其他的都是优秀,现在估计想得优秀更难了。

5. 我的治学与为人观

对于治学与为人,在2008年南开大学的柯平老师邀请我到他们那里讲学的时候,曾做过一个相关主题的报告,当时的报告题目就是"治学与为人"。这个报告的内容好像没有公开发表过，所以，我就把当时的讲稿放在这里，以飨大家。

　　同志们！非常感谢柯主任给我一个和大家交流的机会。

　　我是一个极其愿意和青年人在一起交流的人。当我和青年人在一起时，我就觉得自己也变年轻了，真有点所知老之已至，已经是耄耋之年了。非常美慕大家，这就不由得让我回想起 51 年前，即 1957 年 11 月 17 日。当时我正在莫斯科图书馆学院（即今天的莫斯科文化大学）攻读博士学位，正好出席苏联"十月革命节"，参加国际共产主义大会的中国代表团，毛泽东主席及部分代表团成员于 1957 年 11 月 17 日下午 6 时在莫斯科大学大礼堂接见当时在苏联留学的学生和使馆工作人员，并发表了热情洋溢的讲话。"世界是你们的，也是我们的，但是归根结底是你们的。你们青年人朝气蓬勃，正在兴旺时期，好像早上八九点钟的太阳，希望寄托在你们身上。""世界是属于你们的，中国的前途是属于你们的。"①

　　同志们！51 年前我听毛主席讲话时正好是 27 岁，弹指一挥间，51 年过去了，今年正好 78 岁，但是毛主席这一段对青年希望的话，我是永世难忘。因为这一回忆，能够让我想起，我也曾年轻过，曾经也是早上八九点钟的太阳。因此，我也很美慕在座的大家，世界是你们的。

　　今天，想借这个机会和大家谈谈心，题目就叫作"治学与为人"。

　　（一）为人

　　我今年已经是年过古稀，78 岁了，从事高等图书馆学教育工作整整 55 个春秋，担任研究生导师指导工作是 30 年。1978 年开始招收首届硕士研究生，我招收了 4 名硕士生，目录学方向，当时还有南京大学图书馆研究员施廷镛招了 2 名目录学方向的研究生。1990 年我被国务院学位委员会批准为博士生导师，我们国家批准的博士生导师只有

---

① 毛泽东.建国以来毛泽东文稿：第 6 册[M].北京：中央文献出版社，1992：650－651.

4 位，即北大的周文骏，中国科学院文献情报中心的孟广均研究员，武大的严怡民和我，以后的都是学校批准的。我自 1978 年招收目录学方向的硕士研究生、1991 年招收目录学方向的博士研究生到现在，从我名下毕业的硕士生 34 名，博士研究生 23 人，目前名下还有 4 名在读。

1961 年从苏联获教育学副博士学位回国后定为讲师，1978 年晋升为副教授，1983 年晋升为教授，2004 年遴选为武汉大学人文社会科学资深教授。

下面结合我个人指导研究生和从事教学工作谈点体会。

首先，我认为必须从思想上明确，高层次人才必须是德智体美全面发展的人才，高层次人才都是未来学科带头人。因此，一定要把做人与做学问统一起来；把个人远大的志向和祖国与人民的命运紧密联系起来，在治学与为人方面都应该高标准，严要求。

古往今来无数事实证明，真正的学者，真正的科学工作者必须具备健全的人格。在一切价值系列中，人格的价值是最高的价值，人格高于一切。我总是这样认为，总有比金钱更高的东西，人格的沦丧是现代文明的悲哀。只有有了健全的人格，才能成为一个学者。通过熏陶，学习和模仿，不断提高自己的道德修养，是青年科学工作者迅速成长，成为大家、名家的第一要义。只有个人的品德高尚，才能家庭和睦，才能谈得上管理社会，治理国家，然后平天下。古人云"修身、齐家、治国、平天下"，就是这个道理。这方面有很多例子，如梅兰芳、齐白石等艺术大师，不仅艺术超群，而且品德高尚，可谓"德艺双馨"。日本帝国主义占领东北以后，梅兰芳蓄须明志，拒绝为日本人演出。齐白石拒绝为日本人作画。可现代有的人台上高唱"让世界充满爱"，台下忙着数钞票。有的演员、歌星美其名曰为 XXX 义演，可出场费开价就是几十万元。因此，品德对每个人都很重要。学者不能争名于朝，争利于市，杰出人物像富兰克林、杰斐逊都明确指出："人生须以品德为本，才能有真正的成就和满足。"法国著名作家布封说过，"风格就是人格"，也就是说文如其人，作品即人品，读其作品，如闻其声，如见其人。古话说得好，"道德文章"，我始终坚持道德高于学术。"寓德于教"。我个人在研究生培养过程中，强调以人为本，人是教育的中心，也是教育的目的，特别是博士生的培养，一定要强调因材施教，个性化培养，有人反对师德式培养，鼓吹大批培养。我个人的看法，始终认为博士生与导师的个别交流与接触是先进的现代通讯所不能替代的。导师除要传播知识，答疑解惑之外，在平时的交流过程中交流学术心得，研究方法，更重要的是身教，道德和人格的塑造。这些都是通过潜移默化的影响来实现的。为人师表，师德高尚是中华民族千百年来的优良传统和精神力量。师德是教师的精髓，师爱为魂，学高为师，身正为范。师德的核心就是爱，爱是教师培养学生成才、真正体现教书育人的根本。关爱学生是每个教师不容回避的社会责任，对于学生一定要循循善诱，诲人不倦，因材施教，潜移默化。爱与责任是相伴相随的。教育是事业，它要求从事教育事业的人首先有奉献精神；教育是科学，要求从事教育事业的人求真务实，按照科学发展观办事；教育是艺术，它要求从事教育工作的人不断创新。

一个科学工作者要与周围的人和睦相处，强调团队精神。你们已生活在高层次人才培育的环境中，一定要严于律己，宽以待人，要学会团结合作。我们的原则就是"己所不欲，勿施于人"，诚恳待人，与人为善。

(二)治学问题

如果说，作为一个从事图书馆学高等教育55年的老教师对在座的提点治学的希望的话，我归纳一下是八个字：勤奋、严谨、求实、创新。

勤奋——是治学的基础。攀登科学高峰，要一步一个脚印地爬，每登高一步就改变一次登高的记录。"千里之行，始于足下"，成功主要靠勤奋，而不是靠侥幸。"宝剑锋从磨砺出，梅花香自苦寒来"，敢问路在何方？回答说：路在脚下，靠自己去踩开。一定要耐得住寂寞，要有高度的自觉性，要做到"无须扬鞭自奋蹄"。勤奋是治学的不二法门。勤奋是治学的基础，当然主要还是要学，处在今天信息网络化、科技高新化、经济全球化的新时代，环境变迁速度加快了，知识已经成为赢得竞争的关键，作为掌握知识的手段——学习得到了空前的重视。我感觉到从来没有任何一个时代像现在这样知识更新的频率如此之快，真是瞬息万变，一点也不错。要想自己在这浩瀚的知识资源海洋中建立起适应自己、适应环境变化的动态知识结构，就必须学会怎样学习，学会提升自己的学习能力。今天没有任何的知识可以一劳永逸。时代在前进，社会在发展，每一个人要跟上时代的发展，就要终身学习。那么对一个人来说，"活到老，学到老"，那就不是掌握知识的多少，而是要学会总在学习，学会不断提升自己的学习能力。美国未来学家阿尔温·托夫勒说："未来的文盲，不是那些不识字的人，而是没有学会如何学习的人。"我们研究生学习的特点就是在学习中研究，在研究中学习。研究生就是从事研究的学生，因此，自学是研究生学习的主要方式。自学就是通过大家的学习和实践，独立地选择获取、吸收、评价和加工知识和信息，最大的特点，就是独立地将客观的知识转变成自己的"东西"。自学能力是一种更高层次的综合学习的能力，是包括具有良好的自我意识和自我评价能力，以及学习方法和学习策略的调节能力，以及善于获取信息和加工处理信息并利用信息的能力。总之，学会怎样学习，怎样提升我们的能力，对于我们每一个人来说都是终身受益无穷的。我们同学们在同等条件下，起点都一样，为什么人们会拉开距离，我认为其根本在于学习能力的差距。古今中外成功的经验告诉我们：我们无法延长生命，但可以充实人生的内容。在学习中学会怎样学习，学会怎样提升自己的学习能力，就是最佳途径。有了明确的学习目的，强烈的学习激情，优秀的学习品质，坚韧不拔的学习毅力，勤奋的学习态度，锲而不舍的追求，入深水获得蛟龙。

严谨——是治学的要求。做学问来不得半点虚假，要一丝不苟，一定要严字当头。治学之道，力求严谨。治学与为人应当统一，养成严谨踏实的学风，严格遵守学术规范和各项规章制度，决不追逐时尚，养成严肃的态度,严谨的学风,严密的论证,严格的要求。

求实——实事求是是科研工作者的固有品格和追求的目标。在科学领域中表现为尊重客观事实,服从真理,不唯上,不跟风,不唯书,不作墙上一棵草,风吹两边倒。不要像薛宝钗那样,"好风凭借力,送我上青云"。不去赶浪头,智慧是以扎实的知识作前提的。科学工作者要求独立品质,实事求是,不断创新。勇于探索,教师不是知识和真理的绝对权威,学生是在教师的指导下成长的"学导",在学术问题上师生之间有不同观点,甚至是争论是正常的。要有不承认任何终极真理的批判精神。

第四个是创新。在学位条例中指出:"研究生应该不断追求新知识,具有实事求是,独立思考,勇于创造的科学精神。"学位条例就要求培养研究生具有创新精神。教育是创造者的事业。教育家陶行知说:"处处是创造之地,天天是创造之时,人人是创造的人。"

教育是创造真、善、美的活人,教师的成功是创造出值得自己崇拜的人。教育使人成为创新的人。创新首先要求具有创新的意识,即善于独立思考,敢于标新立异,推出新观点、新方法,解决新问题和创造新事物的意识,学贵创新。爱因斯坦认为,"提出新的问题,新的可能性,从新的角度去看旧的问题,需要有创造性的想象力"。创新就要反对因循守旧,创新就要反对蹈常袭故。

创新是一篇博士学位论文的灵魂,没有创新就没有博士论文。创新点的表述和论证是学位论文的主体,不要用面面俱到和可观的篇幅去掩盖和回避论文的创新点,不要用前人的方法、他人的说法去模糊创新点,需要始终围绕创新点去论述。评价一篇优秀博士论文的创新表现:

(1)创新表现是一种活动,一个过程,在一定范围内、一定时间内去做别人没有做过的事,说别人没有说过的话。

(2)创新是在一定范围内,一定时间内提出别人没有提出过的问题,并得出了结果。学术的生命力在于创新,就必须营造一个良好的社会学术氛围,促使有学术水平的人才脱颖而出。如果没有学术创新,学术平庸之辈就会大行其道,学术研究就会丧失生命力。要营造一种崇尚创新的良好氛围,使得那些在常规学科取得奠定性、开创性和前沿性成就的创新人才得到应有的荣誉和价值肯定。近年来,教育部决定进一步加大力度实施高等学校高等层次创新人才计划。我们武汉大学提出了创新、创造、创业的"三创"教育理念,举起了创造世界一流的本科教育的人才培养旗帜,制定了培养高质量、厚基础、强能力的拔尖创新人才的办学目标,提升本科教育质量的"卓越工程"和提升研究生质量的"质量创新工程"。

我个人认为博士生的培养应该注重个性化培养,个性是创新的前提和基础。人的发展过程既是一个社会化的过程,同时也是个性化的过程。马克思认为,人的发展,在一定意义上就是"有个性个人"的发展。创新型人才培养呼唤个性化教育。要树立以个性化培养为核心的多元质量关,在论证专业人才培养规格的前提下,用一种开放灵活的教育体系,保护和发展学生的个性。个性是创新精神的必然要求。

总之,创新型人才应该具有创新意识和创新精神,批判精神,个性鲜明,具有求异的特征,不墨守成规,不人云亦云,敢于挑战旧思想,善于用批判怀疑的眼光对待习以为常的现象,进行理性的审视和追问。要树立创新观念,进行创新写作,要学会创新方法和掌握创新规律。

最后,谈一下环境与自我的关系。

处在当今转型时期,人心变得有些浮躁,追求的目标也非常实际。在社会出现多种多样的诱惑、千变万化的环境下,我认为只有"宁静致远"来处理好环境与自我的关系。始终保持自己的独立个性,坚持自己的理想和追求。

另外,应该要有合作精神,要尊重别人的劳动,客观地看待自己的成绩,乐于与他人相处,乐于为他人提供方便,讲求奉献精神。

至于导师和研究生的关系:

导师与研究生的关系是研究生人际关系中最重要、同时对研究生成长与发展具有决定性影响的因素。研究生导师的作用主要在"导"字上。在充分发挥研究生的主观能动性基础上，起着激发、诱导和点拨的作用，从而指点迷津，避免发生变故，误入歧途。"导"要求循循善诱，因势利导，鼓励研究生勇攀高峰。要善于引导学生学习，善学才能启迪智慧。

我个人认为研究生与导师的关系可以归纳为三个字"严、导、友"的关系。

严——就是严格要求。从两方面来做，一方面，对于研究生严格要求毫不放松，但不刻意求严，不以导师自居，不强加于人，鼓励研究生发表不同意见，阐明自己的学术观点，更不以自己的学术观点作为评判学术水平的标准。对待研究生的缺点，要采取严肃的态度，决不姑息，决不护短。另一方面，导师本身要严于律己，教书育人，导师要先严己后严人。

导——把培养研究生的过程看成是教学相长的过程。研究生思维敏捷，受传统影响少，接受新观点、新事物快，容易形成新观点。

友——我和研究生通过严、导，结成朋友，建立深厚的师生情谊。我55年的图书馆学教育生涯，深深体会到教师工作是平凡的，但是伟大的。教师教书育人的劳动，正像一名园丁，往往影响学生的一生。教师职业是神圣的，我爱我所选，无怨无悔。我愿意做一名忠实的园丁，寄厚望于我的学生，希望他们"青出于蓝而胜于蓝"。科学要发展，就要青出于蓝而胜于蓝，"长江后浪推前浪，一代更比一代强"。作为一名导师，只有甘为人梯和引桥，让后来者爬得更高，走得更顺畅。

要问我什么时候最快乐？

我说："平生最觉开心处，喜看桃李结满枝。"当听到学生取得成绩，获得奖励，晋升职称的时候，我最开心，最感光荣和骄傲。我的学生，基本都很出色。

最后，用毛主席51年前的一句话作为结束：世界是你们的，祖国的未来是你们的。

2003 年,彭斐章写信鼓励年轻人①

① 这是 2018 年 6 月 29 日肖红凌提供的彭斐章先生 2003 年 10 月 4 日给她的回信,体现了彭斐章先生是十分重视年轻人的。

二、淡泊名利的教授

1.社会服务

我卸任院长以后,就有更多的时间参加学术活动,做更多的社会工作。

1994 年 9 月,到太原参加第三届全国目录学学术研讨会,做了"世纪之交的目录学研究"的学术报告。

1994 年 9 月,彭斐章出席第三届目录学学术研讨会

1994 年 10 月 27 日至 29 日,到广州中山大学参加国家教委图书馆学专业课程教学大纲审稿会,会议对 12 门图书馆学课程的教学大纲初稿进行了审阅。

1996 年 8 月,在北京参加第 62 届国际图联大会。

2004 年 10 月,在天津参加第四届全国目录学学术研讨会,提交论文《20 世纪目录学研究的回眸和思考》。

2007 年 5 月,到重庆参加第五届全国目录学学术研讨会。

1994 年,彭斐章参加国家教委图书馆学专业课程教学大纲审稿会

1996 年,彭斐章与参加第 62 届国际图联大会的部分代表合影

2004 年 10 月,彭斐章出席第四届目录学学术研讨会

2004 年 11 月 1 日,彭斐章在弟子柯平、王新才、付先华的陪同下参观苏联"基辅"号航母

2007 年 5 月,彭斐章出席第五届目录学学术研讨会

2013 年 11 月 2 日至 3 日,参加在武汉大学召开的第六届目录学学术研讨会。

除此之外,还承担有不少社会兼职,如中国图书馆学会学术委员会主任、第七届理事会顾问,人事部全国博士后管理委员会第五届专家组成员等。这些社会服务工作也十分重要。

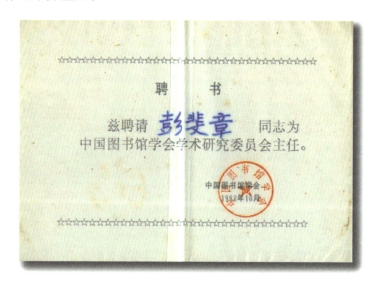

1992 年 10 月,彭斐章受聘中国图书馆学会学术研究委员会主任

2003 年 6 月,彭斐章受聘全国博士后管理委员会第五届专家组成员

2005 年 7 月,彭斐章受聘中国图书馆学会第七届理事会顾问

2.《世纪学人 百年影像》背后的故事

《世纪学人 百年影像》①是一本什么书呢？是一本大型的关于社会科学的人物画传，里面收录有我的信息。

这本书的作者侯艺兵真是不简单，他自己一个人搞这本书那是很不容易的。他先出了一本关于科学院院士的《院士风采——中国优秀科学家肖像手迹集》②，后又出了工程院院士的《中国工程院院士》。之后，他觉得人文社会科学的不能没有，也应该搞，所以就开始搞这本《世纪学人 百年影像》。

世纪学人的名单是通过教育部、各地社会科学院等多家机构单位提名的。有了这个初步名单后，他就着手开始了。我也不知道为什么把我收录其中。书中收录的学人中，武汉大学有四个人，即韩德培、陶德麟、皮高品和我。

图书馆学方面的有皮高品、周文骏和我三个人，另外有一位吴丰培，虽然写了图书馆学家，但是他的主攻方向是藏学，图书馆学不是他的主要研究方向。

书的内容精简质朴，特色鲜明，包括每个人的生平简介、主要著作题录、人物手迹、一张青年照片和一张侯艺兵在采访现场免费为我们大家拍摄的照片。现场采访的照片不是像很多照片一样专门照的，而是在非常自然的状态下拍的，具有非常特殊的学术价值和史料价值。

这本书编排得也很有特色，目录就是收录人物的头像，顺序的话是严格按照人物的出生年月先后顺序排列的。书中排在第一位的是经济学家陈翰笙，他是1897年2月5日出生，最后一位是古文字学家裘锡圭，他是1935年6月13日出生的。包括我在内，1930年以后出生的一共有15人。

---

① 《世纪学人 百年影像》是继《院士风采——中国优秀科学家肖像手迹集》《中国工程院院士》影集之后由青年摄影家侯艺兵拍摄、创作的又一大型影集画册，具有特殊的学术文献价值。本书收录的262名社会科学家，几乎涵盖了哲学、政治学、经济学、历史学、考古学、文学、语言学、法律学、社会学、民族学、军事学、教育学、图书馆学等社会科学的各个学科。侯艺兵. 世纪学人 百年影像[M].济南:山东画报出版社,2001:1.

② 侯艺兵策划摄影;何仁甫,陈丹撰文.院士风采——中国优秀科学家肖像手迹集[M].杭州:浙江科学技术出版社,1995.

当初计划是搞 300 人左右，但最后成书的时候里面收录了 262 人，因为在这过程中，可能有些人没来得及被采访就去世了。为了做好这件事，侯艺兵他历时五年多，从 1995 年开始，直到 2000 年才完成，而书正式出版是 2001 年 6 月，书出来后里面的很多人（有 60 多位）就已不在了，现在不在世的人就更多了。

那时，侯艺兵为了找到我们这些人，真的是下了很大的功夫。

1997 年 4 月 28 日那天，也不知道他从哪里得知我当时在北京昌平开会，他扛了一个照相机就赶到昌平找我。我那时正在开会，他就在我的房间里面等，等我开完会一回来，他就向我说明情况，大概是怎么回事，说要照个相。他说："彭老师你就坐在那里，搞你自己的事情，其他的都不用管，我们照几张相就行了。"当时确实是那样，我在房间里和其他人谈一些事情，他就在一旁照，照了好几张。照好了之后，他又问我："彭老师，你们学校的皮高品先生在哪里？"我告诉他皮先生在哈尔滨，在他儿子那里。他得知这一消息后，专程赶到哈尔滨采集皮先生的照片和资料①。后来，拍完照片没多久，皮先生就去世了②。

所以，我觉得他搞得这个东西很珍贵，珍贵之处就在这里。我真的是觉得，他搞不搞这些应该与他个人也没有什么关系，他完全可以不做这个事，但是他就搞了，而且搞了那么多年。

书的序言当时是任继愈写的③，写得很好。在序言里，任继愈同志写道：

> 这本书以人物肖像为主，把近照和青年照摆在一起，构成了一幅人物经历的缩影，加上本人的手书，面貌与心声互相衬托，凝结焕发出一种强烈的人格力量；配上简明的文字，记载其主要生平和学术成就，图文浑然一体，鲜明生动地展示出一代学者的风范。
>
> 应该特别说明的是，该画册初拟范围是健在的学者。采访、摄影工作始于 1995 年，而后到如今五年中，被采访的学者已有六十几位相继去

---

① 拍照时间是 1997 年 7 月 31 日。
② 1998 年 3 月 1 日去世，享年 98 岁。
③ 侯艺兵. 世纪学人　百年影像[M]. 济南：山东画报出版社，2001：序言.

世。随着时间的推移,这个画册弥足珍贵,抢救史料也是编者的初衷,让 20 世纪这些学者的音容笑貌及其学术思想和成就永存。

　　青年摄影家侯艺兵,他不辞劳苦,跋涉万里,四处采访,搜集素材,历时数载,终于完成了这一有意义的工作。

《世纪学人　百年影像》收录的彭斐章信息

3. 文科院士

　　武汉大学人文社会科学资深教授,相当于文科的院士,2004 年开始第一届评选。在评资深教授之前,他们叫研究生院的顾问。我是最早的一批资深教授。我之前有三个人,法学的韩德培(1911 年 2 月 6 日—2009 年 5 月 29 日)、经济学的谭崇台(1920 年 6 月 8 日—2017 年 12 月 9 日)、刑法学的马克昌(1926 年 8 月 12 日—2011 年 6 月 22 日)。当时他们三个没评,是直接定的。我是第一个评的,总的排序是第四个,所以我的那个证书编号就是 004 了。我后面还有历史和地理学家石泉(1918 年 1 月 17 日—2005 年 5 月 4 日)、马克思主义哲学的陶德麟(1931年10月31日—)、法学家李龙(1937年1月—)。第一批真正评的就只有我们4个,再加上前面认定的3个,所以,武汉大学第一批人文社会科学资深教授一共是7个人。

评资深教授的时候,武汉大学光公布就公布了三次,第一次和第二次公布的排名是按姓氏笔画排,第三次是按得票多少排的,我当时是第一个。当时,在学科评议的时候我是第一,外面评的时候也是第一,所以最后评的人里面我也是第一个。

第一届评选的人是最多的,第二届是2人,以后的几届每年只有一个人。这个是每两年评选一次,截止到2016年,一共是七届,有14人,我们院的马费成老师是2012年评的,当时也是我极力推荐的。

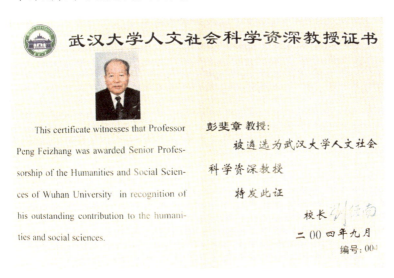

2004年9月,彭斐章获武汉大学人文社会科学资深教授证书

4. 名人档案

2006年的时候,武汉大学启动了第一批名人档案的征集工作。第一批名人档案的征集范围和对象,包括武汉大学教职工中的中国科学院院士、中国工程院院士,人文社会科学资深教授,中华人民共和国成立后的学校正职领导（包括合

校前各校正职领导）以及曾任国家一至三级教授的人员，一共 109 人[①]。

我的档案资料是交给我的一个博士，周耀林，他带着几个学生搞的。我当时交了 300 多份档案，最后收入名人档案的是 287 件、44 盒，档案编号是 MR－1，归档时间是 2007 年 6 月 4 日。那个档案整理得比较全，也比较有纪念意义。档案交到学校后，他们给我赠了一本《彭斐章教授档案资料选编》（复制件）。

彭斐章个人档案捐赠仪式

《彭斐章教授档案资料选编》是我们学校档案馆在我捐赠的 287 件档案中精选部分有代表性的珍贵档案汇编而成的，主要包括简介、珍贵照片、重要的证件与聘书、主要获奖证书、代表性论著及著述目录、媒体评价与报道六部分。这里面有我在苏联留学时期的照片以及莫斯科图书馆学院教育学副博士学位证书，国务院学位委员会学科评议组成员聘书等资料。

我获得的奖项，大部分都是评的，从底下评上去的。很多荣誉证书都收集到"武汉大学名人档案"里面了。

---

① 武汉大学名人档案工作概况［EB/OL］.［2018－12－12］. http://archive. whu. edu. cn/index/forwardMore/22？navigation_id＝16.

国内的奖项主要有：

1988年，《中文工具书使用法》获高校优秀教材一等奖。

1989年9月10日，《图书馆学情报学教学体系的深刻变革》获湖北省普通高等学校优秀教学成果一等奖，同年11月2日获国家教委国家级优秀教学成果奖（主持人之一）。

1989年，彭斐章获湖北省优秀教学成果一等奖证书

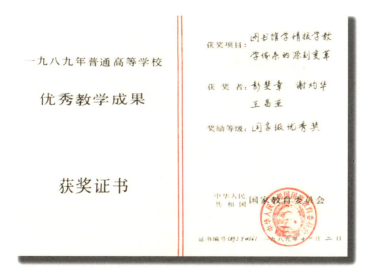

1989年，彭斐章获国家教委优秀教学成果奖证书

1994 年,被评选为武汉大学优秀研究生导师。

1995 年 12 月,《目录学概论》被国家教委评为优秀教材一等奖。

1995 年,《书目情报需求与服务研究》获首届全国高等学校人文社会科学研究优秀成果二等奖。

1995 年,彭斐章获国家教委优秀教材一等奖证书

1997 年 12 月,《目录学》被评为湖北省普通高等学校优质课程。2004 年,《目录学概论》被评为本专业的第一门国家精品课程。

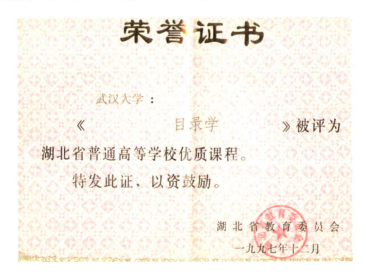

1997 年,彭斐章获湖北省教委优质课程证书

2001 年 10 月,《科学研究与开发中的信息保障》获湖北省社会科学优秀成果荣誉奖,2003 年 7 月获第三届全国高校人文社会科学研究优秀成果三等奖。

2002 年 6 月,《书目情报需求与服务组织》获全国普通高等学校优秀教材一等奖。

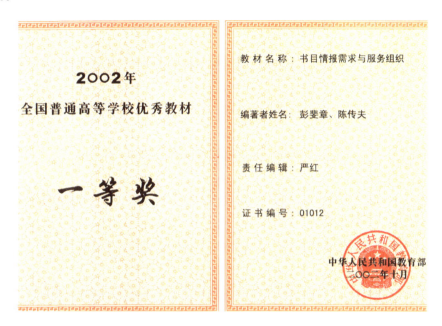

2002 年,彭斐章获教育部优秀教材一等奖证书

除了国内的一些奖项,我还获得了几个国外的奖项。像英国剑桥传记中心"20 世纪杰出成就奖"奖章(1993 年),也不知道他们资料哪里来的。我没有申请过,当时是他们寄东西给我,要我填写,我就按要求填写了,后来他们就给我寄了奖章过来。获得这些荣誉奖项,也没有什么特殊的心得体会。那些东西,只能说明一个过去,关键还是自己努力了。

总的来讲,我这个人是希望低调一些,不希望做很大的宣传。

英国剑桥传记中心"20世纪杰出成就奖"奖章

1991年11月,彭斐章享受国务院颁发的政府特殊津贴

5. 荆楚社科名家

荆楚社科名家是湖北省委、省政府对在人文社科领域取得突出贡献的专家、学者所赋予的荣誉称号,是湖北省社会科学界的最高学术荣誉。2010年11月16日,湖北省社会科学工作大会首次命名表彰了首批"荆楚社科名家",全省共评出13人。武汉大学最多,有6人入选,有经济学家谭崇台、法学家马克昌、我、哲学

家陶德麟、历史文化学家冯天瑜(1942 年 3 月—)和美学家刘纲纪(1933 年 1 月 17 日—2019 年 12 月 1 日)。除了武汉大学的 6 人,还有华中科技大学的经济学家张培刚,华中师范大学的历史学家章开沅、语言学家邢福义,中南财经政法大学的金融学家周骏、会计学家郭道扬,湖北省社会科学院的经济学家夏振坤。首批的这 13 个人是公认的,投票也很方便。但现在学科多了,有艺术、汉语、楚剧等,学科之间共性比较少,就不太好评了。

2016 年,湖北广播电视台播出的系列人文纪录片《荆楚社科名家》

对于第一届"荆楚社科名家",他们出了一本书①,还拍了一部纪录片,一个人一集,一共 13 集。公布出来的顺序都是按姓氏笔画排列的,马克昌是第一个,我是第十二个,我后面是谭崇台。那个纪录片拍得不错,传播得很广泛。

荆楚社科名家主要是名誉,没什么待遇,是湖北省委宣传部展开的工作。湖北省社科联办公大厅都有我们的照片,照片很漂亮。

---

① 湖北省社会科学联合会. 荆楚社科名家(第一卷)[M]. 武汉:湖北人民出版社,2014.

2016 年,湖北广播电视台播出的系列人文纪录片《荆楚社科名家》

《荆楚社科名家(第一卷)》中关于
彭斐章的介绍

《荆楚社科名家》纪录片中关于彭斐章的介绍

三、多彩桑榆

1. 伉俪情深

我的爱人邓铭康,她比我小三岁,1933年11月14日生。她祖籍在浙江,抗战的时候随家人从浙江逃到四川万县(现属重庆)。当时是去投奔她舅舅,高二后举家迁到武汉,后来就一直在武汉生活。我们俩是大学同班同学,都是1951年参加全国统一高考后到文华图专的,而且在当时28个人的班里分小组的时候,我们还是同一个小组。

从文华图专到现在,我们认识也快有70年了,结婚也有60多年了。这么多年中,我们俩从来没有吵过架,红过脸,这点还比较好。

彭斐章和邓铭康金婚照

从我个人来讲,我觉得比较重要的应该是体谅爱人,要尊重她的劳动,相互之间多体谅、多理解。在我们结婚的60多年中,在家庭生活方面,她管的事情多一些、细一些,我做得少一些。我有时看到很多男人在家里耀武扬威的,我从来不会那样。家庭生活中,要多理解,多体谅。比如,一人在家里做琐事做得多了以后,难免会有些抱怨,这个是合理的。在一方抱怨发牢骚的时候,另一方要体谅,不要火上浇油,所以也就不会吵架了,也吵不起来了。我爱人她的脾气比较急一些,这点儿像她的父亲。以前我们在湖北省馆住的时候,她要上班,又要管孩子,还要管家里的事情,有时她也会和我发脾气,吼我。但是我不会吱声,实在不行,我就出去了,就吵不起来了。她也知道她的脾气急,但是人家说本性难移,确实是很难改,直到后来她的脾气还是比较急,当然她也会有意识地改一些。60多年了,的确是这样。有时候我们在一些事情上,也会有观点不同,也会有争论,但是不会争吵,不会吵架到脸红脖子粗,更不会动粗,最多沉默几天,也不会很长,一般就一两天吧,后来就和好了。

彭斐章和邓铭康钻石婚剪纸图片

要是讲为家里的付出和贡献的话,那我爱人为我和家里做得更多一些。这么多年来,她确实付出了很多,可以说小孩的教育、我们一家人的生活以及对双方的父母、亲人的照顾等各个方面,基本上都是她负责,她确实负担得比较多,而且她把家里那些事情也料理得井井有条。另外,还有一点儿是比较好的,就是我们俩从来没有为金钱上的事情发生过矛盾。比如,不论是我家这边还是她家那边的亲戚来,费用我们俩都会出,但是都是由她来安排,她一直都是一视同仁对待的。

我在苏联留学四年多,期间从来没回来过,就她一个人在家,是她一直替我照顾我在湖南老家的父母和年幼的妹妹。她每个学期都会给我妹妹寄50块钱,那个年代的50块钱还是很大的一笔,一直到我妹妹读完高中。限于当时的特殊条件,虽然我爱人一直没能见过我的父母,但是经常和我父亲通信,一直保持着和家里的联系。按她的话说,她觉得我不在家,她就有责任替我照顾我家里,尽到儿子和儿媳应尽的责任。确实,虽然她没见过我父母,但是对家庭还是尽到了责任的。所以,她在我们湖南老家的口碑也是非常好的,她这个湖南媳妇还是很称职、很受当地乡亲的好评。

从我留学回来直到1978年,我们还经历过了一段同城异地的生活。

很长一段时间,我们家安在湖北省图书馆分配的一个小房子里面。那时候住房很紧张。紧到什么程度?一个比较大的房子,前面一半是另外一个女同事住,后面一半是我爱人住。那个女同事她一般星期六回汉口去,这个房子就留给我们。所以,那段时间,我平时都住在学校的集体宿舍里面。我每个星期才回去一次,一般星期六晚上回去,星期一就走了。那时星期天她还要去省馆值班,她们是星期一闭馆才休息。我就在家,简单的饭我也能做,也会做。那时候也没其他吃的,有时做面疙瘩,我和孩子们在家里吃。另外,那时不能每天都回家,还有一个原因是当时没有那么多公交,只有一趟12路公共汽车,晚上8点就收车了,我也不方便回去了。

一直到1978年,她才从湖北省图书馆调到武汉大学,我们才开始真正意义的家庭生活。当时的房子在武汉大学里面,是个新房子,三室一厅,在武汉大学幼儿园对面。那是最早的教职工家属楼,一共有18家,我住一楼,二楼三楼是校长们住的。

当时她调动的时候,我们已经有了三个孩子,加上我岳母还在,也需要照顾,以致家里经济负担和家务负担都比较重。她觉得我又搞教学,又搞行政职务,压力也很大。所以,虽然不舍,但是她还是从工作了25年的湖北省图书馆调到了武汉大学。调到武汉大学的时候,她们单位开欢送会,很多同事都哭了,那就说明她们的关系都是非常好的。

1984年图书情报学院成立后,我当院长,又管教学,又带研究生,比以前更忙了。家务事全部是由她管,从来没有让我操过太多的心。她总是说,我们俩是青葱拌豆腐。确实,她有她的工作,我有我的工作。她在学院资料室工作,我在院里搞教学。我的事情她从来不沾边,那时候我出差呀,应酬呀,她从来不参与,对我她是绝对放心。后来他们开玩笑,说我的军功章有她的一份,那是的。因为我的事情太多了,家务事那些也管不了,所以她就负责了,而且她能体谅、理解我的工作,对我工作和生活方面的关心和支持并不少。这也是我们这么多年以来,一直和睦相处的原则吧,主要是理解,互相理解。不理解,那怎么能相互支持?

2005 年 3 月,彭斐章和夫人邓铭康在武汉大学校园观赏樱花

2. 言传身教

我在当教师的时候对学生的教育是潜移默化的,在家里也是。我对小孩的教育不是靠打骂,我从来没有打过他们,从来不靠那些。

我没有什么不良嗜好。我一直不抽烟,而我父亲是抽烟的,但是也不知道怎么回事,我从小对抽烟就不感兴趣。在这方面,我可以讲一个情况,在抗日战争时期,我们家乡沦陷的时候,我们家当时还种烟草、滚纸烟,总是和烟草打交道,但即使那样,我也不会去抽烟,别人给我抽我也不抽。因为我自己能够做到,那我就能对我儿子他们讲了,让他们最好也不抽烟,所以我儿子也不抽烟。喝酒的话,我以前喝酒很厉害,在我们系里是数一数二的。但是在 1975 年的时候,我得了一次病,住院 40 天,查了好长时间没查出来,后来才查到是得了戊肝。从那时候开始,白酒我就滴酒不沾了,有时候会少喝一点儿红酒。这些情况,可能是我受到的教育不一样，但受教育是一回事情，自己做是另一回事情，要靠自律。这一方面，我就做得到。

3. 和睦家风

现在讲家风建设，家风很关键，要在家中形成一种良好的风气。

要讲和睦的家庭，我们家应该算是一个和睦的家庭。我和我爱人邓铭康相识近70年，结婚也60多年了，但是从来没有吵架红过脸，感情一直是很好的。

现在我们和儿子、儿媳妇、孙子一起住，一家人也很和睦。我们和儿媳妇一起生活十几年了，彼此也都相互理解。现在儿子、媳妇他们上班，我们俩在家，那我们自己能做的事情就多做些。我们十几年也没争过吵过，我们儿媳也特别心疼我们，尊重我们，总是给我们买这买那，我们的好多衣服鞋子都是她买的。我和我爱人几十年从来没吵架红过脸，我儿子和儿媳妇他们也是，十多年了，也没见过他们俩闹什么矛盾，吵过什么架。

我和邓铭康一直都有个共识——知足者常乐。现在我们俩有空的时候，也会一起怀旧。回想以前那缺粮、缺钱、缺衣少食的日子，也不知道怎么就都熬过来了。现在我们的感觉是，生活真是"芝麻开花——节节高"了，确实是越来越好了。

4. 闲适生活

以前工作的时候，我一直忙得没时间陪我爱人，现在在家休闲的时间多了，很多活动都是我们俩一起。我们俩的好多兴趣爱好都比较一致。我在苏联留学的时候还唱一些苏联歌曲，像《莫斯科郊外的晚上》，那时唱得真是熟得不能再熟了。现在就不大喜欢唱了，但是喜欢听，我们俩喜欢的歌曲类型也基本相同，都喜欢听以前的老歌，像蒋大为的《在那桃花盛开的地方》我们就挺喜欢的。说实话，现在的一些新歌，我们不是很欣赏，也感觉欣赏不了。

彭斐章和睦大家庭合影

看电视的话,有些人说老年人喜欢看古装历史剧,但是我们不喜欢古装剧,感觉有些假,太新的、年轻的电视剧我们也不喜欢看。我们俩都很喜欢看过去干革命的片子,像那些演在国民党统治时期搞地下党工作的,抗日战争时期打入敌后的片子。还有现在演的一些缉毒英雄的、警匪的、反贪的、破案的影视剧我们也喜欢。像2017年上映的《人民的名义》,我们俩一起看的,感觉挺不错的。有时也看一些家庭剧,比如《咱家》,不知道那个电视剧演的是什么年代的事情,但感觉拍得还是不错的。

要说我们最喜欢看的,那还是演那些革命工作的片子,可以说对老革命情有独钟。这可能是源于我们俩都出生于20世纪30年代,我们自己或多或少都亲身经历了一些战争岁月。我们两个人最爱看的是那个演周恩来总理治国理政的电视剧,叫《海棠依旧》。那个电视剧拍得确实特别好,我们很喜欢看,看了好几遍,而且每次看得都很细。我看了之后,就觉得那个片子里面演得周总理的事迹都很真实,那不是一般的,确实是那样。现在我们随便看到哪个片子,就会一起讨论,谁演周总理最像,哪个片子演得最真实,比较后感觉还是《海棠依旧》那个演得好。演绎其他开国领袖的片子,我们有时间也看,像演毛主席的、彭德怀的,我们也都看了一些。但是具体到哪个片子，那我们倒是没有特别喜欢的。比如演彭德怀的《彭德怀元帅》，那个电视剧我们也看了一两次，但是感觉演得不如演周总理的《海棠依旧》好。我爱人和我也有同样的看法，感觉演彭德怀爱人浦安修的那个演员演得不太相称、太过了，不符合历史。但是，演周总理的《海棠依旧》就不一样，那电视演得确实不错。

古今中外的名人当中，要说最敬仰的人，像周恩来，那我们确实很喜欢，对他的印象一直很好，不是一点点儿的敬仰，应该说是非常敬仰的。他逝世后，人家写的一些报道，拍的电影、电视剧，我们也喜欢看。另外，像我们国家的那些老革命，他们那些人，他们的爱好不是哪个方面的，而是多方面的，我很佩服他们。像周恩来、张爱萍他们，他们各个方面都不错，而且字也写得很漂亮。还有像陈毅，他虽是个武将，但他诗写得也很不错，他在世的时候还和毛主席写诗词做对答。像毛主席，他政治、军事方面的才略就不用说了，他在哲学、历史、文学、诗词方面的成就也很不一般。我不同意有些人的观点，比如彻底否定毛主席，或者有其他想法。因为我在苏联亲耳听了毛主席的讲话，所以，我对毛主席的感情始终是一样的，对他的印象还是非常深刻的。

彭斐章和夫人邓铭康参观北京天安门

现在闲暇的时候,我除了和我爱人一起看电视,听音乐,还喜欢读书看报。读书看报是我多年以来形成的一个习惯。我一直都很喜欢读书看报,一直很关心时事政治,像《参考消息》,一直都有订阅。开始的时候订购《参考消息》还有一个级别限制,规定了具体的级别,并不是所有的人有钱就能订,后来放开了,大家都可以订。我记不清《参考消息》是什么时候开始订的,也不记得开始订的时候多少钱,但可以确定的是这个报纸是我个人订的,一直订阅到现在,很长时间了。我喜欢看《参考消息》,就是很关心上面刊登的那些重大的政治事件。像这两年我们国家和美国在经贸领域的摩擦、纠纷,我也很关心这方面的事情,经常看。我原来还订了很多其他的报纸,像《光明日报》《湖北日报》《中国社会科学报》,还有一些杂志社送的杂志,社会科学方面的是送的比较多。以前还订一些报刊、文摘,现在减少了很多,《武汉晚报》和《电视报》一直还在订,我爱人她喜欢看《电视报》这些。

彭斐章在阅读俄文书目杂志

我开始接触电脑,还是比较早。大概20世纪80年代初,国内有了电脑之后,很快我们家里就买了一台电脑,我儿子、儿媳妇他们都是用那个电脑学会的。电脑要自学,但是我一直也没有好好地练,现在用得很少,一般也不愿意用。打字的话，我是喜欢笔画打字法，我爱人用五笔用得比较好。现在我们用电脑用得很少，不过，有时也会在网上看一些东西。看什么呢？我们主要是看我们武汉大学校里面的新闻、开学典礼、毕业典礼这些。现在流行的一些社交软件、平台，我们自己用得很少，像微信那些都是我儿子姑娘他们拿给我们看。

现在有事没事我总喜欢到书房去，去读书看报，这样也挺好。多读书看报，也不去考虑别的事情。以前看的书比较多，涉猎的书籍范围也比较广泛，很难讲哪一本对我影响最大。上大学以前我是比较喜欢理科，但是对文史，也不是说完全不感兴趣。工作的时候看得比较多的是目录学方面的书籍。从《四库全书总目》这些开始，古典目录学方面的很多书都是看了的。像历史书方面，范文澜的《中国通史》是我接触比较早的一本书，里面有不少关于目录学家，像刘向、刘歆他们的一些记载。在乔好勤《问道珞珈情自浓》的那篇文章里面他也写了，我曾经给他讲过："在《中国通史》这样的著作中，目录学仍有一定的地位，并且给予很高的评价，那我们怎么能无视它的价值？有些人瞧不起图书馆学目录学，是不了解情况……"除了专业书以外，我最近看的书是金一南的《苦难辉煌》。这本书是2008 年出的，写中国共产党发展历史的。总体来讲，我的兴趣爱好还是比较广泛的，我一直很欣赏像毛主席、周总理、张爱萍、陈毅等老一辈革命领导人一样的在各方面都有突出成就的人。

对于花草虫鱼这些，我没有特殊的喜好。但是我家里有一棵文竹，就是《荆楚社科名家》那个纪录片的开头看到的那个，我还是很关心它的。

我为什么单单关心它呢？它是哪里来的呢？大概是 1987 年我们从南山区搬到北山区 28 栋 4 楼那个房子以后，我在一个非常偶然的机会获得的。那是我在买别的花的时候，看到里面嵌生了一株文竹的苗。我当时看到了，感觉挺有意思，就把它移植出来。从那以后，它就一直长在那里，好多年了，一直长得很好，可以说是我把它培养起来的，所以，对它我还是很关心的。

以前家里也有过文竹，但是后来就没了，只有这一株。开始是无心插的吧，后来它就自然长起来了，一直长了好多年，长得很好。对它没有别的，也没有别的什么特殊肥料，平常就是用我们喝完牛奶洗牛奶杯的水浇它，一直都是这么养护它的。这个方法好像是我岳母在世的时候，她是这么做的，我们也一直用这种方法养它。

5. 我的长寿秘诀

人们总说要健康长寿,我和邓铭康都认为,健康是第一位的,病了就不是健康了,更不是健康长寿了。健康,起码要生活自理,要是瘫倒在床,那就不是健康了。在养生保健方面,我们俩还是很注意的,没有什么特别的,就是生活比较自律。从我来讲,现在身体条件还可以,也没有什么大的毛病,有时候血糖会高一些,但也高得不是很多。我平时还是很注意的,医生讲的一些东西,我也是很尊重的。另外,我不随便吃太多东西,吃饭也是定量的,早上和中午吃得多一点儿,晚上只吃一点儿。平常吃青菜多一些,还吃一些水果,还有一个比较重要的就是我们的心态也比较好,知足常乐。

台湾大学的胡述兆教授在给我 80 岁生日写的一篇文章里面提到我有个长寿秘诀:

一个第一——健康第一;两个要点——潇洒一点,糊涂一点;三个忘记——忘记年龄,忘记名利,忘记恩怨;四个诤言——跳,跳跃健行;笑,笑口常开;俏,穿着花俏一点;唠,多与朋友聊天。

这个情况是这样的,那是 1998 年 3 月我们在广州中山大学参加"第四届海峡两岸图书资讯学术研讨会"的时候,有一次我们几个老教授在一起闲谈的时候讲的逗乐的话。"一个第一——健康第一;两个要点——潇洒一点,糊涂一点。"这两个是没问题的。第三个中的"忘记恩怨"就是说,"怨"的话要尽量忘掉,很多不愉快的事不要老记着。当然啦,别人对你有恩,还是要记得,也就是说要记住"恩",忘却"怨"。

"四个诤言"中的"笑"就是说要高度乐观一些,不要总是为一些事情搞得愁眉苦脸的,要相信事情总是会好的,要"笑口常开"。所谓"高度乐观"就是不要把一件事看得太重,好像没有的话简直没得法。对于很多事情也不要看不过去,这一点,我是基本能够做得到的。我是这么想的,要高度的乐观,对一些事情不要太在意,要乐观地去看待人生中的那些挫折和困难。在心情不好或者一时想不开的时候,我主要是通过读书看报,转移注意力这些方式排解内心的不良情绪,就是不要总想那些事情,也就是说应该经常读书看报,要多看多读,多关心国家大事,心情就会开阔一些,就不会拘泥于一些具体的小事情上,所以心情就会是高度乐观的。讲实在话,很多东西,看得多了,想法就不一样了,这一点是非常重要的。我长到这么大了,80多快90岁了,主要还是我的心态一直是比较好的,可以说是高度乐观的。我对一些事情看得比较淡,知足常乐嘛。

"穿着花俏一点",不是说要穿得"花哨",也不一定是新的、时髦的,而是说要穿得整洁一点儿。我觉得苏联人在这一方面是很注重的。我带研究生之后,我也常跟我的学生讲,像柯平他们都知道,他们平时也很注意这个事情。

我对人生的看法是:主要是生,生很重要;死啊,那就无所谓了,死后也不要去买墓地、做墓碑,搞那些事情,没必要。对于这些事情,我一直是这么看,人主要是生,一个人死了之后还搞那么多干什么呢? 没有必要。儿女要孝顺,要在父母生的时候尽心尽力,没有必要在死后搞那些事情,确实没有必要。

后　记

一

十年前的 9 月 30 日，在彭斐章先生 80 大寿的时候，武汉大学举办了一个非常隆重的"彭斐章先生执教 56 周年暨 80 华诞学术研讨会"。会议在武汉大学人文馆主厅进行，庆祝活动由当时的信息管理学院院长、现在的武汉大学研究生院院长陈传夫教授主持，首先由武汉大学常务副校长李清泉教授讲话，还宣读了武汉大学党委书记李健教授的贺函。彭斐章教授的学生、时任湖北省教育厅厅长、现任湖北省政府副省长的陈安丽出席会议并讲话。那次会议，有国内图书情报界重要部门和院系领导参加，可谓是全国图书馆界的群英会。学会代表有中国图书馆学会副理事长、国家图书馆副馆长陈力研究馆员讲话，老一辈图书馆学者的代表有中科院孟广均先生讲话，院系代表有北京大学信息管理系党委书记王继民教授讲话，地方图书馆代表有湖北省图书馆馆长万群华研究员讲话。我是作为学生代表讲话的，当时是既荣幸又激动，荣幸的是彭斐章先生的学生桃李满天下，选我作为代表；激动的是回想起先生对我的培养，给我的恩惠，以及我对导师的情感、感恩之心等，都很难用语言形容。那天，所有的讲话都是热情洋溢，充满了对先生的敬佩与爱戴之情、感谢与祝贺之意。当时还安排了学生向彭斐章先生献花的活动。庆祝活动后，还召开了学术研讨会。

当天，还举行了庆祝彭斐章先生 80 大寿的宴会，我、陈传夫、肖希明、司莉等几个人策划了系列活动，当时我是主持人。那天，先生和师母特别高兴，活动进行了一天，还精神饱满。我们担心先生的身体，一再叫他抽空休息，他还是坚持与我们一起。那天，先生的很多学生都回来了，师生团聚，有说不完的话，就像家庭聚会一样温暖。

会前，我们做了两项重要工作，一是以学术研讨会筹备小组的名义，征集了纪念文章，还有贺词、贺信等，最后结集成为一个重要成果《春华秋实：贺彭斐章先生执教 56 周年暨 80 华诞》,分三个部分:第一部分是"个人贺文"收录了逾 70 名乡儒耆宿之文辞,第二部分为机构贺文,第三部分为个人贺文。另一项工作是弟子们搜集了有关彭斐章先生的相关图片资料,制作完成了《彭斐章先生执教 56 周年暨 80 华诞》画册,分六个部分:祝贺;从文华到莫斯科;垂教作程,斐然成章;关山万里,探访交流;珞珈桃李散芬芳;相知相亲相守,朴实雍容仁寿。以照片为主,配以文字说明,既有珍贵的老照片,也有最新的彩色照片;有工作照、生活照,也有合影,还有书影、书法照片。可谓丰富多彩,是极为珍贵的纪念册。

那次纪念活动,能产生如此丰硕的成果,能让人产生如此美好的回忆,令人印象深刻,的确是非常成功的。

二

从那以后,我就萌生了一个愿望,要给我的导师做一个传记。

给彭斐章先生做传记,至少有五个意义:

其一,彭斐章先生是老一辈教育家的代表,他们那个时代,经历了从旧社会到新社会的革命,经历了教育的历次重大事件,有很多鲜为人知的丰富的经历。像彭斐章先生解放前做过小学校长,解放后又一直从事教育事业,为国家培养了很多优秀人才,有很多对教育的理解与感受,不仅经历特别,而且富有意义。彭斐章先生既是一位优秀的教师,也是一位卓越的教育管理工作者。武汉大学资深教授马费成先生说:"作为教育工作者,彭斐章是一位循循善诱,诲人不倦的导师。"台湾辅仁大学著名教授卢荷生先生称他景仰的彭斐章教授"是一位最典型的教授,是一位能创新的教授,是一位敬业而且很快乐的教授"。韩继章研究馆员说"彭斐章,永远是一个给人以信心的人,永远是一个鼓舞人们前进的人,不论是在事业上,还是在学术上,对于后学来说,他总是一位宽厚的、循循善诱的师长"。这个传记,是我国教育发展和教师工作的一个缩影,是珍贵的教育史料,对于教育史研究具有重要学术价值,对于今天的教育改革与发展也有重要的参考借鉴作用,既有历史意义,也有现实意义。

其二,彭斐章先生是我国著名的图书馆学家。在台湾图书馆学界德高望重的王振鹄先生称彭斐章先生为"图书馆界之第一人";沈祖荣先生之子、台湾著名图书馆学家沈宝环先生称彭斐章先生为"大陆图书馆界排名第一的学人"。他的经历,他的研究,是我国图书馆学术史的重要内容。要研究中国的图书馆学史,不能没有人物研究,而彭斐章先生便是图书馆学史上最重要的人物之一。图书馆学史研究的常用方法是史料研究法、口述史方法等,因此,这一工作应当是图书馆学史研究的基本工作,这个传记,也会再现图书馆学发展过程中的史事和人物,从而使之具有图书馆学的史料价值,可视为图书馆学史的成果,也是今后研究图书馆学史的基本工具和参考来源。

其三,彭斐章先生是现代目录学的泰斗,他建立的现代目录学体系,成为时代的标志。先生六秩之时,我写了《彭斐章目录学思想初探》发表在《图书与情报》1990年第2期。先生七秩寿庆,我提交了一篇美国图书馆考察的文章,收入2001年出版的《当代图书馆学目录学研究论集》。为给先生75岁生日和从教52年献礼,我专门写了《彭斐章先生与中国目录学》,这篇文章收入2005年出版的《彭斐章文集》的"评说"部分。先生80华诞,我在英国爱丁堡写了一篇《师道光明——贺我的导师彭斐章先生八十寿诞》,这篇文章后来发表于《高校图书馆工作》2009年第6期,该刊专门设立了"彭斐章先生学术思想研究专栏"。我通过多年跟随导师学习与研究目录学,以及一系列对导师目录学思想的探索,认为彭斐章先生的目录学思想是他丰富的学术思想的核心和精华,对中国目录学而言具有一定的代表性,体现了第三代目录学家思想的积累与结晶,已成为现代目录学的经典和主体。这个传记毫无疑问应该成为见证现代目录学形成与发展的重要成果,对于目录学未来的继承与创新发展具有重要意义。

其四,彭斐章先生是留苏的著名学者之一。"留苏"成为20世纪50年代的一个时代符号,先生响应国家号召,赴苏联学习的经历是属于那个时代,也是属于国家的。因此,这个传记,应当是留苏历史研究的一个组成部分,对于中外交流具有现实意义。先生在异国他乡,排除各种干扰,刻苦求学、四年不归的事迹尤为感人,对今天的年轻人特别是读书人来说,具有重要的教育意义。

其五,彭斐章先生是武汉大学资深教授,其主要的工作经历一个是文华图专,另一个就是武汉大学。从研究武汉大学校史来说,彭斐章先生曾参与武汉大学校史编辑过程,其传记是武汉大学校史的重要组成部分,研究武汉大学历史名人,不能没有对武汉大学名师彭斐章先生的研究。从研究信息管理学院院史的角度看,2020 年是信息管理学院建院 100 周年,彭斐章先生是信息管理学院前身文华图专的最后一届毕业生,是文华图专毕业留校的最后一位教师,又是文华图专并入武汉大学后的首批教师,是见证文华图专发展史和信息管理学院发展全过程的承上启下的重要领导人物。因此,对于院史院志乃至校史校志的编纂,都具有重要意义。

三

传记有两种:自传和他传。梁启超的《中国历史研究法》专门有一章讲"做传的方法",讲了为文学家作传的方法、为政治家作专传的方法、为方面多的政治家作传的方法、为方面多的学者作传的方法、为有关系的两人作传的方法以及为许多人作传的方法。这些方法都是属于他传的范畴。

最初的想法是想请彭斐章先生自己写回忆录,但考虑到先生年纪大了,写回忆录劳心费力,又担心这样会影响先生的健康,就打消了这个念头。那么,有一个简单的办法,就是他传,可以找到相关的很多资料,给先生写一个传记。从1979 年算起,虽然我跟随先生已有 40 年,对先生也比较了解,但是,对于 1979 年之前的事只是听先生讲过一些,而先生经历的很多事情特别是对先生童年时的事所知甚少,我想这样做出来的传记既不完整,且不够真实。

那么,有没有介于自传和他传之间的第三种传记呢,如果没有,我为什么不能尝试一下呢。于是我找到了已经毕业的我的研究生刘莉,她做事认真,文笔又好,而且在天津医科大学图书馆工作,离我的单位比较近。我把想法跟她一说,根据现有的资料以我们编写为主,时间点空白的地方就找彭斐章先生回忆,两相结合形成传记。刘莉很激动,非常高兴地接受了这一任务,开始了资料的搜集。

这样的计划是有可行性的,也是出于顾虑和不得已的办法,这个顾虑就是:一般六七十岁的年龄对于历史的回忆尚且清晰,但彭斐章先生已近九十高龄了,能否记得过去的那些人和事,没有把握。只能采取试试看的办法,即使只能回忆一些片断,我们也可以找相关材料并把所有的材料连接起来,形成一个整体。

于是,我安排刘莉到武汉彭斐章先生家,列出有关童年的几个题目请先生回忆。先生是我的导师,她的师爷,她是怀着崇拜而激动的心情完成了这次采访任务。

刘莉从武汉回来,带回了彭斐章先生对于童年的回忆。刘莉说,彭斐章先生身体很好,也很健谈,记忆力非常好,对于往事记得非常详细。我仔细听了一遍采访录音,果然是声音洪亮,回忆清晰,甚至谈到了很多重要的细节,很有价值,整理出来就是一篇比较完整的回忆录。

这次采访取得了很大成功,也改变了我原来的计划。我决定放弃以我们为主写第三种传记的想法,直接采用口述史的方法。

四

做口述史,首先应当明确口述史与口述史学、口述史研究方法的关系。口述史学是由美国人乔·古尔德(Joe Gould)1942 年提出来的,有 *Joe Gould's Teeth*(乔·古尔德的 900 万字口述史,该书由哈佛大学教授 Jill Lepore 整理,2016 年 5 月出版)。之后被美国现代口述史学的奠基人、哥伦比亚大学的阿兰·内文斯(A. Nevins)教授加以运用并推广。这方面的著作如西方修昔底德(Thucydides)的《伯罗奔尼撒战争史》(*The History of the Peloponnesian War*)、东方司马迁的《史记》等。现代口述史学一般以 1948 年美国哥伦比亚大学建立口述历史研究室为开端,是利用口述史料进行历史研究,目的在于探求历史的真实。口述史研究方法突破了口述史学的范畴,已经成为包括图书馆学在内的很多学科所广泛应用的一种科学方法。2010 年上海人民出版社出版的《口述史研究方法》(作者:李向平、魏扬波)作为历史系基础教材,主要系统研究口述史的研究方法,讨论了口述史研究的设计、访谈法、资料整理、资料分析等。因而口述史学是学科范畴,而口述史研究方法是方法论范畴。然而,口述史学和口述史研究方法都要以口述史为基础。明确了这一点,就不会把我们的工作看作是口述史学和口述史研究方法。

口述史(Oral History,也有称 History by Word of Mouth)源于口述传说(Oral Tradition)这样一种人类自然形成的制度,其定义很多,众说纷纭,大体上有两种说法,一个是指史学家搜集史料的方法,另一个是指史学家利用口述史料撰写历史的方法。很多讲口述史的文献都提到在哥伦比亚大学口述历史研究室工作过的有口述史"鼻祖"之称的唐德刚先生,他的《胡适口述自传》《李宗仁回忆录》《顾维钧回忆录》《亦云回忆》《张学良口述历史》等都被视为口述史的范例。他在《文学与口述历史》一文中曾说:"所谓口述历史并不是一个人讲一个人写就能完成的,而是口述部分只是其中史料的一部分而已。一般而言,大学者的口述史料大概有百分之五十、六十;非学术人士的口述史料只有百分之十五、二十。"

实际上,口述史作为一种广普的方法,既是一个过程,也是一种结果。从过程上,口述史无非是经过口述前的准备(包括口述对象的选择、约见、问题的准备、相关设备的准备等)、口述中的工作(提问与引导相结合,使用录音、照相、摄像、笔记等并做好实录)和口述后的整理(录音录像整理、图片整理和文字整理)三大阶段。从结果上,口述史不仅仅是活的史料,而且是一种知识再加工的成果。

近几年来出现的口述史热产生了许多问题。有些人对口述史不甚了解,产生了很多误区,其中之一就是将口述史等同于访谈,以为做完了录音整理,就完成了口述史工作。其实不然,口述史的基本方法是口述访谈,这与访谈研究法所讲的访谈不完全相同。按照唐德刚先生的做法,他每次在访谈中很有技巧地从旁提示资料,让访谈者能回忆所经历的历史场景,说出自己的故事,而且很善于和受访者在口述访谈之外交谈、交心,聊些"无记录的谈法",认为口述历史可以慢慢谈、慢慢问,可以加以补充改正。这些技巧和方法对我们的工作很有参考借鉴意义,我们的口述访谈也正是这样做的。

口述史的一个重要原则就是必须尊重历史。口述史如何做到符合真实呢?因为录音回来的材料,大多是口语化的。在整理的时候要不要转成书面语,我们坚持认为,口述史就是口述的记录,是原始的材料整理,无须用书面语替代。因此,我们做到了客观实录,保持口述的原样不发生变化。因为在采访中有一些是彭斐章先生问访谈者的话,还有在回忆中也有一些重复和口语,所以在整理的文字上,去掉了一些问记录人的话和少量的语气词如"呢""吧""嘛""什么的"等。这样,既保存了口述的真实,又做了不影响意义的整理。

口述史是历史的叙事,也是叙事的历史,是历史与叙事的巧妙结合。口述访谈的材料往往是碎片化的或者说断断续续的,而口述材料整理必须将之系统化和书面化,前者就是将那些片断连接为一个整体,使之有逻辑关系,后者则是将完成的口语叙述变成可读的文字。因此,整理工作变得非常重要。唐德刚先生在口述史的叙述中,积极地用生动、幽默、诙谐的笔法来写口述史,增强了口述史的可读性,认为现在搞口述历史要像桃园三结义一样,把历史、文学、新闻三位结成一体,变成刘、关、张三兄弟,就可以写成很好的历史了。我虽然并不完全赞同这一做法,但是任何口述史不是口述档案,口述史的成果出版是要给读者阅读的,为了口述史的可读性和更多的价值,适当减少口语化的色彩是应当的,不应过分强调把口述史变成了文学作品。我们的做法是在标题上做文章,不改变口述叙述的原意,不影响口述材料的历史客观性。

整理工作完成后,我们将整理稿给彭斐章先生审定,先生非常细致地在整理稿上做了一些修改,既有内容上,先生觉得不合适的地方做了删除;也有文字上,对错别字甚至标点做了修正,还有一些话怕读者不明白,改为比较通行的语言,如将"一直搞院系的工作"改为"一直担任院系的领导工作",这样就准确清楚了。

我们认为,口述史也是一种研究,需要搜集相关资料,对口述材料进行分析研究,在此基础上,形成口述史成果。

五

我们就是这样做的,具体有以下几项工作:

1. 口述访谈

整个口述史工作由我制订访谈计划,我和刘莉按计划实施。访谈依据完整的访谈提纲进行,每次访谈前与彭斐章先生商定具体日期。

主要的访谈日期和访谈人情况如下:

2016 年 5 月 20 日,柯平、刘莉、邹金汇、史雅莉;

2016 年 5 月 21 日,刘莉、邹金汇、史雅莉;

2016 年 6 月 25 日,刘莉、苏福;

2016 年 10 月 5—6 日,刘莉、史雅莉;

2017 年 3 月 24 日,柯平;

2017 年 10 月 7—8 日,刘莉、贾磊;

2018 年 3 月 18 日,柯平、刘旭青;

2018 年 6 月 9 日,刘莉、李京胤;

2019 年 2 月 10 日,柯平、徐美莲。

2. 口述叙述

因为口述的内容不一定是连续的,需要对所有片断的回忆,按照时间顺序,或者按主题内容集中起来,形成一个相对完整的口述史材料。在形成的口述史文稿中,除必要时少量加入彭斐章先生提供的自述文字材料如彭斐章先生手书的"甘莲茝同志"介绍等,不加入其他人的回忆或者著作和报刊中的相关文献资料。

3. 搜集相关资料,形成资料库

在口述史工作中,参考的主要相关资料有:

由彭斐章著的《彭斐章论文选》是吉林省图书馆学会、四川省图书馆学会和成都东方图书馆学研究所联合编印的庆祝中华人民共和国成立 40 周年"图书馆学论丛·个人自选集"之一。该书收入彭斐章先生自选的个人论文 12 篇,附有主要著译目录。谢灼华先生为该书作序,称"这本文集是彭斐章先生在图书馆学园地里近四十年辛勤耕耘的业绩,同时又应看成是作者从事目录学研究的重要成果"。

由彭斐章著述的文章《立下"园丁"志,甘为后人梯》,以第一人称"我"进行叙述,是应俞君立等人请求而作。载于《中国当代图书馆界名人成功之路》(俞君立、黄葵、罗武建主编,武汉大学出版社,1996 年,第 152—161 页)。

由彭斐章教授七秩寿庆论文集编辑小组编辑的《当代图书馆学目录学研究论集》(湖北人民出版社,2001 年),是彭斐章先生的学生们发起征文并编辑完成的。全书分五个部分:第一部分"情满珞珈"叙师生情谊;第二部分"先生学术思想研究"主要收录各刊所发表的旧文;第三部分"专访"收录各刊所发采访先生的旧文;第四部分"先生自选论文"所选论文分图书馆学教育、图书馆事业建设与图书馆学研究、目录学研究、其他四个部分,皆先生手订;第五部分"论文"是弟子们近年研究新得。附录有先生自况及先生著述目录。

由彭斐章著的《彭斐章文集》(武汉大学出版社,2005 年),列入"武汉大学人文社会科学资深教授文丛"。全书分为七编:第一编"目录学研究";第二编"图书馆学教育";第三编"图书馆事业建设与图书馆学研究";第四编"其他";第五编"专访";第六编"评说";第七编"附录"。书前有照片和自序。

由彭敏惠、黄如花、彭国晖、胡伟四人执笔完成的《垂教作程 学以载德——著名图书馆学家彭斐章》,收入湖北省社会科学联合会编《荆楚社科名家(第一卷)》(湖北人民出版社,2014 年,第 329—358 页)。这篇文章前有简短介绍,配一张照片,主要内容有:文华求学;负笈苏联;旧学新知;学术交流;悉心育才;学术建树;个人简历(从 1951 年起);学术成果(著作 11,论文 35);个人荣誉。

由张溶编导的纪录片《自强不息,斐然成章——彭斐章》。2010 年,中共湖北省委命名表彰了首批 13 位"荆楚社科名家"。湖北广播电视台联合湖北省社会科学界联合会组织精干力量,进行抢救性拍摄,并采取口述历史、现场记录、情景再现的叙事方式,历时一年半,倾力打造了系列人文纪录片《荆楚社科名家》,于 2016 年 12 月在多个频道播出。

其他参考的有关文华图专、武汉大学以及有关目录学、图书馆学教育的相关文献很多,在此不一一列举。

4. 史实的查证

彭斐章先生的口述史,从 20 世纪初到现在,前后有近百年的历史,涉及大量的历史事件和历史人物,其中不少是图书馆学和图书馆事业的重要事件和重要人物。我从 1979 年在武汉大学图书馆学系求学以来,虽然早期的事件和人物只是有些了解,但我从本科、硕士到博士,跟随先生学习与研究,对于先生所讲的改革开放以后的重要事件和人物还是比较熟悉的。在整理彭斐章先生口述的过程中,我又对那些事件和人物进行了回忆,还查找了我当年的笔记,使有关事件和人物的信息进一步准确和详细,从而完成了一些史实查证的工作。例如,彭斐章先生讲到别斯巴洛娃,专门注明"也就是给你们讲课的教授",于是我查到我读博士时期的笔记,时间是 1992 年 10 月 20 日上午,地点在武汉大学图书情报学院六楼录像室,讲座教授是莫斯科文化学院目录学教研室别斯巴洛娃教授,讲座题目是《关于书目情报的最新观点》,主持人是彭斐章教授,翻译是焦玉英教授。我还找到当时的讲座记录和别斯巴洛娃教授给我的一张名片,这才准确地知道她的俄文名字 Э. К. Беспалова。又查彭斐章先生翻译的那本《目录学普通教程》(武汉大学出版社,1987 年)中人名对照索引,用的译名为"别斯帕洛娃"。史实的查证将简单的口述整理发展为口述考订,可以提升口述史的价值。

我除了在武汉大学十年,在离开武汉以后,仍然与导师保持密切的联系,有不少会议和活动是在一起的,因而也是很多重要学术活动的亲历者,对当时的情况比较了解。例如,1996 年 1 月 7—9 日国务院学位委员会学科评议组第六次会议是在郑州召开的,那时我正是郑州大学信息管理系主任,了解当时的情况,与学科评议组有过接触。当时的会议是分片召开,系统科学、图书馆学与情报学评议组属于理科,这个组的两个召集人,一个是方福康,另一个就是彭斐章先生,成员中除王毓云是中科院系统所的外,北京大学周文骏教授、南京大学倪波教授、中科院文献情报中心孟广均研究员、武汉大学严怡民教授以及中国科技情报所刘昭东研究员都是图书情报学科的。那次会议很重要的一项内容就是对增列博士和硕士授权点进行审议,因此受到学界的关注。

5. 相关材料甄别和分析

将口述材料与相关资料进行比对,通过甄别和分析,做出符合史实的判断。特别是对于口述材料与相关资料有说法不一或矛盾冲突之处,或者口述材料中前后有重复、前后不一致等问题,进行系统地处理。

关于文华图专和武汉大学的相关材料是比较多的,除了武汉大学档案,还有很多资料如《武大校友通讯》等可以作为相关材料进行甄别和分析。如《武大校友通讯》1999 年第一期就有两篇,一篇是黎盛荣写的《一代宗师,风范长存——写在恩师皮高品教授逝世一周年之际》,另一篇是图书馆学系 54 级白国应写的《纪念吕绍虞教授逝世 20 周年》,这都是彭斐章先生口述中提到的重要人物。彭斐章先生提到的当年在文华图专迎新负责接他并后来与他同事的傅椿徽老师,大学教过我们的编目课,找到萧新和张耀蕾在《图书情报知识》2008 年第 3 期上发表的《我们的编目课老师——傅椿徽》,也提到当年向苏联"老大哥"学习,开始教学俄文编目的情况。

关于"文革"那一段历史,很多史实和细节不为人所知,我们很希望彭斐章先生多讲讲,可先生对那段历史不愿多讲,其中有些原因我们也能体会到,于是只好尊重先生的意见。考虑到学科史和事业史不能缺少这一段,我们又查找了一些人的回忆。例如,彭斐章先生提到的罗德运,说"他写的一些纪念皮高品、徐家麟'文革'的一些事情",于是我们找到了《荒谬年代荒谬事——皮高品、徐家麟教授"文革"二三事》(《图书与情报》,2010年第5期)。这篇文章讲到徐家麟、黄元福、皮高品、吕绍虞先生是"文革"前1960年武汉大学图书馆学系仅有的四位教授,徐家麟先生为系主任,黄元福先生为副系主任,皮高品、吕绍虞先生分别为图书馆学教研室主任和目录学教研室主任,是该系四大台柱。文章讲到1967年7月珞珈山上"虎"踞"龙"蟠造反派如何批斗皮高品先生的细节,讲到四大队师生奉命到武大襄阳分校搞"斗、批、改"时,皮高品先生与青年学生一样下田劳动,与彭斐章先生所述皮先生的情况是基本一致的。罗德运是武汉大学图书馆学系1965级学生(1965—1969),这些事是他亲历的,比较真实可信。罗德运还发表了《书苑人瑞 学界耆宿——记著名图书馆学家皮高品先生》(《图书与情报》,1997年第3期)等文章,这些相关资料对于历史的甄别和分析颇有价值。

此外,我还查到了彭斐章先生口述中所没有提到的一些史实,如2019年1月19日,我查资料意外地发现,《南开周报》1987年6月15日记载有:武汉大学彭斐章教授1987年6月8日来南开大学图书馆学系做关于苏联及保加利亚图书馆事业的考察报告,北京大学朱天俊副教授来南开与师生座谈。

6.对文稿进行补充说明,并配插图

为保持口述材料的完整性,我们在整理形成书稿之后,对于需要的文字,没有直接放在正文中,全部列于页下注,有四种情况:

第一种情况是人物的介绍。正文中提到许多人物,对其中一些人物,我们找到了相关材料,对人物进行必要的介绍。这样做,可以进一步了解人物详细情况。人物介绍据可查到的材料,以《中国大百科全书·图书馆学情报学档案学卷》为准,大百科全书没有的,则采用百度百科或其他资料。

第二种情况是必要的解释。口述中讲到一些词和事件,我们进行了实录,但为了更好地理解其意义,以注解的方法进行了必要解释。

第三种情况是补充相关的背景材料,正文中提到了一些事件或事件名称,如果没有相关的背景,可能会影响上下文的阅读,因此我们依据具体情况做了相应的补充。

第四种情况是引文。正文中提到的文献没讲出处的,我们找到原始出处,以便于读者进一步检索、阅读。

插图主要有两类:一类是照片,以人物照片居多,同一事件的照片较多,只取一二张,除极少数是网上获取(已标注出处),绝大部分是原始图片,其中有不少是极其珍贵的老照片;另一类是图片,包括文字图片和实物图片,如信札、证书等,这些实物太多,只选了少量的作为配图。其中如彭斐章先生的手迹和邓铭康女士所画的地形图,都是专门为本书所作。

7. 确定章节目,拟定标题

虽然一开始就有一个粗略的口述史大纲,但最终形成书稿,必须细化到章、节、目。全书正文是彭斐章先生的口述整理,而所有章、节、目的标题都是我们做的。最初不分章节,只分为若干部分。刘莉在每次采访之后,对整理的材料先列目,再提出一个初步的部分划分。在此基础上,经过我和她的讨论,确定最终的章节划分以及章节目的标题。我在做最后的编稿中,又根据内容的逻辑关系进行了一些调整。例如,彭斐章先生谈到他们家的家风和睦那是非常自豪的,这在业界也是赞誉有加的。他和邓铭康女士的爱情婚姻更是图书馆界的佳话,这方面的内容按照采访的顺序开始是放在第二部分"文华时光",但考虑到这些内容从文华开始,一直贯穿到后来的生活,因此最终确定放在最后一章,将原题为"和睦幸福的大家庭"分为四个小标题"伉俪情深""言传身教""和睦家风"和"闲适生活"。实际上,为了做好彭斐章先生的口述材料整理,我们还采访了彭斐章先生的夫人、我的师母邓铭康老师,她也讲到了很多细节,有不少是与彭斐章先生所述相同并且从另一方面得到了印证。但考虑到这本书是彭斐章先生的口述,因此邓老师所述的内容除了极少数作为注释外,没有加入到正文。

8. 确定书名

书名的重要性对于我们做目录学的来说是不言而喻的。传记的书名一般有两类,一类是直接简明式,另一类是文学式,两类各有所长。最初我想到的几个书名如《图书馆学家目录学家彭斐章教授传记》《彭斐章先生自传》《使命与担当——彭斐章教授九十自述》等,后来还是听了编辑高爽的意见,以直接为好。我又专程到彭斐章先生家,请先生拿主意,先生说,就简洁的书名最好。

经过以上环节,终于在 2019 年 2 月完成了全部整理工作。书稿既成,恰好九章,取"久"意,与"九十自述"合。

六

前面已讲到这部传记具有多方面的意义,不仅整理工作很重要,而且出版工作也很重要。是找著名的大学出版社还是找国家级综合性出版社,一时拿不定主意。

国家图书馆出版社是图书馆学的专业出版社,早年叫书目文献出版社,在图书馆学情报学、信息管理等领域有着十分重要的影响。我的一些专业著作大都在这个社出版,其中有的著作后来还获得了国家级学术成果奖,由此对出版社心存感激。出版社领导和编辑们对于专家学者的重视,对出版工作的认真负责,给我留下许多美好的印象。

邓咏秋女士到出版社任图书馆学编辑室主任后,思维敏捷,工作热情高,她多次向我约稿,希望有好的选题交给他们。2018 年底,当我把出版彭斐章先生传记的想法告诉编辑高爽以后,很快就得到答复,说邓主任对这一选题非常感兴趣,立即安排相关工作。出版社魏崇社长和殷梦霞总编辑等社领导对这一选题非常关心,鼎力支持出版。在此,要对出版社领导和图书馆学编辑室诸位表示衷心的感谢!

在整理过程中,得到了许多人的帮助,要特别感谢他们:

彭斐章先生的关门弟子彭敏惠,她跟随导师专门研究文华图专,出版了博士学位论文《文华图书馆学专科学校的创建与发展》(武汉大学出版社 2015 年 10 月版)。掌握有大量的研究资料,她先是寄来了先生八十大寿纪念画册的电子版,后又寄来纪念画册的原始图片,使本书的插图日益丰富。

彭斐章先生的儿子彭松,小时候就极为聪慧,先生的回忆中专门讲到,他曾是有名的新闻工作者,在湖北省电视台担任主任播音员,他的经典朗诵作品《克里斯(朵)夫李维的故事》一直是湖北高考英语听力的试音内容,后来到大学从教,担任华中科技大学广播电视系副主任。他一直关心着这本书的整理和出版。在访谈过程中,大多都是通过与他联系,我们确定合适的访谈时间,还获得他提供的一些重要资料,如 2013 年夏他们一家陪同先生和师母到俄罗斯的照片。我请他找到那张照片,感谢他在周末做了很多重要的工作,他说"应该感谢你,让我有机会更详细地了解我老爸的事业"。

2017 年 11 月 23 日,我在西安参加第十三届馆藏与出版论坛,会上黑龙江省图书馆副馆长毕红秋做了她于 2017 年 5 月 15 日—6 月 14 日在俄罗斯国家图书馆进行为期一个月的工作交流与学习的情况报告,特别讲到她参观了原莫斯科图书馆学院现在的莫斯科国立文化学院的经历和体会。会议结束后,11 月 28 日她给我寄来了整个项目的报告。

2018 年 6 月 27 日,我在吉林开会,时任《图书馆建设》常务副主编的肖红凌赶到会上,提到当年她给彭斐章先生写信,没想到彭斐章先生那么重视还回了信。她回到哈尔滨,6 月 29 日下午就给我发过来彭斐章先生的亲笔信和对采访问题的回复。

为了确认一些照片的时间和照片上的人物,我联系了肖希明教授、郑建明教授、陆行素馆长等,得到了他们的热心帮助。当我把彭斐章先生到南京大学参加答辩的照片发给郑建明教授,请他确认照片时间,他确认说这是 2007 年 11 月,而且说这是"陈雅的博士论文答辩,应该是最豪华的,这张照片太珍贵了,我们都没有,非常感谢!"。

我的学生除刘莉全程参与外,还有邹金汇、史雅莉(我的硕士、司莉老师的博士)、苏福、贾磊、刘旭青、李京胤先后参与了访谈工作,我的硕士生张蓝和边荣也参与了资料查寻工作。

要感谢的人还有很多很多,在此不一一列举。

2019 年 4 月 19 日,在彭斐章先生九十大寿之际,武汉大学隆重召开了"彭斐章先生学术思想研讨会",来自国家图书馆、北京大学、中国人民大学、南京大学、中山大学等单位的领导、专家学者以及彭斐章先生的弟子们参加了此次盛会。武汉大学党委书记韩进致辞。会上,彭斐章先生的讲话声音洪亮,思路清晰,浸透着对教师职业、对学生、对武汉大学的热爱。来自台湾政法大学的王艳玲教授和世新大学的庄道明教授专程道贺并带来台湾大学名誉教授胡述兆先生的贺词。会议围绕彭斐章先生的图书馆学思想、目录学思想、教育思想等主题进行了学术研讨,还编印了论文集和画册。这次我带了博士生刘旭青、彭亮参会,会后两位博士生到彭斐章先生家进行了补充访谈。

　　研讨会上国家图书馆出版社编辑高爽带来了彭斐章先生九十自述的样稿两册,彭斐章先生和我各一册。研讨会后,彭斐章先生再次审阅全稿。4月21日下午,我乘坐的航班刚到达温州机场,彭斐章先生打来电话,嘱托书不要急于出版,要仔细校对。于是4月26日下午我专门到彭斐章先生家,商量审校事宜,我看到先生在样稿中密密麻麻的校对符号和修改文字,先生是逐字逐句审读,一丝不苟,严肃认真的精神让我深深的感动。回来后,我将两册样稿的校对合成发给出版社。

　　谨以此书,作为我们敬爱的彭斐章先生九十大寿和武汉大学信息管理学院百年院庆的献礼!

柯　平

2019 年 3 月 3 日初稿于南开大学

2019 年 5 月 10 日修订于南开大学